Grazyna Fosar
Franz Bludorf

Intuitive Logik

Mentalstrategien für das Leben

Die Anwendung sämtlicher Übungen in diesem Buch erfolgt auf eigene Gefahr und Verantwortung. Der Verlag und die Autoren schließen alle Haftungsansprüche jeglicher Art aus.

Alle Rechte der Verbreitung, auch durch Film, Funk und Fernsehen, durch Nachdruck, Kopie oder Datenverarbeitungsanlagen aller Art, sind vorbehalten.

© Michaels Verlag 2010

Grazyna Fosar / Franz Bludorf
Intuitive Logik

Covergestaltung und Layout: Studio fb authentic
Druck und Bindung: AALEXX Buchproduktion, Großburgwedel

ISBN 978-3-89539-389-1

1. Auflage Juli 2010

Michaels Verlag
Ammergauer Str. 80
D-86971 Peiting
Tel.: 08861-59018, Fax: 08861-67091
www.michaelsverlag.de
E-Mail: info@michaelsverlag.de

Grazyna Fosar
Franz Bludorf

Intuitive Logik

Mentalstrategien für das Leben

mit 38 Farbfotos,
32 Abbildungen im Text
und 2 Tabellen

Für Kicia und Titus

Inhalt

Intuitive Logik — 9
Heute ist so was von gestern! — 9
Unkonventionelle Wahrnehmung — 12
Erinnerungen an die Zukunft — 16
Hallo, wachen Sie auf! — 17
Traummenü — 24

In der Stille der Nacht — 33
Eine Nacht im Schlaflabor — 33
Flüster-Affirmationen — 42
Das Fenster zum Schlaf — 45

Entschuldigung – sind Sie wach? — 49
Der diskrete Charme der Langeweile — 51
Alle meine Intelligenzen — 53
Fahrplan ins Unbekannte — 58
Die drei Gummibärchen — 65
Das kreative Gehirn — 71

Atlas der Träume — 73
Klarträume — 75
Wachleben und Traumleben — 77
Eine Nacht auf dem Mars — 80
Traumsymbole — 82
Die Dreamcard — 87

Ich, der Avatar — 91

- Selbsterkenntnis und inneres Wachstum — 94
- Kreativ träumen — 97
- Woher kommen die Träume? — 100
- Im Netz der Neuronen — 106

Der Informations-Tsunami — 111

- Das ADT-Syndrom — 113
- Verlinkte Gefühle – verstopfte Gehirne — 114
- Im Auge des Tornados — 118
- Punkt ohne Wiederkehr — 121
- Brain Tuning — 123

Dream Control — 129

- Vier Wege zum Klartraum — 131
- Zeo – Personal Sleep Coach — 144

Die Quantenwelt der Träume — 145

- Kommunikation mit Schlafenden — 146
- Pauli und Jung in der Zwischenwelt — 154
- Stephen Hawkings Zeitmodell — 162
- Traumkulturen — 168

Besuche in der Zwischenwelt — 171

- Die Mondvision — 172
- Traumfänger — 175
- Walpurgisnacht — 176
- DNA und magische Orte — 178
- Wann bin ich? — 188
- Traumtelepathie auf roten Socken — 192
- Dreamscaping — 194

Lügen und Emotionen — 197

- Mikroausdrücke — 197
- Die Masken-Strategie — 202
- Vorsicht – Nervensäge! — 207

Unruhe im System — 213

- Wetterstreß — 214
- Musik- und Kräuterstrategien — 216
- So schmeckt das Denken — 219
- Weiter oben und weiter draußen... — 221
- Sonnenaktivitäten und Szenario 2012 — 223

Take-Off in die Zukunft — 231

- Global Scenarios 2009-2025 — 231
  - a) „Geborgte Zeit" — 232
  - b) „Fragmentierte Welt" — 234
  - c) „Konstante Erneuerung" — 235
- Szenarien für das Leben — 238

Anmerkungen — 245

Lösungen — 249

Literatur — 253

Bildquellennachweis — 260

Über die Autoren — 261

Register — 262

Intuitive Logik

Die größte Gefahr in turbulenten Zeiten ist nicht die Turbulenz. Es ist das Handeln mit der Logik von gestern.[1]
Ein gewisser Mr. Pierre Wack, ehemaliger Chef der Business Environment Division des Royal Dutch/Shell Group Planning Department, vertritt jedenfalls diese Meinung. Eigentlich wären wir nie dazu gekommen, uns Gedanken über seine Gedanken zu machen, wenn ... ja wenn es die Firma Intel nicht gäbe. Wie das? Nach allem, was wir wissen, verkauft doch die Firma Shell vorrangig Benzin und keine Mikroprozessoren! Immerhin fahren Autos nach wie vor mit Benzin, also auch wir, als wir eines Abends am Potsdamer Platz in Berlin unterwegs waren. Plötzlich knallte uns von dem linken der beiden Wolkenkratzer eine riesige Reklamewand ins Auge:

HEUTE IST SO WAS VON GESTERN!
Intel

Den Rest des Abends verbrachten wir zu Hause damit, unsere persönlichen Angelegenheiten zu ordnen, und mit einem unterschwellig langsam brodelnden Gefühl, daß wir vermutlich alle viel mehr „von gestern" sind, als es uns lieb ist.
Und was hindert uns daran, etwas mehr von heute oder gar von morgen zu sein? Unsere geliebten und sicheren Gewohnheiten.
Es ist gut, sie zu haben, aber unter der Voraussetzung, daß man in der Lage ist, sie ab und zu auch zu ignorieren. Und hier kommt der Begriff der Intuitiven Logik ins Spiel.
Irgendwie muß dieser Pierre Wack, auch wenn wir ihn nicht persönlich kennen, eine verwandte Seele sein, stellte er doch fest, daß *die meisten Menschen klare, lineare Entscheidungen im Sinne einer „Vorbestimmtheit" bevorzugen und mit alternativen Möglichkeiten und Unsicherheiten nicht gut zurandekommen.*[2] Das bedeutet, wir schätzen es außerordentlich, morgens in einer Welt aufzuwachen, die im Wesentlichen noch genauso ist wie am Tag zuvor.

Intuitive Logik ist eine Möglichkeit, Zukunftsszenarien zu entwikkeln, in denen bestimmte (erwünschte oder befürchtete) Ereignisse eingetreten sind. Im Moment, wenn diese Szenarien uns in unserem inneren Raum, also in unserem eigenen Mikrokosmos, erreichen und erweckt werden, können wir Strategien entwickeln und in unserer Phantasie durchspielen, kreative Visionen erschaffen und neue Wahrnehmungen in uns entstehen lassen. Es funktioniert allerdings nur, wenn dies aus tiefstem Herzen heraus geschieht, ein Aha-Erlebnis hervorbringt und alles, was wir bislang glaubten, in Frage stellt. Erst dann sind wir bereit, die Realität zu verändern und neu zu organisieren.
Das klingt zwar alles wie eine Glückwunschkarte, und doch sind es keine Ratschläge von einem esoterischen Lebensberater, sondern von einem gestandenen Manager eines multinationalen Ölkonzerns.
Penny McLean, eine der sensibelsten und intelligentesten Seelen, die wir kennen, vertritt eine ganz ähnliche Position, indem sie sagt, daß man „tote Kamele" nicht reiten sollte.[3]
Fangen wir also gleich an und machen eine kleine Übung: Haben Sie Angst vor Veränderungen? Wenn Sie jetzt mit einer Gegenfrage kommen: „Wer – ich?", dann meinen wir natürlich die Person, die gerade hinter Ihnen steht. Wenn Sie sich jetzt umgedreht haben, und niemand ist da, dann haben Sie die erste Übung bereits geschafft. ☺

Gehen wir also einen Schritt weiter. Unser Leben ist von zwei elementaren Prozessen bestimmt – dem Lernen und dem Handeln. Und wo liegt der Unterschied? Das werden wir gleich feststellen.
Nehmen wir zuerst das Lernen. Sie haben die Idee, eine Fremdsprache zu lernen, z. B. Spanisch. Um diese Idee zu realisieren, müssen Sie einen Sprachkurs belegen, in dem Sie mit anderen Teilnehmern zusammen den Gebrauch der Sprache üben. Das Ganze muß natürlich einen Sinn haben. Der Sinn ist es, die Sprache möglichst gut zu beherrschen. Das Ziel ist es, sie schließlich zu benutzen, um sich in Spanien – oder vielleicht auch in Mexiko – mit anderen Menschen in dieser Sprache verständigen zu können.

Also sehen wir: Das Lernen verläuft in vier Phasen:[4]
1. Idee
2. Realisierung
3. Sinn
4. Ziel

Und wie handeln wir im Leben? Da läuft die Sache ein bißchen anders. Stellen Sie sich vor, Sie wollen ein Buch schreiben. Sie tragen diese Idee schon seit langem mit sich herum. Es hätte jetzt aber keinen Sinn, sich sofort an den Computer zu setzen und mit dem Schreiben anzufangen. Im Gegensatz zum Lernen muß die Realisierung im Augenblick noch warten. Zuerst müssen Sie sich über das Ziel klar werden. Wovon soll dieses Buch handeln? Wollen Sie es nur für sich niederschreiben, oder soll es bei einem Verlag erscheinen und im Buchhandel verkauft werden? Und welchen Sinn hat das Ganze für Sie? Haben Sie wichtige Gedanken, die Sie unbedingt Ihren Lesern mitteilen wollen? Oder sehen Sie in dem geplanten Buch hauptsächlich eine Einnahmequelle? Die Differenzierung ist sehr wichtig, denn davon hängt ab, in welchem Stil das Buch geschrieben werden soll. Erst wenn Ihnen alle diese Punkte klargeworden sind, können Sie sich hinsetzen und schreiben.
Beim Handeln treten also die gleichen vier Phasen auf wie beim Lernen, nur in anderer Reihenfolge:

1. Idee
2. Ziel
3. Sinn
4. Realisierung

Egal, wie sich Ihr Leben entwickelt und in welcher Situation Sie sind – wenn man sich über die Unterschiede zwischen Lernen und Handeln im Klaren ist, kommt man im Leben besser voran. Vor allem ist es nicht gut, wenn man die beiden Prozesse durcheinanderbringt. Ansonsten reicht es aus, beide Methoden ganz locker und entspannt auszuprobieren. Mit welchen Inhalten die vier Phasen gefüllt werden sollen, ist natürlich individuell verschieden. Füllen Sie es ganz einfach mit Ihrem Leben.

Unkonventionelle Wahrnehmung

Wissen Sie eigentlich, was die größte Kunst im Leben ist? Im richtigen Moment eine Pause zu machen.
Also tun wir es jetzt, und zwar im Sinne der Intuitiven Logik. Es gibt unzählige Bücher mit noch mehr Methoden, die uns in den unterschiedlichsten Alltagssituationen mental unterstützen sollen. Wir wollen Ihnen eine Methode vorstellen, die Ihnen die Möglichkeit gibt, in jeder Phase des Lebens an intuitives Wissen zu gelangen. Sie können sie sowohl im normalen Wachzustand während des Tages anwenden als auch abends kurz vor dem Einschlafen.
Im Abbildungsteil, Bild 4, finden Sie die berühmten Tafeln von Chartres. Das Betrachten dieser Tafeln – auf eine ganz bestimmte Art und Weise natürlich – gibt jedem von uns eine größere Macht. Eine kurze Pause am Tage, die wir in Gesellschaft dieser Tafeln verbringen, kann uns Antworten auf praktisch alle unsere Fragen liefern und uns insbesondere auch Zugang zur Intuitiven Logik verschaffen. Wenn wir die Tafeln etwa zehn Minuten vor dem Einschlafen benutzen, dann erhalten wir im Schlaf Zugang zu Bereichen, die uns normalerweise verschlossen sind. Sehen wir nun, was beim Betrachten der Tafeln von Chartres geschieht.
Am besten wäre es, Sie würden selbst einmal versuchen, die blauen und roten Farbtafeln durch Schielen mit den Augen zunächst zu verdoppeln und die verdoppelten Bilder schließlich in der Mitte zur Deckung zu bringen. Als erstes dürften Sie bemerken, daß die entstehende mittlere Reihe in Richtung der dritten Dimension aus dem Papier herauszuspringen scheint.
Um die weiteren Vorgänge zu verstehen, müssen wir einen kleinen Ausflug in die Physiologie des Gehirns machen. Die linke Tafelreihe wird bei der vorliegenden Sehtechnik hauptsächlich mit dem rechten Auge gesehen, das mit der linken Gehirnhälfte verbunden ist. Analog gelangt das Bild der rechten Tafelreihe über das linke Auge in die rechte Gehirnhälfte. Das Sehzentrum im Gehirn versucht nun stets, aus den Informationen, die ihm die beiden Augen liefern, ein konsistentes Bild zusammenzusetzen. Dadurch entsteht unsere Fähigkeit, stereoskopisch, also dreidimensional, zu sehen.

In diesem Fall aber wird das Gehirn vor eine schwierige Aufgabe gestellt, da die von den Augen gelieferten Informationen in der Farbgebung nicht übereinstimmen. So pflegt das dreidimensionale Bild zu Anfang zwischen den Farben Rot und Blau hin- und herzuspringen, bis man schließlich nach einiger Zeit den Mischton Violett sieht. Das Bild kommt zur Ruhe.
Gehirnphysiologisch spricht man von einer Synchronisation der beiden Großhirnhälften, und man weiß heute genau, daß dadurch tief veränderte Bewußtseinszustände ausgelöst werden können – eine Erfahrung, die den Zigeunern seit Jahrhunderten bekannt ist.
Mit zunehmender Übung kann es auch Ihnen gelingen, das dreidimensionale Illusionsbild in der Mitte der Tafel länger und länger festzuhalten und dadurch auch bei sich selbst tief meditative Zustände zu erreichen.
Sie müssen nicht unbedingt in einen so tiefen Meditationszustand gelangen, um von den Tafeln profitieren zu können. Es reicht, sich in einen leicht veränderten Bewußtseinszustand zu versetzen, und wenn man von Anfang an diese Übung mit einer Frage verknüpft oder mit dem Wunsch nach Lösung eines Problems, dann geben wir uns selbst die Chance, ohne Zuhilfenahme unseres Intellekts eine Antwort in Form von Bildern, Ideen oder Inspirationen zu bekommen. Wenn es uns gelingt, diese Eindrücke festzuhalten, können sich daraus ganze Szenarien entwickeln, die wir dann weiter durchspielen können, um sie für den Einsatz im realen Leben auszuprobieren. Am Ende können wir – dann schon ohne Tafel – diejenige Alternative für uns auswählen, die uns am meisten zusagt und den besten Erfolg verspricht.
Die Tafeln von Chartres stellen im Verlauf der Übung auch ein einfaches Meßinstrument dar, mit dessen Hilfe Sie jederzeit feststellen können, welche Ihrer Gehirnhälften gerade aktiv ist. Überwiegt z. B. bei dem Überlappungsbild die Farbkombination Rot-Blau-Rot, so heißt das, daß in diesen Moment die linke Gehirnhälfte dominant ist. Diese wird dem rationalen Denken, dem Intellekt sowie der Welt unserer Sprache zugeordnet. Sehen Sie hingegen vorwiegend die Farbkombination Blau-Rot-Blau, so hat die rechte Gehirnhälfte die Führung übernommen. Sie ist für das ganzheitliche Denken, die Intuition sowie für die Welt der Bilder zuständig.

Das Ziel bleibt es natürlich, den Zustand der Gehirnsynchronisation, also das violette Bild zu erreichen. Dennoch können auch die Zwischenzustände von Interesse sein. Normalerweise hat ein Mensch im Verlauf des Tages keine Ahnung, welche seiner Gehirnhälften gerade dominiert. Wenn Sie den momentanen Zustand jedoch von den Tafeln von Chartres zurückgemeldet bekommen, können Sie erkennen, wie sich die Bewußtseinszustände „linke Gehirnhälfte aktiv" bzw. „rechte Gehirnhälfte aktiv" eigentlich anfühlen.

Wozu soll das gut sein? Wenn Sie lernen, Ihren Bewußtseinszustand in jedem Moment des Tages einzuschätzen – auch ohne Tafeln –, dann kann Ihnen das von sehr großem Nutzen sein. Nehmen wir an, Sie müßten eine wichtige Entscheidung treffen, etwa über den Ankauf von Aktien, oder Sie müßten beurteilen, was Sie von einem Menschen, den Sie treffen, wirklich halten sollen. Spontan entsteht in Ihnen eine Idee. Wäre es nicht vorteilhaft, erkennen zu können, ob diese Idee von Ihrem rationalen Verstand sozusagen berechnet wurde oder ob es eine in Ihnen aufsteigende Intuition war?

Es ist nicht so, daß das eine gut und das andere schlecht wäre. Der *rationale Verstand* gründet sich auf Ihre Lebenserfahrung und ist somit immer wichtig, sein Blickfeld kann jedoch durch Glaubensvorstellungen eingeengt sein. Er steht also für das Wissen von gestern, was nicht immer ausreichend ist. Den Zugang zum Wissen von morgen kann uns nur die *Intuition* liefern. Intuitive Bilder können Ihnen vollkommen neue Informationen vermitteln, zu denen Sie sonst niemals Zugang hätten. Sie können aber auch durch Ängste und Emotionen aus dem Unbewußten verzerrt sein. Das Resultat könnte z. B. sein, daß die vermeintliche „Intuition" Sie vor einem Menschen warnt, nur weil er Michael heißt, und Sie kannten früher mal einen Michael, der schielte.

Vielleicht sind Sie jetzt verwirrt und wissen gar nicht mehr, wie Sie vorgehen sollen. Sie könnten natürlich das bewährte Prinzip des „Vertraue niemandem" zu Ihrer Maxime machen. Das wäre allerdings wohl nur dann nützlich für Ihr weiteres Leben, wenn Sie die Absicht hätten, eine Stelle beim FBI oder beim Geheimdienst anzutreten. Viel besser wäre es, wenn Sie rückblickend beurteilen könnten, in welchem Bewußtseinszustand Sie Ihre besten Entscheidungen im Leben getroffen haben. Auf diese Weise erfahren Sie selbst, ob Sie eher Ihrem Intellekt oder Ihrer Intuition trauen sollten.

Gehen wir einen Schritt weiter. Wenn Sie absolut keine Ahnung haben, welche Alternative für Sie die beste wäre, wenn also Ihr rationaler Verstand und Ihre Lebenserfahrung an ihre Grenzen stoßen, wäre es dann nicht toll, wenn Sie die Intuition auf Wunsch einschalten könnten?
Versuchen Sie mal, sich hinzusetzen und auf Befehl intuitiv zu sein. Wenn Sie nach fünf Minuten den Versuch genervt abbrechen, sollten Sie sich wieder vertrauensvoll unseren Tafeln von Chartres zuwenden. Mit deren Hilfe ist es nämlich gar nicht schwer.
Schauen Sie erneut auf die Tafeln und bringen Sie die beiden Bildreihen wie üblich zur Deckung. Dann geben Sie sich innerlich den Befehl: „Ich will in dem Überlappungsbild jetzt Rot-Blau-Rot sehen." Ob Ihnen dieser Befehl gelungen ist, können Sie dann natürlich sofort sehen. Der Witz ist aber, daß es im Grunde gar nicht um rote und blaue Flächen geht. In Wahrheit haben Sie Ihrem Gehirn den Befehl gegeben, die linke Gehirnhälfte zu aktivieren. Ganz analog können Sie Ihre rechte, intuitive Gehirnhälfte einschalten lernen, indem Sie versuchen, auf Befehl Blau-Rot-Blau zu sehen. Die Tafeln von Chartres spielen in dieser Übung die Rolle eines Biofeedback-Gerätes, mit dessen Hilfe Sie sofort erkennen können, ob der Befehl geklappt hat.
Sobald Sie aber die Unterschiede in den beiden Bewußtseinszuständen genau genug kennen und das willentliche Umschalten ausreichend geübt haben, können Sie auch ohne Tafeln Ihre Gehirnhälften kontrollieren. Das ist im Alltag, insbesondere im Berufsleben, natürlich unabdingbar. Stellen Sie sich vor, Ihr Chef würde Ihnen eine wichtige Frage stellen, und Sie würden daraufhin erst einmal eine Farbtafel anstarren müssen. Die Folgen können Sie sich selbst ausmalen.
Wer über längere Zeit mit den Tafeln arbeitet, kann an sich Bewußtseinsveränderungen erleben, die allein durch den Zustand der Gehirnsynchronisation nicht mehr erklärbar sind. Die verwendeten geometrischen Figuren sind aber auch nicht beliebig gewählt. Das Rechteck hat ein Seitenverhältnis von 2:1, und das Quadrat und der Kreis sind so konstruiert, daß alle drei Flächen den gleichen Flächeninhalt haben. Diese Konstruktion sprengt symbolisch den Rahmen unseres rationalen Denkens, denn die Quadratur des Kreises ist eine

innerhalb der uns bekannten Geometrie unlösbare Aufgabe. Ganz offenbar ist die Verwendung genau dieser Figuren entscheidend für die tiefen Bewußtseinsveränderungen, die beim Betrachten der Tafeln ausgelöst werden können. Also ein idealer Fall für Intuitive Logik.

Die Kathedrale von Chartres ist mehr als ein normales Gotteshaus, sie ist auch mehr als ein Kunstobjekt – sie ist eine mystische Einweihungsstätte voller Geheimnisse. Falls Sie mehr über diese Geheimnisse erfahren möchten – wir haben darüber ausführlich in unserem Buch „Terra Incognita" geschrieben.[5]

Die Tafeln von Chartres eignen sich aber nicht nur zur Lösung von Alltagsproblemen. Vielleicht sind Sie ja eher an einem Zugang zu unkonventionellem Wissen interessiert, an Parapsychologie, außersinnlicher Wahrnehmung, an der UFO-Thematik, kosmischen Themen, kurz gesagt: an der Berührung mit dem Unbekannten. In diesem Fall empfehlen wir Ihnen, mit den Tafeln unmittelbar vor dem Einschlafen zu üben und dann mit einer entsprechenden Fragestellung in den Traum überzuwechseln. Und damit kommen wir gleich zum nächsten Thema.

Erinnerungen an die Zukunft

Unser Leben wird auch noch durch das Wechselspiel ganz anderer Phasen bestimmt, etwa den Wechsel zwischen Wachzustand und Schlaf. Dies ist nicht nur eine lapidare Feststellung. Schließlich träumen wir während des Schlafs. Diese Träume sind sehr wichtig für unsere Bewußtseinsentwicklung im Leben, denn der Traum ist eines der wichtigsten Übungsfelder. Er dient einerseits zu dem Zweck, mit der Vergangenheit abzuschließen, Erfahrenes zu verarbeiten, zu bewerten und schließlich im Gedächtnis abzulegen. Andererseits bereiten wir in unseren Träumen auch die Zukunft vor. Wir können im Traum ausprobieren, ob sich unsere Zukunftspläne realisieren lassen, ohne dabei Risiken einzugehen. Meist laufen die Traumhandlungen mehr oder weniger automatisch ab, Kontrolle kann man aber lernen.

Ähnlich wie beim Lernen und Handeln bestehen auch fundamentale Unterschiede zwischen Wachzustand und Traum. Nicht aus dem Grund, weil das eine „die Realität" ist und das andere nur fiktiv – eine solch strenge Trennung ist nach heutigem Wissensstand eigentlich nicht mehr zulässig. Es geht vielmehr darum, daß unsere Lern- und Erkenntnisprozesse am Tag und in der Nacht vollkommen unterschiedlich ablaufen.
Vor vielen Jahren hatten wir ein Buch „Spektrum der Nacht" veröffentlicht, das sich hauptsächlich den Themen Schlaf und Traum gewidmet hatte. In diesem Buch nun möchten wir beide Bewußtseinszustände – das Wachen und das Träumen – für die Entwicklung unserer Mentalstrategien für das Leben heranziehen. Auf vielfachen Wunsch unserer Leser greifen wir hier einige wichtige Aspekte aus „Spektrum der Nacht" wieder auf und setzen sie in Beziehung zu neuen Erkenntnissen, vor allem auch über den Wachzustand, die wir in der Zwischenzeit gewonnen haben. Das Bindeglied, das alles zu einem Ganzen zusammenfügt, ist die Intuitive Logik, denn sie kann sowohl im Wachzustand als auch im Traum, in der Meditation und anderen Bewußtseinszuständen zur Anwendung kommen.
Und warum sind das Erinnerungen an die Zukunft? Szenarien und Strategien mit Hilfe Intuitiver Logik für unser Leben zu bauen, bedeutet, mit den Möglichkeiten zu spielen, die unsere Zukunft umgeben. Der schwedische Neurobiologe *David Ingvar* nennt es, „Erinnerungen an die Zukunft" zu kreieren.
Wir haben die Möglichkeit, das zu tun, in dem Sinne, daß wir für uns das „Best Case Szenario" erschaffen wollen – eine Zukunft, in der wir unsere Ziele und unsere Träume bestmöglich realisieren können.

Hallo, wachen Sie auf!

Um über Schlaf und Träume zu reden, muß man nämlich erst einmal ganz schön wach sein. Und das ist nicht selbstverständlich.
Man sollte sich der Tatsache bewußt werden, daß jeder Mensch rund ein Drittel seines Lebens komplett verschläft. Einem „Land", in dem wir einen so bedeutsamen Teil unserer Lebensspanne verbringen,

sollten wir doch eigentlich mehr Interesse entgegenbringen, selbst wenn wir in der Regel - wie es wünschenswert ist - einen gesunden, tiefen und erholsamen Schlaf haben sollten.
Ein volles Drittel unseres Lebens ist natürlich eine erhebliche Zeitspanne. Könnten wir damit nicht etwas Produktiveres anfangen, als sie einfach zu „verratzen"?
Oder ist das vielleicht sogar eine hervorragende Investition?
Sicher ist es - Leben ohne Schlaf ist undenkbar. Der Schlaf gehört zu den Grundbedürfnissen des Menschen, und niemand kann ihm entkommen.
Warum ist das eigentlich so? Das ist bestimmt eine entscheidende Frage, die wir klären werden.
Wieviel Schlaf braucht eigentlich der Mensch? Diesbezüglich kursieren in unserer Gesellschaft phantastische Legenden. In Wahrheit ist das Schlafbedürfnis jedes Menschen individuell höchst unterschiedlich und wird nicht nur durch seine Lebensumstände, sondern auch genetisch mitbestimmt.
Wir alle kennen berühmte Kurzschläfer, die sich nach einer Spanne von nur drei bis vier Stunden Schlaf durchaus erholt und leistungsfähig fühlten. *Napoleon Bonaparte* etwa ging abends zwischen 22.00 Uhr und Mitternacht zu Bett und schlief dann bis 2.00 Uhr morgens. Dann stand er auf, arbeitete bis etwa 5.00 Uhr morgens an seinem Schreibtisch und schlief anschließend nochmals bis 7.00 Uhr. Auch am Tage machte er öfter ein kurzes Nickerchen, von Traumforschern heutzutage auch liebevoll „Nap" genannt.
Zu den prominenten Kurzschläfern gehörten auch *Thomas Alva Edison* und *Winston Churchill.* Aber einen wahrlich surrealistischen Erholungsschlaf praktizierte der spanische Maler *Salvador Dali.*
Von ihm wird berichtet, daß *„er im Lehnstuhl sitzend einen Zinnteller neben sich auf den Fußboden stellte, einen Löffel zwischen Daumen und Zeigefinger nahm und sich dann zurücklehnte. Sobald er einnickte. lösten sich die Finger, der Löffel fiel auf den Teller, und Dali erwachte. Der während dieses Augenblicks zwischen Einnicken und Erwachen genossene Schlaf soll so erfrischend gewesen sein, daß sich der Maler ausgeruht und munter erhob."*[6]
Die Vermutung liegt nahe, daß diese eigenwillige Schlafmethode mitverantwortlich für Dalis berühmten surrealistischen Malstil war,

denn er hatte ganz offenbar ein erhebliches Defizit an Träumen, die er daher über seine Kunst ausleben mußte.

Sollte jetzt allerdings der Eindruck entstanden sein, daß berühmte und erfolgreiche Menschen stets Kurzschläfer sein müßten, so ist dies ein Irrtum.

Als eines der bekanntesten Beispiele für einen klassischen Langschläfer gilt - man glaubt es kaum - *Albert Einstein*. Er verbrachte gerne zehn und mehr Stunden im Bett und soll auch im Bett wesentliche Aspekte seiner Relativitätstheorie entdeckt haben. Also ist es wohl kaum verwunderlich, daß er sich mit Phänomenen wie der Zeitdehnung so gut auskannte!

Einstein schlief übrigens in seinem Arbeitszimmer, wie man es noch heute in seiner Villa in Caputh bei Potsdam sehen kann, so daß er nur drei Schritte vom Bett zum Schreibtisch hatte. Seine Schlafstelle war mehr als spartanisch - eine harte Pritsche in einer Wandnische. Auch sonst machte sein kombinierter Schlaf- und Arbeitsraum einen asketischen Eindruck (s. auch Abbildungsteil, Bild 10, 11).

Heutzutage sind Mediziner der Ansicht, daß die durchschnittlich notwendige Schlafdauer des Menschen etwa sieben bis neun Stunden beträgt. Unser individuelles Optimum ist erreicht, wenn wir tagsüber einer längeren Tätigkeit konzentriert nachgehen können, ohne dabei schläfrig zu werden. Insofern ist vom medizinischen Standpunkt nicht die nächtliche Schlafdauer ein Maß für Gesundheit oder Krankheit, sondern nur, wie der Mensch sich am Tage fühlt.

Sowohl Schlafbedarf als auch Schlafdauer sind stark altersabhängig und nehmen bis ins hohe Alter kontinuierlich ab. In einem Zeitraum von 24 Stunden

- ➢ verbringt ein Säugling ca. 2/3 des Tages schlafend,
- ➢ schläft ein Kleinkind ca. 12 Stunden,
- ➢ braucht der Erwachsene etwa 7-9 Stunden Schlaf,
- ➢ kann sich der Schlafbedarf bei älteren Menschen auf knapp 6 Stunden verkürzen.

Oft wird vermutet, daß ältere Menschen länger schlafen müßten, da natürlich ihre körperliche Leistungsfähigkeit nachläßt. Dies ist jedoch ein weiteres falsches Vorurteil. Ältere Menschen brauchen

mehr *körperliche Ruhepausen* als junge, das ist richtig. Schlaf hingegen brauchen sie eher weniger. *Schlafbedarf und Ruhebedürfnis sind nämlich nicht dasselbe.*
Wenn ein älterer Mensch über „Schlaflosigkeit" klagt, sollte man ihm also diese Tatsachen bewußtmachen. Außerdem beobachten Schlafmediziner immer wieder, daß viele ihrer Patienten ihre nächtlichen Wachzeiten maßlos überschätzen. Ein Grund liegt im Geheimnis des Schlafes selbst, der keineswegs die ganze Nacht über ein einheitlicher Vorgang und erst recht kein „Ruhezustand" ist. Das heißt, es gibt Schlafphasen, die für den Schläfer selbst im nachhinein nicht so einfach von Wachphasen zu unterscheiden sind.
Zudem ergaben ausgedehnte Untersuchungen des Schlafverhaltens, daß sich die Struktur der einzelnen Schlafstadien mit zunehmendem Alter auch erheblich ändert. Der Tiefschlaf nimmt drastisch ab, und der ältere Mensch verbringt mehr Zeit im Stadium des leichten Schlafes. Auch das Einschlafstadium verlängert sich. Dies sind keine „Krankheitssymptome" oder gar „Alterserscheinungen" (im negativen Sinne), sondern es liegt einfach keine biologische Notwendigkeit für derartigen Tiefschlaf mehr vor.
Doch selbst wenn man eine gewisse Zeit tatsächlich nicht einschlafen kann, sollte man sich nicht krampfhaft herumwälzen und zum Einschlafen zwingen. Viel besser ist es, den momentanen Zustand anzunehmen und aufzustehen. Also raus aus dem Bett. Man kann eine schlaflose Phase auch gut nutzen, indem man vielleicht ein gutes Buch liest, einen Brief schreibt oder Musik hört. Um so schneller wird sich echtes Schlafbedürfnis einstellen, und man kann nach der Rückkehr ins Bett in einen entspannten Schlummer sinken.
Ein paar Stunden nachts weniger zu schlafen, bringt niemanden um, zumindest nicht, solange man sich dabei keinen Streß macht. Man sollte also solche Schlafersatzhandlungen auswählen, die dem Körper trotzdem Entspannung bieten.
Genauso wie die benötigte Schlafdauer individuell verschieden ist, gibt es auch Menschen, die die persönliche Neigung haben, eher ein Morgen- oder Abendtyp zu sein. Manche Menschen brauchen ganz einfach morgens mehr Zeit, um „in die Gänge" zu kommen, und können dafür noch bis in den späten Abend hinein sehr leistungsfähig sein. Andere wiederum springen morgens fröhlich singend aus

dem Bett unter die Dusche, während ihnen am frühen Abend bereits die Augen zufallen. Keiner der beiden Typen ist pauschal als „positiv" oder „negativ" zu sehen.

Ein prominenter „Abendtyp" ist übrigens der bekannte Politiker der Linkspartei *Gregor Gysi*. Er hat einmal offen zugegeben, daß er am besten nach 21.00 Uhr arbeiten kann. Der Berliner Regierende Bürgermeister *Klaus Wowereit* (SPD) dagegen behauptet von sich, er sei „immer fit".

Wir sehen nun: Der erste betont seine Individualität und steht auch offen dazu. Der zweite zeigt eine eher unechte Anpassung an den allgemeinen Jugend- und Fitneß-Mythos.

Nun heißt es aber auch, der Schlaf vor Mitternacht sei der gesündeste. Auch dieses Vorurteil erweist sich als falsch. Allenfalls läßt es sich für Kinder anwenden. Es ist richtig, daß die Ausschüttung des Schlafhormons *Melatonin* und damit auch die Produktion der Wachstumshormone während der ersten beiden Tiefschlafphasen der Nacht am intensivsten sind, was für Kinder und Jugendliche im Wachstumsalter durchaus von Bedeutung ist. Beim Erwachsenen hingegen spielt es kaum eine Rolle, wann er sich seine notwendige Ration Schlaf holt.

Wenn es seine Zeit erlaubt, kann dies sogar auch der berühmte kurze Mittagsschlaf sein. Umfangreiche Untersuchungen haben ergeben, daß der Mensch neben dem allabendlich zunehmenden Schlafdruck ein zweites tägliches Tief hat, das etwa um die Mittagszeit zwischen 13.00 und 14.00 Uhr liegt. Dies entspricht der in südlichen Ländern üblichen „Siesta", wo die Mittagsruhe aus klimatischen Gründen geradezu zwingend notwendig ist. Daß auch wir Bewohner der gemäßigten und nördlichen Breiten dieses Tief spüren, kann natürlich ein genetisches Erbe aus Zeiten sein, in denen ein anderes Klima herrschte, ganz abgesehen davon, daß es auch im mitteleuropäischen Sommer an heißen Tagen unmenschlich ist, Menschen in stickigen Büros zur Weiterarbeit zu zwingen.

Auf jeden Fall ist es nicht sinnvoll, den Mittagsschlaf länger als eine Stunde auszudehnen. Sollten Sie sich also bereits an einen längeren Mittagsschlaf gewöhnt haben, gönnen Sie sich ab jetzt ruhig etwas weniger.

Wer sich am Tag gut und frisch fühlen will, sollte sich um einen guten Schlaf in der Nacht kümmern:

Die 10 Gebote gesunden Schlafs

1. Schlaf ist Gewohnheit. Stehen Sie nach Möglichkeit jeden Tag um die gleiche Zeit auf.
2. Lassen Sie sich von niemandem einreden, Ihr Schlafrhythmus sei „abnormal", wenn Sie selbst sich dabei wohlfühlen.
3. Gehen Sie nur schlafen, wenn Sie müde sind.
4. Schlafen Sie so lange, daß Sie sich morgens ausgeruht und erholt fühlen. Finden Sie selbst heraus, wieviel Schlaf Sie persönlich brauchen. Es gibt Menschen, die mit wenig Schlaf auskommen, und andere, die viel Schlaf benötigen.
5. Schlafen Sie in einem ruhigen, dunklen, gut gelüfteten Raum auf nicht zu weicher Unterlage.
6. Sollten Sie einmal nachts nicht schlafen können, so stehen Sie auf, und beschäftigen Sie sich (z. B. Lesen, Handarbeit, Schreiben, Musik hören etc.), bis Sie müde sind.
7. Kleine entspannende Rituale wie z. B. ein warmes Bad können das Einschlafen fördern.
8. Treiben Sie regelmäßig etwas Sport oder Aerobic.
9. Vermeiden Sie tagsüber zu schlafen, wenn Ihr Nachtschlaf gestört ist.
10. Vermeiden Sie am Abend:
    - übermäßigen Genuß von Kaffee, Alkohol und Nikotin.
    - schwere Mahlzeiten
    - anstrengende geistige oder körperliche Tätigkeiten

Nun werden Sie vielleicht jetzt denken: „Ich halte mich seit jeher an diese Regeln, bin gesund und kann trotzdem nicht schlafen. Gibt es etwas, was ich tun kann?"

Selbstverständlich. Zusammenfassend kann man vier Grundursachen für schlechten Schlaf nennen. Schlafstörungen können ein Symptom einer dahinter stehenden anderen Grundkrankheit sein, sie können auf äußere Ursachen zurückzuführen sein (z. B. Wettereinflüsse, Jet-Lag, Elektrosmog), auf Ernährungsfehler oder auf psychische Probleme. Letztere dürften die weitaus häufigste Ursache für schlaflose Nächte sein. Dabei geht es durchaus nicht nur um ernsthafte psychische Störungen wie etwa Depressionen, sondern auch um beruflichen Streß, Sorgen, Ängste oder ganz einfach die Unfähigkeit, vom Tagesbetrieb abschalten zu können.

In solchen Fällen empfehlen wir eine Entspannungsübung, die natürlich aus der Schatzkiste der Intuitiven Logik schöpft.

Um die Übung regelmäßig und erfolgreich durchzuführen, sollten Sie sich eine feste Zeit am Tag wählen.

Stressless-Übung

> *Setzen Sie sich in einen bequemen Sessel und schließen Sie die Augen.*

> *Versuchen Sie nicht, sich auf Kommando zu entspannen. Das ist nämlich nicht so einfach. Es ist aber leicht, sich einen Regentropfen vorzustellen, der auf einem Blatt ruht.*

> *Spüren Sie Ihren Körper, daß er da ist. Sagen Sie sich innerlich: „Ich sitze jetzt auf dem Sessel und spüre, wie mein Körper den Sessel berührt. Ich fühle meine Arme und Beine. Ich fühle, wie meine Füße den Boden berühren. Ich spüre die Lufttemperatur auf der Haut in meinem Gesicht.*

> *Vor meinem inneren Auge erscheint jetzt eine Wendeltreppe, die mit zehn Stufen nach unten führt. Ich stelle mir vor, auf der obersten Stufe dieser Wendeltreppe zu stehen. Ich gehe Stufe für Stufe langsam nach unten und zähle jede Stufe langsam mit. 10 – mit jeder Stufe gehe ich auf eine tiefere und immer tiefere Bewußtseinsebene – 9 – 8 – 7 – 6 – und wenn ich auf der untersten Stufe angelangt bin, dann bin ich auf einer Bewußtseinsstufe, die mir verschiedene Möglichkeiten zum erfolgreichen Handeln zur Verfügung stellt – 5 – 4 – 3 – 2 – 1.*

➢ *Ich möchte meinen Schlaf verbessern – also jeden Abend, wenn ich zu Bett gehe und das Licht ausschalte, fallen alle Ereignisse des Tages von mir ab, so wie die welken Blätter von einem Baum im Herbst. Und ich spüre ein Gefühl des Friedens und der Harmonie. Ich habe einen gesunden, natürlichen und erholsamen Schlaf und wache immer erst morgens wieder ganz frisch und erholt auf. Ich kann mich dann an alle bedeutsamen Träume erinnern, denn mein Unterbewußtsein trägt immer alles Bedeutsame zu meiner Gesundheit bei.*

➢ *Beim Erwachen fühle ich sofort wieder das Gefühl des Friedens und der Harmonie, und ich bin voller Tatkraft und Energie, voller Freude auf den bevorstehenden Tag.*

➢ *Ich werde jetzt langsam von 1 bis 3 zählen, und bei 3 öffne ich die Augen wieder, fühle mich vollkommen wach, frisch und wohl. 1 – 2 – 3.*

Das Geheimnis des Erfolgs dieser Übung ist eine *regelmäßige* Wiederholung. Es ist auch sehr wichtig, daß die Formulierungen dieses Textes *wortwörtlich* so verwendet werden, wie sie hier stehen. Wenn Sie den Text also nicht auswendig lernen wollen, so sollten Sie ihn aufnehmen oder sich ihn von einem Partner vorlesen lassen.

Traummenü

Eine wichtige Funktion des Schlafs haben wir bislang vollkommen außer acht gelassen. Wir alle wissen, daß wir unsere Schlafphasen nicht vollkommen bewußtlos verbringen, sondern während des Schlafes höchst bizarre Welten mit unserem Bewußtsein betreten - unsere Träume.

Es ist erwiesen, daß jeder Mensch jede Nacht mehrmals träumt, wenn er sich auch nicht immer daran erinnern kann. Wir träumen sogar fast pausenlos die ganze Nacht hindurch, wenn auch in höchst wechselnder Qualität. Die eigentlichen Träume, die psychologisch interessant und auch emotional gefärbt sind, treten dabei allerdings nur in bestimmten Schlafphasen auf, die unter anderem dadurch gekennzeichnet sind, daß die Augen unter den geschlossenen Augenlidern schnelle, ruckartige Bewegungen vollführen. Man spricht daher

auch vom sogenannten REM-Schlaf (REM = Rapid Eye Movement = schnelle Augenbewegungen).
Heute weiß die Wissenschaft, daß Träume für uns lebenswichtig sind. Vor allem haben sie entscheidende Bedeutung für die Funktion des Gedächtnisses und für innere Lernprozesse. Im Sinne der Intuitiven Logik sind Träume Szenarien, die uns in die Lage versetzen, Vergangenheit, Gegenwart und Zukunft zu bearbeiten.
Wenn wir aber träumen, um zu lernen, dann ist dieses Drittel unseres Lebens doch ganz gut angelegt, oder nicht? Nur schade, daß man so wenig darüber weiß, nicht wahr? Wäre es nicht besser, wenn man sich an mehr Träume erinnern könnte?
Zweifellos, und deshalb wird die Arbeit mit Träumen ein wichtiger Bestandteil unserer Mentalstrategie sein.
Eine *Deutung* von Träumen und Traumsymbolen nach Art herkömmlicher „Traumbücher" werden Sie bei uns allerdings vergeblich suchen. Diese vorgefertigten stereotypen Interpretationsmuster (Stichwort: „weißes Pferd von links bedeutet Geldgewinn" usw.), die zu wenig der Persönlichkeit des Individuums und seiner Lebenssituation Rechnung tragen, haben uns seit jeher gestört und sind mittlerweile auch mehr und mehr umstritten.
Statt dessen werden Sie hier etwas Besseres lernen können, nämlich selbst unter Zuhilfenahme der Intuitiven Logik die Bedeutung ihrer Träume herauszufinden oder gar zu verändern.
Irgendwann ist es nämlich mit der bloßen Traumerinnerung am Tag und der individuellen Interpretation des Traumes nicht mehr getan. Was nützt es schließlich, wenn man sich jede Nacht an fünf oder sechs Träume erinnert und dann feststellt, daß man nur „Blödsinn" geträumt oder - um es mit dem Biophysiker *Francis Crick* auszudrücken - wieder einmal nur einem Lösch- und Bereinigungsvorgang seiner inneren „Speicherdisketten" im Gehirn zugesehen hat?[7]
Was wir auf jeden Fall tun können, ist, unsere Traumfähigkeiten zu trainieren, um zumindest hin und wieder einen wirklich bedeutsamen Traum zu haben und - was noch wichtiger ist - etwas daraus machen zu können.
Fangen wir also gleich jetzt damit an. Wir wollen Ihnen schon jetzt ein paar Möglichkeiten vorstellen, mit denen Sie ganz spielerisch und kreativ Ihre ersten Erfahrungen sammeln können, wie weit Sie überhaupt auf Ihre Träume Einfluß nehmen können.

Was für einen Traum möchten Sie sich für heute nacht bestellen? Wir haben viele verschiedene Arten von Träumen für Sie in unserem Menü. Wie wäre es zum Beispiel mit einem *bestätigenden Traum?* Solche Träume sind meistens positiv und stellen deutlich etwas dar, was man in seinem Leben neu angefangen hat oder anfangen will.
Sie können es heute nacht ausprobieren. Wählen Sie sich ein Thema aus Ihrem Lebensbereich, wo Sie gerade etwas Neues angefangen haben. Denken Sie darüber vor dem Einschlafen nach und programmieren Sie Ihr Unterbewußtsein darauf, Ihnen einen deutlichen Traum zu dieser Thematik zu inszenieren. Wenn Sie möchten, können Sie dazu auch die Tafeln von Chartres benutzen. Es kann hilfreich sein, wenn Sie sich danach bis zum Einschlafen auf die zwei Innenflächen Ihrer Handgelenke konzentrieren.
Wenn Sie mögen, können Sie selbstverständlich einen ganz *gewöhnlichen Traum* bestellen. Das ist ein Traum, in dem Sie mit vielerlei inneren und äußeren Problemen konfrontiert werden. Es kann witzig, humorvoll und angenehm sein oder auch bitter ernst, aber auf jeden Fall hilfreich. Vor dem Einschlafen können Sie dazu eine Tür visualisieren, an der sich eine Nummer befindet, die Ihrem Lebensalter in Jahren entspricht. Schlafen Sie mit diesem Bild vor Ihrem inneren Auge ein.
Ein ganz besonderer Traum ist der sogenannte *große Traum,* der wichtige Ereignisse im Leben widerspiegelt mit vielen spirituellen und oft archetypischen Symbolen, die Sie in Staunen versetzen können. Aber Achtung – dieser Traum ist sehr teuer! Im Wachzustand werden Sie im Sinne der Intuitiven Logik an seiner Symbolik weiter arbeiten müssen, um Ihre Ziele zu erreichen. Um diesen Traum hervorzurufen, legen Sie sich hin, schließen Sie Ihre Augen und gehen Sie in Ihren Gedanken auf eine Wiese. Schauen Sie sich genau um – wie sieht sie aus? Was können Sie links oder rechts wahrnehmen? Was sehen Sie am Horizont, wenn Sie geradeaus schauen? Immer, wenn Sie mit diesem Motiv vor dem inneren Auge einschlafen, werden Sie sich von Mal zu Mal mehr und mehr den wichtigen Symbolen nähern, die nur in einem großen Traum zu finden sind und oft spirituellen und archetypischen Charakters sind.
Einen *unangenehmen Traum* wollen Sie bestimmt nicht bestellen. Aber es ist möglich, daß Sie sowieso öfter einen haben. Es hat immer

etwas mit Ihrer Schattenseite zu tun, mit dem, was Sie vielleicht verdrängen. In solchen Träumen kommen oft sehr bizarre Bilder vor. Um sie besser zu verstehen, versuchen Sie mit dem Bild einer Wiese einzuschlafen (wie beim großen Traum), diesmal aber am Rande eines Waldes. Es ist immer möglich, daß aus dem Wald etwas oder jemand auf Sie zukommt und Ihnen hilft zu erkennen, wo Ihr Problem liegt und wie Sie es lösen können.
Gehen Sie unter keinen Umständen jemals in den Wald hinein. Auf der Wiese sind Sie immer sicher, und jede Symbolgestalt wird über kurz oder lang bereit sein, zu Ihnen dort hin zu kommen.
Sollten Sie unter Alpträumen leiden, sagen wir Ihnen schon jetzt, daß es ein absolut sicheres Mittel gibt, um aus einem solchen Traum auf Befehl aufzuwachen: *fixieren Sie einfach während des Traumes einen festen Punkt mit den Augen.* Warum das so funktioniert und wie man es systematisch lernen kann, verraten wir Ihnen etwas später.
Es ist durchaus möglich, daß Sie aus unserem Menü einen *zukunftsweisenden Traum* auswählen möchten. So ein Traum deutet auf potentielle Möglichkeiten und Alternativen in Ihrem Leben hin. Schlafen Sie ein mit der Vorstellung, daß Sie sich auf einem Berg befinden und weit um sich herum ins Land schauen.
Einen *dynamischen Traum,* der in Ihrem Leben viel bewegen kann, besonders wenn Sie sich in einer Phase der Stagnation befinden sollten, erreichen Sie mit einer Wanderung entlang des Ufers eines Baches. Machen Sie diese Wanderung vor dem Einschlafen (vor Ihrem inneren Auge) und beobachten Sie, wie der Bach allmählich zum Fluß wird und wie er dann weiter bis zum Meer fließt.
Würde es Ihnen Spaß machen, einen *präkognitiven Traum* zu träumen? Solche Träume weisen entweder auf zukünftige Ereignisse hin, oder sie sind die fördernde Ursache ihrer Entstehung. Deshalb ist hier die höchste Sicherheitsstufe angesagt. Wie man solche Träume erreichen kann, wollen wir an dieser Stelle nicht verraten. Entweder man ist dazu veranlagt, oder man sollte lieber die Finger davon lassen.
Als Beispiel möchten wir Ihnen an dieser Stelle einen Traum von *Abraham Lincoln* zitieren. Der amerikanische Präsident erzählte diesen Traum eines Abends im Verlauf eines Gesprächs seinem Biographen Ward Hill Lamon.

"Um mich herum schien eine todesähnliche Stille zu herrschen. Plötzlich hörte ich unterdrücktes Schluchzen, wie von einer weinenden Menschenmenge. Ich glaube, ich stieg aus dem Bett und ging die Treppe hinunter. Dort wurde die Stille von demselben jämmerlichen Weinen unterbrochen, aber nirgendwo waren Trauernde zu erblikken. Ich ging von Zimmer zu Zimmer; kein Mensch war zu sehen, doch überall hörte ich im Vorbeigehen die Laute des Kummers. Alle Zimmer waren hell erleuchtet; jeder Gegenstand war mir vertraut; aber wo waren all die Menschen, die klagten, als bräche ihnen das Herz? Ich war verwirrt und bestürzt. Was konnte das zu bedeuten haben? Fest entschlossen, die Ursache dieses schrecklichen Geheimnisses herauszufinden, ging ich weiter, bis ich zum Ostzimmer kam. Ich trat ein. Dort erwartete mich eine entsetzliche Überraschung. Vor mir stand ein Katafalk, auf dem ein verhüllter Leichnam lag. Um ihn herum waren Soldaten postiert, und um diese drängte sich eine große Menschenmenge. Manche blickten voller Trauer auf den Leichnam, dessen Gesicht zugedeckt war, andere weinten hemmungslos. ‚Wer ist gestorben im Weißen Haus?', fragte ich die Soldaten. ‚Der Präsident' lautete die Antwort. ‚Er wurde von einem Attentäter ermordet!' In diesem Augenblick brach die gesamte Menge in laute Trauerbezeugungen aus, und ich erwachte. In dieser Nacht fand ich keinen Schlaf mehr."

Wenige Tage später wurde Abraham Lincoln erschossen. So viel also zu der Frage, ob man sich präkognitive Träume unbedingt wünschen sollte. Auf jeden Fall wäre es empfehlenswert, sich jetzt ein Traumtagebuch zuzulegen, in das Sie die Träume, an die Sie sich morgens erinnern, eintragen können. Das müssen nicht unbedingt lange Geschichten sein, auch das kleinste Fragment, das Ihnen im Gedächtnis geblieben ist, zählt. Ein solches Traumtagebuch ist außerordentlich wichtig, um die Entwicklung der Traumszenarien im Sinne der Intuitiven Logik weiterzuverfolgen.

Es ist erwiesen, daß sich durch das regelmäßige Notieren der Träume die Traumerinnerung wesentlich verbessert. Hierzu noch zwei Tips. Erstens: Schreiben Sie abends vor dem Einschlafen bereits das Datum des nächsten Tages auf die nächste freie Seite Ihres Traumtagebuchs. Damit schaffen Sie einen Anker für Ihr Unterbewußtsein, daß Sie am nächsten Tag auch etwas einzutragen haben werden.

Zweitens: Wir alle kennen den Effekt, daß wir beim Erwachen den Traum noch ganz deutlich im Kopf haben, und dann müssen wir hilflos beobachten, wie er in einem Moment auf Nimmerwiedersehen aus unserem Gedächtnis entschwindet. Dem kann man sehr effektiv vorbeugen, indem man einige einfache Grundregeln beachtet:
Bleiben Sie beim Erwachen noch einen Moment in der derzeitigen Position Ihres Körpers liegen und öffnen Sie auch die Augen nicht. Während des Traumes fühlten Sie sich in einem anderen „Traumkörper" und in einer anderen Umgebung als jetzt. Intensive Bewegungen oder das Öffnen der Augen zerstören diese Eindrücke zu abrupt, indem sie Ihr Bewußtsein auf die äußere Realität und Ihren materiellen Körper fokussieren, was den Traum entschwinden läßt.
Wenn Sie aber wie empfohlen noch einen Moment still und mit geschlossenen Augen liegenbleiben und den Traum während dieser Zeit noch einmal so gründlich wie möglich mit allen Details durchdenken, dann verankern Sie ihn in Ihrem Wachbewußtsein. Öffnen Sie anschließend die Augen und schreiben Sie ihn sofort auf. Es ist daher hilfreich, Traumtagebuch und Kugelschreiber immer griffbereit am Bett zu haben. Manche mögen es auch lieber, den Traum auf ein Diktiergerät aufzusprechen.
Was für ein *Schlaftyp* sind Sie eigentlich? Haben Sie sich schon einmal beobachtet, in welcher Position Sie am liebsten schlafen?
Menschen, die überwiegend auf dem *Rücken* schlafen, sind eher realistisch, meistens gesund, voll Selbstvertrauen und dynamisch, fast progressiv im Leben. Sie können aber auch meditativ veranlagt sein.
Wer den Schlaf auf der *linken Körperseite* bevorzugt, ist sehr intuitiv, zart, eher ein Träumer. Er ist oft leicht hellseherisch veranlagt. Im Wachleben ist er meistens ein Idealist, hat viel Wissen und ist sehr machtstrebend.
Die liebste Schlafposition auf der *rechten Seite* charakterisiert den Intellektuellen, der geradlinig, ehrgeizig, ehrlich und mutig ist. Im Leben sind solche Menschen oft Herrschertypen.
Auf dem *Bauch* schlafen Verliebte, Träumer, Menschen, die oft viel zu viel grübeln. Diese Schlafposition charakterisiert Leute, die nur wenig selbständig sind, oft romantisch, künstlerisch veranlagt. Sie können nur schwer etwas im Leben erreichen, sind meistens sehr rücksichtsvoll, aber auch sehr zäh und trickreich.

Um Intuitive Logik erfolgreich einsetzen zu können, brauchen wir Träume, denn Träumen heißt Realitäten schaffen. Das müssen übrigens keine nächtlichen Träume sein. Im Grunde sind wir immer Mitschöpfer unserer Realität, und zwar auch am Tage, indem wir denken und handeln. Nach einer Aussage des Bewußtseinsforschers und Sachbuchautors *Johannes Holler* bedienen wir uns hierfür allerdings unterschiedlicher Mechanismen:[8]

➢ In der *Tagesrealität* schaffen wir Realität durch *Konditionierung* (also durch erlernte Gewohnheiten, die vorher durch Lernprozesse, vor allem in unseren Träumen, konsolidiert wurden).
➢ In der *Traumrealität* schaffen wir Realität durch *Emotionen*.

Doch da gibt es seiner Aussage nach noch einen dritten, schöpferischen Bereich, der vielleicht nicht so unmittelbar offensichtlich, nichtsdestoweniger aber sehr wichtig ist, denn wir wollen ja Menschen sein und keine Automaten. Dieser Bereich ist dem weiten Feld der Kreativität, der Intuitionen und Inspirationen zuzurechnen und tritt im wesentlichen ebenfalls in unseren Träumen (zumindest in den wichtigeren unter ihnen) auf:

➢ In *alternativen Realitäten* schaffen wir Realität durch *Akte des freien Willens*.

Alternative Realitäten bedeuten eine echte Neuschöpfung durch Kreativität und Phantasie, was natürlich hauptsächlich dann einen Sinn hat, wenn wir dies hinterher auch in die Tagesrealität umsetzen können. Dafür ist die Intuitive Logik von entscheidender Wichtigkeit, denn sie gibt uns Methoden an die Hand, unsere Träume zu gewichten und zu bewerten.
Wäre es nicht schön, solche kreativen Träume öfter zu haben und vor allem selbst bestimmen zu können, in welchem Lebensbereich man neue Erkenntnisse haben möchte?
In der Tat ist auch das möglich, und ein wichtiger Teil unserer Mentalstrategie wird sich mit diesen Fähigkeiten beschäftigen, die zum

Faszinierendsten gehören, was das menschliche Bewußtsein hervorgebracht hat - dem *Klartraum.*

Ein Klartraum ist ein Traum, während dessen der Träumer weiß, daß er träumt, und sich weiterhin der Tatsache bewußt ist, daß er den Traum durch seinen freien Willen steuern und verändern kann.

Viele Menschen haben solche Träume spontan irgendwann während ihres Lebens, doch es zeigte sich auch, daß im Grunde jeder Mensch das Klarträumen prinzipiell erlernen kann.
Bevor wir aber damit anfangen, gönnen wir uns einen kurzen Blick in ein modernes Schlaflabor.

In der Stille der Nacht

„*Der Gerichtssaal war groß, rund und hell. Ich sitze und warte auf meinen Prozeß. Rechts sehe ich Olaf, er ist mein Verteidiger. Er lächelt mir leicht zu. Das macht mich etwas mutiger. Links von mir eine Frau – die Staatsanwältin. Sie soll eine Zicke sein, habe ich gehört...*
Im Saal sehe ich viele Menschen. Mmh – was wollen die hier? Warum sind sie gekommen? Was habe ich getan, daß man mich angeklagt hat? Ich kann mich nicht erinnern, ich versuche es, aber ich weiß es einfach nicht.
Der Richter kommt herein, und der Prozeß beginnt. Er sagt mir, daß ich des Verbrechens angeklagt bin, zur gleichen Zeit zwei Männer zu lieben. So etwas ist zwar auf der Erde erlaubt, aber nach dem Gesetz nicht hier..."

Eine Nacht im Schlaflabor

Zur gleichen Zeit herrscht im Nebenzimmer eine sachliche und wachsame Atmosphäre. Die Wissenschaftler, die den Schlaf von Elisabeth überwachen, erinnern auf den ersten Blick an Piloten im Cockpit eines hypermodernen Jumbo Jets. Der ganze Raum ist angefüllt mit Computermonitoren und futuristisch anmutenden Meßgeräten.
Von all dieser Geschäftigkeit bekommt die friedlich schlafende Probandin nichts mit. Ihr Zimmer ist schallisoliert und abgedunkelt. Die Elektroden und Meßfühler, die an ihrem Körper befestigt sind, wurden von geschulten Krankenschwestern so zu einer Art „Pferdeschwanz" oberhalb des Kopfes zusammengebündelt, daß sie die Bewegungsfreiheit während des Schlafes kaum beeinträchtigen.
Zur Erstellung einer Videoaufzeichnung wird eine Infrarotkamera benutzt, die auch in vollkommener Dunkelheit deutlich erkennbare Bilder aufnehmen kann.

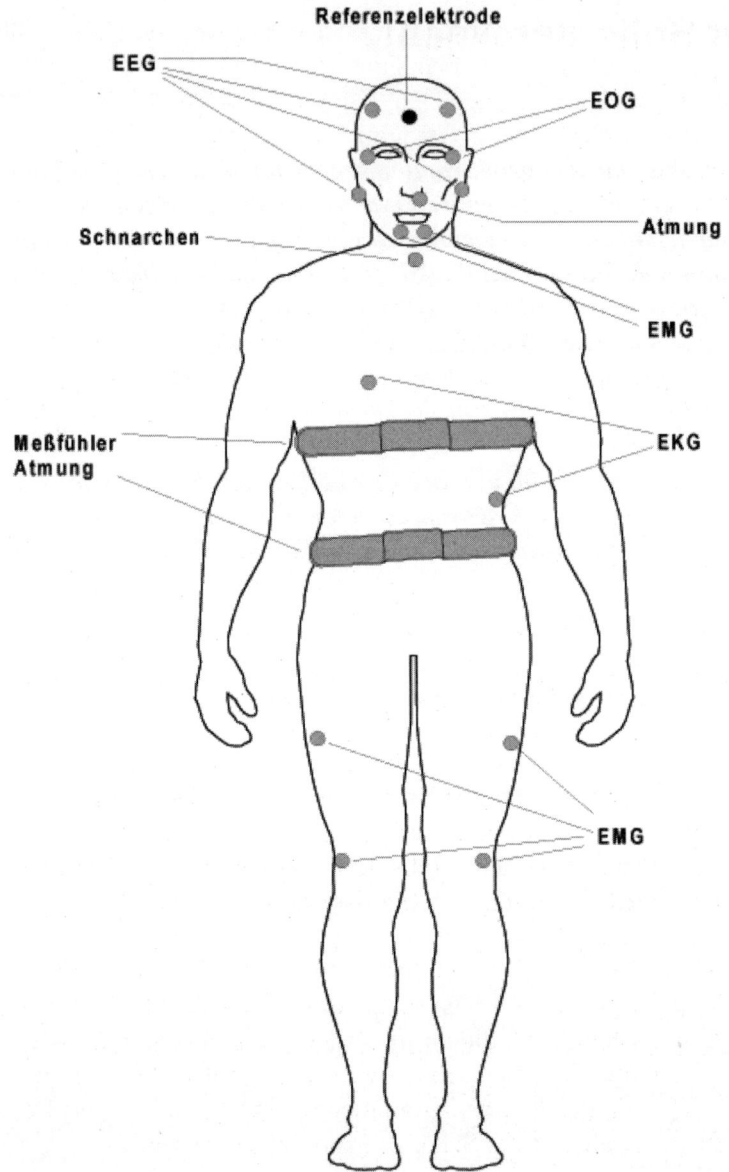

Abb. 1: Meßpunkte am menschlichen Körper für das Polysomnogramm: EEG (Gehirnwellen), EOG (Augenbewegungen), EMG (Muskelspannung), EKG (Herzfrequenz), Atmung und Schnarchen.

Auf diese Weise entsteht während der Nacht ein sogenanntes *Polysomnogramm*, also eine Untersuchung sämtlicher Messungen und Aufzeichnungen der verschiedenen Körperfunktionen, die für die wissenschaftliche Beurteilung des Schlafes benötigt werden.

So können die Schlafforscher nicht nur unterschiedlichen Schlafstörungen auf die Spur kommen, sondern auch die unterschiedlichen Phasen des Schlafes sauber voneinander abgrenzen.

Eine zentrale Rolle bei der Erstellung eines solchen Polysomnogramms spielt die Aufzeichnung der Gehirnpotentiale mit Hilfe eines *Elektroenzephalographen (EEG)*.

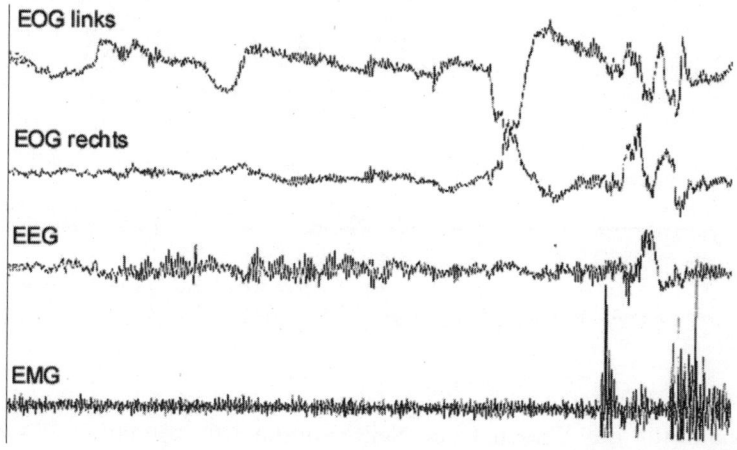

Abb. 2: Polysomnogramm eines Menschen im Wachzustand: Die beiden oberen Zeilen (EOG) zeigen die Augenbewegungen, darunter das EEG und die Muskelspannung (EMG)

Bestimmte Schlafphasen sind charakterisiert durch schnelle Augenbewegungen unter den geschlossenen Augenlidern, weshalb man diese Schlafphasen auch als REM-Schlaf („Rapid Eye Movement") bezeichnet. Man weiß inzwischen, daß in diesen Phasen besonders intensive und emotional empfundene Träume auftreten. Damit die Schlafforscher feststellen können, zu welchen Zeiten sich Elisabeth in einer solchen Traumschlafphase befindet, zeichnen sie auch diese Augenbewegungen mit einem *Elektrookulogramm (EOG)* auf.

Was die Person in diesem Moment träumt, kann man zur Zeit Gott sei Dank daraus noch nicht ablesen. Immerhin kann man aber feststellen, ob ein Mensch während des Traumes entspannt oder emotional erregt ist. Dazu werden etwa Herz- und Atemfrequenz gemessen, aber auch die Muskelspannung mit Hilfe eines *Elektromyogramms (EMG)*.

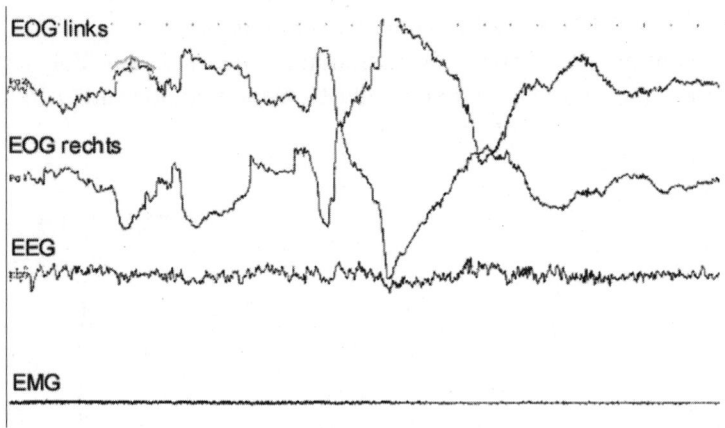

Abb. 3: Polysomnogramm eines Menschen im REM-Schlaf. Augenbewegungen und EEG ähneln dem Wachzustand, aber das EMG ist vollkommen flach.

Als sich Elisabeth um ca. 22.00 Uhr in ihr Bett im Schlaflabor legte, begann für die Forscher im Nebenzimmer die eigentliche Arbeit. Sobald sie die Augen geschlossen hatte, ging die Anzeige ihres EEG schnell über in die bekannten ruhigen Alpha-Wellen mit einer Frequenz zwischen 8 und 13 Hertz. Diese Frequenzen zeigen an, daß die Person noch nicht schläft, sondern sich nur in einem entspannten Wachzustand befindet. Sie treten zum Beispiel auch bei Meditationsübungen auf, oder wenn wir ganz einfach einmal in einer kleinen Ruhepause am Tag kurz die Augen schließen. Das EOG war weiterhin unruhig, zeigte also Augenbewegungen unter den geschlossenen Lidern an. Auch im Wachzustand sind unsere Augen ja ständig in Bewegung. Die Anspannung der Muskulatur war nach wie vor hoch, so wie im normalen Wachzustand.
Es dauerte allerdings nur wenige Minuten, dann bemerkte einer der Wissenschaftler in Elisabeths EEG eine erneute Veränderung. Die

Alpha-Wellen verliefen plötzlich nicht mehr kontinuierlich, sondern gruppierten sich in der Anzeige des Monitors, unterbrochen von kleineren, raschen und unregelmäßigen Wellen. Die Augenbewegungen wurden ruhiger und pendelförmig. Für die Forscher ein sicheres Indiz, daß Elisabeth sich nunmehr im Stadium 1, dem Übergangsstadium vom Wachen zum Schlafen, befand.

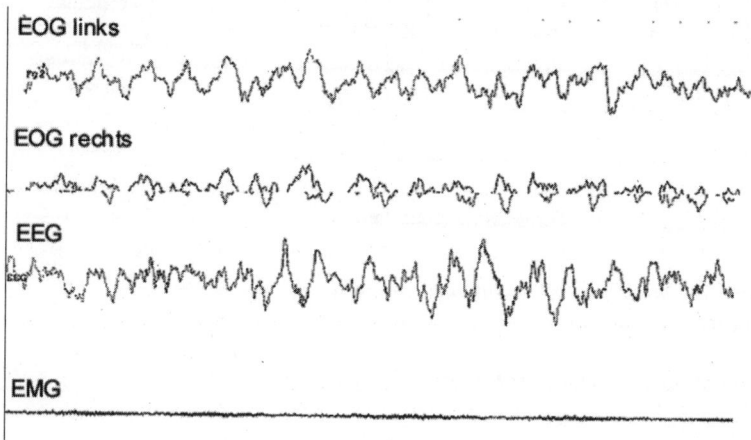

Abb. 4: *Polysomnogramm eines Menschen im Tiefschlaf mit den typischen hohen und langsamen Delta-Wellen im EEG.*

Wir alle kennen diese Phase sehr gut: Es kreisen noch letzte Gedanken in unserem Kopf, mischen sich aber zunehmend mit kurzen „Einschlafträumen", sogenannten *hypnagogen Bildern*. Wenn sich dabei die Muskulatur bereits entspannt, kommt es häufig zu leichten Zuckungen der Arme und Beine.
Kurz danach schlief Elisabeth wie ein Baby. Die Wissenschaftler, die etwas genauer differenzieren müssen, sprechen vom Stadium des *„leichten Schlafes"* oder Stadium 2. Die Augenbewegungen waren vollkommen zur Ruhe gekommen, die Muskulatur entspannt.
Das Wellenmuster im EEG zeigte nun höhere Wellen, die von sporadischen rascheren Wellen, sogenannten Schlafspindeln und K-Komplexen, unterbrochen wurden. Über diese Muster ist der Wissenschaft bis heute noch sehr wenig bekannt.

Aus diesem Stadium ist ein Mensch relativ problemlos zu wecken und erinnert sich dann meist an nichts. Dieses Leichtschlafstadium nimmt etwa die Hälfte der gesamten Schlafdauer ein.

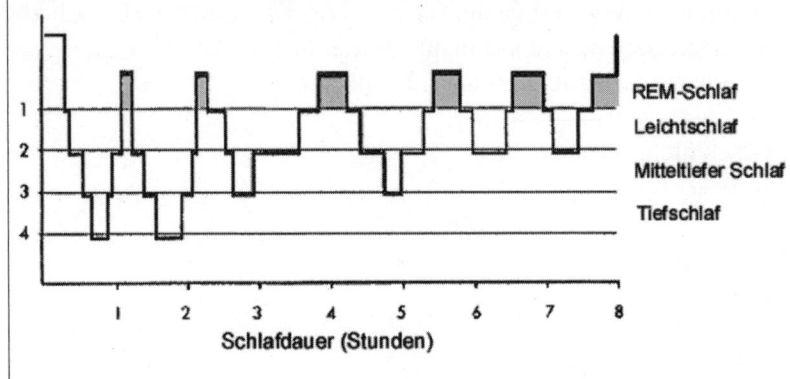

Abb. 5: Normales Schlafprofil eines gesunden Menschen. Die REM-Schlafphasen in der normalerweise die inhaltsreichen Träume stattfinden, sind grau markiert. Der erste REM-Traum ist üblicherweise etwa 60-90 Minuten nach dem Einschlafen zu erwarten.

Zu Beginn der Nacht jedoch verweilte Elisabeth, so wie die meisten Menschen, in diesem Stadium ebenfalls nur wenige Minuten, denn es traten schon bald erste Delta-Wellen auf, die noch höher und langsamer sind und in der Frequenz zwischen 1 und 4 Hertz liegen. Anfangs mischten sie sich noch mit den Schlafspindeln aus dem 2. Stadium. Dann sprechen die Wissenschaftler von einem *mitteltiefen Schlaf* oder Schlafstadium 3.

Sobald der Delta-Wellenanteil über 50% beträgt, spricht man vom Stadium 4 oder *Tiefschlafstadium*. Dieses Stadium macht etwa 10-20% der Gesamtschlafzeit aus und dient vorrangig der körperlichen Regeneration.

Das erste Tiefschlafstadium der Nacht erreichte Elisabeth nach einer knappen Stunde, was ebenfalls der Norm entspricht. Nachdem sie ungefähr zwanzig Minuten in diesem Stadium verweilt war, zeigten die Meßgeräte plötzlich dramatische Veränderungen. Das EMG registrierte einen spontanen Anstieg der Muskelspannung, und das EEG oszillierte so regellos auf und ab, daß überhaupt keine Kurvenform mehr erkennbar war.

Was war geschehen? Elisabeth hatte sich nur im Schlaf auf die andere Seite gedreht. Das löste natürlich an den empfindlichen Elektroden, die normalerweise elektrische Spannungen in Größenordnungen von Millionstel Volt aufzeichnen müssen, Störungen aus. Es war ein Hinweis, daß sich das Tiefschlafstadium nun seinem Ende zuneigte.
Nachdem sich die Anzeige des EEG wieder beruhigt hatte, konnte kehrte Elisabeth wieder in das Stadium 2 des Leichtschlafs zurück, allerdings nicht für lange Zeit.
Dann setzte eine erneute dramatische Veränderung ein, die aber nun mit einem echten Wechsel in der Schlafqualität einherging. Das Elektromyogramm wurde plötzlich vollkommen flach, was ein völliges Erschlaffen der Muskulatur bedeutete. Gleichzeitig wurde die EEG-Anzeige klein und schnell, ähnlich wie im Einschlafstadium 1. Wachte Elisabeth etwa auf? Nicht im üblichen Sinne. Ihr Bewußtsein erwachte durchaus, aber nicht in unserer, sondern in einer anderen Realität. Elisabeth war in ihrem ersten Traum dieser Nacht gelandet.
Zur selben Zeit registrierte das Elektrookulogramm die bekannten raschen Augenbewegungen, die dem REM-Schlaf seinen Namen gaben.
Diese REM-Schlafphasen sind im Grunde paradoxe Schlafphasen. Die Schlaftiefe ist vermindert, sie ist sogar geringer als im Stadium 2, und doch lassen sich Menschen aus dieser Phase nur sehr schwer aufwecken. Und wenn es doch gelingt, wirken sie desorientiert und schlaftrunken und wissen oft nicht sofort, wo sie sich befinden. Dies hängt auch damit zusammen, daß unser Bewußtsein im REM-Schlaf die andere Welt, die des Traumes, betritt.
Die Erschlaffung fast der gesamten Körpermuskulatur hat durchaus einen Sinn, denn sie verhindert, daß wir unsere Träume mit dem Körper in der Außenwelt ausleben und dann z. B. im Bett um uns schlagen. Bei Menschen, bei denen diese Muskelparalyse im REM-Schlaf gestört ist, kann es zu Schlafstörungen wie dem bekannten Schlafwandeln (Somnambulismus) kommen.
In dieser ersten Traumphase blieb Elisabeth nur etwa 15 Minuten. Damit war ein erster kompletter Schlafzyklus abgeschlossen, denn nun ging es wieder von vorn los, es erfolgte der nächste Übergang in den Tiefschlaf. Sorgfältig, Phase für Phase, tastete sich ihr Bewußt-

sein treppenförmig wieder über die Stadien 2 und 3 hinunter in eine neue Phase 4. Noch mehrere solcher Zyklen sollten im Verlauf der Nacht folgen, die sich nur durch ihre Dauer und ihre Schlaftiefe voneinander unterscheiden.

Insgesamt konnte man erwarten, daß Elisabeth etwa sechs bis sieben solcher Zyklen (REM-Phasen mit dazwischenliegenden Leicht- und Tiefschlafphasen, die man auch als Non-REM-Stadien zusammenfaßt) in dieser Nacht haben würde. Die Anzahl hängt vorrangig davon ab, wann man geweckt wird und aufstehen muß. Das tiefste Stadium 4 wird allerdings in der Regel nur während der ersten vier bis fünf Stunden des Schlafes erreicht, so daß die Tiefschlafphasen im Verlauf einer Nacht immer flacher werden. Gleichzeitig verlängern sich die REM-Phasen zunehmend bei ebenfalls abnehmender Schlaftiefe, bis schließlich die letzte und flachste Traumschlafphase auf natürlichem Wege in den Vorgang des Erwachens übergeht.

Insgesamt macht der REM-Schlaf beim Erwachsenen etwa 25% der Gesamtschlafdauer aus. Bei Kindern ist es allerdings wesentlich mehr. Wann träumte also Elisabeth in dieser Nacht? Als sie morgens geweckt wurde, erinnerte sie sich mehr oder weniger nebelhaft an die letzten zwei Träume. Das Schlafprofil zeigte aber an, daß sie tatsächlich fünf REM-Phasen durchlaufen hatte. Die ersten drei Träume hatte sie also schlichtweg vergessen.

Jeder Mensch hat also fünf bis sieben REM-Träume pro Nacht (dies gilt auch für Menschen, die von sich behaupten, sie würden „nie" träumen). Wir alle träumen sogar auch in den Non-REM-Phasen, so daß wir im Grunde feststellen können, daß unser Bewußtsein niemals ruht.

Die Träume der Non-REM-Phase unterscheiden sich allerdings qualitativ erheblich von denen des REM-Schlafes. Während wir im REM-Schlaf die bekannten bizarren und geheimnisvollen Tiefen unserer Traumwelt aufsuchen, besteht ein typischer Non-REM-Traum eher aus recht nüchternen Gedankenassoziationen, bei denen häufig Reste der Tagesaktivitäten aufgearbeitet werden bzw. notwendige Handlungen am nächsten Tag vorbereitet werden. Dies können Gedanken an einen bevorstehenden Besuch beim Steuerberater sein oder an die Notwendigkeit, das Auto zum TÜV zu bringen. Es ist aber auch schon vorgekommen, daß sich jemand in dieser Schlafphase mit dem Gedanken wälzte, wie tief eigentlich die Nordsee ist.

Die wirklich profunden Träume, die auch psychologisch, also für die persönliche Weiterentwicklung, bedeutsam sind, treten allerdings nur in den REM-Phasen auf.

Weckt man einen Menschen aus dem Non-REM-Schlaf auf, wird er häufig vehement bestreiten, überhaupt geschlafen zu haben, und statt dessen behaupten, wach gelegen und nachgedacht zu haben. Wir können also keineswegs jederzeit unseren eigenen Bewußtseinszustand sicher einordnen. Die objektive Untersuchung im Schlaflabor kann dann sehr hilfreich sein, um das wahre Schlafprofil eines Menschen festzustellen.

Es stellt sich in diesem Moment die uralte Frage, welche dieser vielen unterschiedlichen Schlafphasen die bedeutendste ist. Hierüber gab es im Verlauf der Wissenschaftsgeschichte die unterschiedlichsten Vermutungen, von denen kaum eine wirklich beweisbar war.

So nahm *Sigmund Freud* an, unsere Träume seien Ausdruck einer Zensur. Da seiner Ansicht nach das Unbewußte im Verlauf der Nacht seine oft etwas anrüchigen Phantasien ausleben würde, müßte es diese in Symbole verkleiden, damit wir nicht vor Scham aufwachen. Freud lebte im Zeitalter eines orthodoxen Materialismus und glaubte daher, daß der Schlaf das eigentlich Wichtige sei, um den Körper zu regenerieren. Der Traum war in diesem Modell, wie Freud es nannte, der „Hüter des Schlafes".

Später erkannten Psychologen wie Carl Gustav Jung und andere die außerordentliche Bedeutung der Träume für unsere geistige Gesundheit und Weiterentwicklung. Im Zuge einer neuen Hinwendung zur Spiritualität in der zweiten Hälfte des zwanzigsten Jahrhunderts sah man daher den Traum als das primär wichtige Phänomen an. Natürlich können wir auch am Tage träumen, doch die tiefschürfendsten und profundesten Träume haben wir in der Nacht. In dieser Denkweise erklärte man in Umkehrung des Freudschen Dogmas den Schlaf zum „Hüter des Traumes".

Heute nimmt die Wissenschaft einen pragmatischeren Standpunkt des „Sowohl-als-auch" ein. Einesteils hat man festgestellt, daß Menschen sowohl längere Zeiten des Schlafentzuges als auch des Traumentzuges relativ unbeschadet überstehen können.

Die Wissenschaft erkennt andererseits heutzutage an, daß sowohl der Schlaf als auch der Traum für unser Leben und unsere Gesundheit von hoher Wichtigkeit sind.

Auch ein selektiver Entzug bestimmter Schlafstadien wie des REM- oder Tiefschlafes (indem man die Person jeweils am Anfang einer solchen Phase aufweckt) kann zwar zu verstärkter Müdigkeit und ähnlichen Beschwerden führen, wird aber in der Regel auch nach längerer Latenz sehr schnell (meist in nur einer Nacht) wieder kompensiert.

Weckt man zum Beispiel einen Menschen zu Beginn jeder REM-Phase auf, ohne ihm den Tiefschlaf zu nehmen, hindert ihn also am Träumen, so reagiert er darauf, indem ganz einfach in der nächsten ungestörten Nacht entsprechend mehr REM-Schlaf auftritt.

Die Aufzeichnung von Elisabeths EEG-Spektrum dieser einen Nacht im Schlaflabor wäre – auf Papier ausgedruckt – übrigens über 300 Meter lang gewesen....

Flüster-Affirmationen

Wenn Sie keine schwerwiegenden Schlafstörungen haben, schlafen Sie selbstverständlich nicht in einem Schlaflabor. Wir möchten Ihnen jetzt ein paar Tips geben, wie Sie, unter normalen Bedingungen, dort, wo Sie sind, im Schlaf auf das Unbewußte und verborgene Potentiale zugreifen können.

Für Eltern und Großeltern:
Wenn in Ihrer Familie ein Kind leben sollte, das zwischen einem Monat und etwa zwei Jahren alt ist, so kann man bereits in diesem frühen Stadium etwas zu seiner gesunden Entwicklung beitragen. Hierzu dient eine spezielle Kommunikationsform, eine Mentalstrategie, die sich den Schlaf zunutze macht.
Der erste Schritt dieser Mentalstrategie ist es, das schlafende Kind zu beobachten. Daraus kann man schon einige wichtige Rückschlüsse ziehen. Atmet das Kind regelmäßig? Macht es charakteristische Bewegungen, die für Kleinkinder nicht typisch sind? Schläft es am besten an bestimmten Plätzen in der Wohnung?
Im nächsten Schritt können Sie dem Kind während des Schlafes auf-

bauende Affirmationen zuflüstern, wie sehr Sie es liebhaben, daß es sich bei Ihnen sicher und geborgen fühlt und daraus ein gesundes Selbstvertrauen für das Leben entwickelt. Bitte benutzen Sie keine Formulierungen, die Worte wie „soll", „möchte", „muß", „will" etc. enthält. Die Sätze dürfen auch niemals im Konjunktiv stehen und keine Zukunftsaussagen machen. Es müssen immer Tatsachenfeststellungen im Hier und Jetzt sein.
Es hat sich herausgestellt, daß man mit dieser Methode sogar Einfluß darauf haben kann, daß das Kind schneller sauber wird.
Was Sie Ihrem Kind zuflüstern wollen, bleibt ganz Ihnen überlassen. Die Besonderheit dieser Methode ist: Sie können alle Ihnen als erwachsener Person bekannten Begriffe benutzen. Es ist keineswegs notwendig, daß das Kind in der Lage sein müßte, diese Sätze bereits zu verstehen, wenn man sie ihm im Wachzustand sagen würde.
In unserem Buch „Der Geist hat keine Firewall" haben wir ausführlich das neue Lebensparadigma erläutert. Danach sind alle unsere Körperzellen, d. h. der ganze Körper, wissenschaftlich nachweisbar von einem feinstofflichen Energiefeld umgeben. Dieses Energiefeld dient u. a. auch als Informationsspeicher, der Informationen jeglicher Art aufnehmen, speichern und verstehen kann, selbst wenn sie in einer fremden Sprache abgefaßt sind.[9]
Es ist also absolut nicht notwendig, eine künstliche „Kindersprache" zu verwenden, oder gar abzuwarten, bis das Baby selbst sprechen kann. Es kann auch so von Ihren Flüster-Affirmationen profitieren.
Irgendwann im Laufe seiner weiteren Entwicklung wird das Kind eine Stufe erreichen, auf der es diese Sätze verstehen kann, und in diesem Moment ist in seinem Unbewußten bereits ein Nährboden gelegt, um diese Begriffe auf konstruktive Weise aufzunehmen und in eigene Lebensstrategien umzusetzen.

Für Partner:
Wenn man erwachsen ist, ist die Vorstellung, von jemandem beobachtet zu werden, während man schläft, sicher nicht sonderlich angenehm. Das lassen wir also lieber.
Wir können aber trotzdem unserem Partner bei der Lösung seiner Probleme helfen, indem wir ihm während des Schlafes aufbauende Affirmationen zuflüstern. Falls Sie jetzt Bedenken hätten – selbst in tiefer

Hypnose ist es nicht möglich, einem Menschen etwas zu suggerieren, was seinen eigenen Wertvorstellungen widerspricht. Wenn Sie also jetzt an die Geschichte vom „Manchurian Candidate" denken, wo ein Mensch zur willenlosen Marionette von anderen wurde – so etwas gibt es tatsächlich, aber es bedarf dazu weitaus drastischerer Methoden, als ihm nur im Schlaf etwas zuzuflüstern. Wir beschreiben einen solchen (authentischen) Fall im Buch „Der Geist hat keine Firewall".

Für Singles:
Wenn Sie ein Single sind und allein schlafen, dann stellt sich natürlich jetzt die berechtigte Frage, wer Ihnen etwas im Schlaf zuflüstern könnte. Natürlich Sie selbst, und dafür haben Sie geradezu unbegrenzte Möglichkeiten – dank moderner Trends.
Nehmen Sie Ihre positiven Affirmationen ganz einfach digital auf und laden Sie die Aufzeichnung auf einen iPod. Es gibt heutzutage im Fachhandel spezielle Docking-Stations für den iPod, die einen Wecker enthalten und zur voreingestellten Weckzeit einen frei wählbaren „Lieblingssong" vom iPod abspielen. Na, und Ihr „Lieblingssong" ist dann eben Ihre Aufzeichnung mit den positiven Affirmationen!

Abb. 6: iPod-Docking-Station mit Wecker

Denken Sie nur bitte daran, daß wir bislang in diesem Zusammenhang immer von „Flüstern" gesprochen haben. Der Ton muß sehr, sehr leise eingestellt werden, denn Sie wollen ja von den Affirmationen nicht aufgeweckt werden, sondern sie im Schlaf in Ihr Unbewußtes absinken lassen. Es empfiehlt sich nicht, die Aufnahme bereits im Flüsterton aufzusprechen. Das führt erfahrungsgemäß nur zu verrauschten und verzischten Aufnahmen. Sprechen Sie mit normaler Stimme, stellen Sie dann aber die Lautstärke vor dem Schlafengehen so ein, daß die Stimme gerade eben noch hörbar ist. Das menschliche Ohr ist im Schlaf unglaublich empfindlich, und eine normale Stimme auf Zimmerlautstärke würden Sie im Schlaf so laut empfinden wie einen startenden Jumbo Jet!

Wir sind sicher, nach der ersten Probe werden Sie wissen, was wir meinen, und entsprechende Korrekturen machen.

Ganz nebenbei: Sie können zu Ihren Affirmationen auch eine Autosuggestion hinzufügen mit dem Text: „Ich habe Klarträume." Davon werden Sie in der Zukunft noch profitieren können.

Wenn Sie Ihre persönlichen Schlafgewohnheiten besser kennenlernen wollen, brauchen Sie dafür auch nicht unbedingt ein Schlaflabor. Es reicht, wenn Sie sich eine Nacht lang selbst mit einer Videokamera aufzeichnen. Es gibt Videokameras, die so lichtstark sind, daß sie auch in fast völliger Dunkelheit noch brauchbare Aufnahmen machen können. Vielleicht entdecken Sie bei dieser Gelegenheit gleich, warum Ihnen so oft am Morgen der Arm wehtut, und es reicht ein zusätzliches kleines Kissen, um Ihre Schlafposition zu korrigieren.

Was Sie bei einer solchen Aufnahme mit Sicherheit feststellen können, ist, wieviel unnötiges und überflüssiges Zeug Sie in Ihrem Schlafzimmer haben. Und das gilt natürlich nicht nur für Singles.

Das Fenster zum Schlaf

Ihr Schlafzimmer ist Ihr Rückzugsort und kann gut zum Ausdruck bringen, wie Sie Ihr Inneres selbst wahrnehmen.

Im Gegensatz zu anderen Räumen im Haus, die Ihre Präsentation nach außen widerspiegeln oder Ihre intellektuellen und intuitiven

Möglichkeiten zeigen, ruht sich im Schlafzimmer Ihr eigenes Ich aus, und es soll sich dabei wohlfühlen. Deshalb verdient die Innenausstattung des Raumes unsere besondere Aufmerksamkeit.

Farben wirken sehr nachhaltig auf unsere Stimmung, und unsere Stimmung wiederum wirkt sich auf die Raumenergie aus. Farbtöne wie Rot, Orange, Gelb, Grau oder Schwarz sind für den Schlafraum ungeeignet. Die in Deutschland so beliebten weißen Schlafzimmer erinnern eher an die sterile Atmosphäre eines Krankenhauses. Solche Räume sind ein Mord an der Seele, ein kühles, unpersönliches Mißverständnis.

Wenn wir uns entlang der Frequenzen des Regenbogens bewegen, können Sie ganz intuitiv wählen zwischen Grün, Blau, Hellrosa, Champagner oder Creme. In Abhängigkeit von den Bedürfnissen Ihrer Persönlichkeit können die Farbtöne hell oder auch etwas kräftiger sein. Im Großen und Ganzen sollte das Zimmer eher schlicht ausgestattet sein und nicht zu viel Kram beherbergen. Bücherregale, Topfpflanzen etc. sind im Schlafzimmer fehl am Platze. Versuchen Sie möglichst auch, in Ihrem Schlafzimmer mit der Vergangenheit gründlich aufzuräumen und dabei alle Gegenstände zu entfernen, die geeignet sind, Sie emotional zu irritieren. Auch bei großen Kristallen und Edelsteinen ist Vorsicht geboten.

Das Schlafzimmer sollte oft und ausreichend gelüftet werden. Außerdem gehört in diesen Bereich die Anwendung von Düften und ätherischen Ölen. Für das Schlafzimmer eignet sich besonders gut Lavendelöl. Dieser Duft dient dem Schutz, reinigt die Atmosphäre von negativen Gedanken und sonstigen destruktiven Energien und ist auch gut gegen Schlaflosigkeit – und nicht zuletzt gegen unsere ganz besonders lieben Freunde, die Motten.

Wichtiger als die Raumtemperatur im Schlafzimmer ist die Aufrechterhaltung einer ausreichenden Luftfeuchtigkeit. Gerade während der Heizperiode ist die Luft in Wohnräumen oft erheblich zu trocken, was speziell während des Schlafes zur Austrocknung der Schleimhäute und damit zu erhöhter Infektionsanfälligkeit führen kann. Gute Dienste leisten hier Wasserverdunster aus Ton, die man an den Heizkörper hängen kann. Wenn die Verdunstungsleistung nicht ausreicht, muß man auf einen elektrischen Luftbefeuchter zurückgreifen.

Zu den unschönsten Begleitumständen des Schlafes gehört es sicherlich, daß man morgens zumeist recht unsanft aus ihm aufgeweckt wird. Die

Uhrenindustrie stellt eine Vielzahl solcher „Mordinstrumente" bereit, um zu gewährleisten, daß wir rechtzeitig zur Arbeit kommen. Während der Pennäler Johannes Pfeiffer (der mit den „drei F" aus der „Feuerzangenbowle") noch einen richtigen Tick-Tack-Wecker hatte, dessen er sich nur durch einen kühnen Wurf in den Wasserkrug entledigen konnte, besitzen die meisten Menschen heutzutage elektrische Wecker mit Digitalanzeige. Sie haben den Vorteil, daß man anstelle eines ratternden Geräuschs nunmehr durch sanfte Radiomusik oder zumindest ein etwas dezenteres Piepsignal geweckt wird.
Der Nachteil ist, daß diese elektrischen Wecker meistens starke Magnetfelder ausstrahlen. Sie sollten also mindestens zwei Meter vom Bett entfernt stehen. Fernsehapparate hingegen haben im Schlafzimmer überhaupt nichts zu suchen, eher schon ein Diktiergerät, das Sie griffbereit neben dem Bett haben können, um nach dem Aufwachen Stichpunkte zu Ihren Träumen darauf zu sprechen. Dies ist besonders von Vorteil, wenn Sie mitten in der Nacht aufwachen und hinterher weiterschlafen wollen. Das Sprechen in das Gerät macht Sie weniger wach, als wenn Sie das Licht einschalten und den Traum aufschreiben würden.
Ein Telefon kann natürlich im Schlafzimmer sein, wenn Sie es möchten, aber bitte kein Handy oder sonstiges schnurloses Gerät, sondern ein althergebrachter Festnetzanschluß. Diesen sollten Sie aber auch nicht nach bewährter amerikanischer Sitte direkt neben Ihrem Schlafohr plazieren.
Zu den häufigsten Fehlern, die Menschen im Schlafbereich begehen, gehört es zum Beispiel, Elektrokabel oder gar Verteilersteckdosen unter dem Bett liegen zu lassen. Die Anschlüsse der Nachttischlampen sollten auf jeden Fall so installiert sein, daß unter dem Bett keine stromführende Leitung verläuft.
Wenn Sie sehr sensibel sind, sollten Sie Ihren Schlafraum auch nach radiästhetischen und geomantischen Störungen untersuchen lassen und das Bett entsprechend den Ergebnissen plazieren.
Im Grunde steht also nichts mehr im Wege, daß Sie gut, erholsam und produktiv schlafen können. Ein hervorragender Moment, um Sie jetzt so richtig wach zu machen!

Entschuldigung – sind Sie wach?

Wenn Sie eines Tages ein Schlaflabor besuchen sollten, erwarten Sie bitte nicht, dort ausschließlich reihenweise schnarchende Probanden anzutreffen. Mit etwas Glück begegnen Sie auch jemandem, der vor einem Computerbildschirm sitzt und relativ unmotiviert auf die Tastatur einzuhacken scheint, und das, obwohl er keineswegs Arzt ist oder zum sonstigen Bedienungspersonal gehört.
In Schlaflaboren kann man nämlich noch ganz andere Sachen machen als nur schlafen. Man kann zum Beispiel untersuchen, ob jemand wach ist bzw. wie wach er ist.
Vielleicht sind Sie ja jetzt doch überrascht, wieso man untersuchen sollte, ob jemand wach ist. Weiß man das nicht? Schließlich erforscht auch niemand, ob es mittags hell ist.
Sie werden staunen, daß es gar nicht so einfach ist, den Wachzustand korrekt zu beschreiben (geschweige denn zu wissen, wie wach jemand ist). Wach zu sein, bedeutet nicht unbedingt nur, daß man nicht schläft. Genauso bedeutet schlafen keineswegs, daß man „nicht wach" ist. Man kann objektiv (d. h. physiologisch) in tiefem Schlaf liegen und dabei ein hellwaches Bewußtsein haben. Es ist auch nicht wahr, daß man sich zwangsläufig im Schlaf seiner Umwelt nicht bewußt wäre. Man konnte in Schlaflaboren nachweisen, daß ein schlafender Mensch unter bestimmten Bedingungen sogar mit anderen, „wachen" Personen im gleichen Raum kommunizieren kann. Hierzu später mehr.
Umgekehrt kann ein physiologisch wacher Mensch gedanklich so abwesend sein, daß er überhaupt nichts davon mitbekommt, was um ihn herum vorgeht.
Demzufolge kann die Wissenschaft Wachsein und Schlafen zwar als unterschiedliche physiologische Zustände charakterisieren, bei denen jeweils ganz bestimmte Gehirnfrequenzen auftreten. Zur Beurteilung des Bewußtseinszustandes eines Menschen muß dagegen eine ganz andere Skala herangezogen werden, die man Vigilanzskala oder Aufmerksamkeitsskala nennt.

Und damit kommen wir der Sache schon näher. Normalerweise bezeichnen wir einen Menschen als „wach", wenn er aufmerksam seine äußere Umwelt wahrnimmt und auf Umweltreize in angemessener Zeit reagiert. Demgegenüber kennen wir eine Reihe von „veränderten Bewußtseinszuständen" (verändert in dem Sinne, daß sie vom als normal bezeichneten Wachzustand abweichen). In diese Kategorie gehören Bewußtseinszustände, die in der Regel im Schlaf, insbesondere auch im Traum auftreten, aber auch im entspannten Wachzustand, in der Meditation oder in unterschiedlichen Trance-Zuständen. Extrempunkte der Skala sind auf der einen Seite überwache Erregungszustände (z. B. Schreckzustände), auf der anderen Seite vollkommen unbewußte Komazustände.

Für die meiste Zeit im Alltag wünschen wir uns aber einen ganz normalen wachen Aufmerksamkeitszustand, der uns in die Lage versetzt, unsere Arbeit zu tun und angemessen auf die Anforderungen des Alltages zu reagieren. Genau dieser Zustand kann in einem Schlaflabor anhand von Aufmerksamkeitsübungen getestet werden.

Dabei machen es uns die Schlafforscher nicht so einfach. Es wird wohl jeder aufmerksam sein, wenn er einen spannenden Film sieht oder einen interessanten Vortrag hört. Um zu beurteilen, wie wach wir tatsächlich sind, wenn wir uns dafür halten, muß man daher untersuchen, wie wir in monotonen Situationen reagieren, die wir als ausgesprochen langweilig empfinden.

So setzt man den Probanden z. B. vor einen Computermonitor, auf dem eine Uhr im Sekundenrhythmus vor sich hin tickt. Sie können sich sicher auch etwas Schöneres vorstellen, als eine halbe Stunde lang dieser Uhr zuzuschauen. Aber genau das wird beim Aufmerksamkeitstest von Ihnen verlangt. Und noch dazu sind ein paar Gemeinheiten eingebaut. Ab und zu, in unregelmäßigen Zeitabständen nämlich, rückt der Sekundenzeiger nicht um eine, sondern um zwei Sekunden vor. Immer, wenn Sie das bemerken, sollen Sie auf der Tastatur die Leertaste drücken, als Beweis dafür, daß Ihnen der unerwartete Sinnesreiz aufgefallen ist. Am Ende der halben Stunde wird ausgewertet, wie viele dieser Reize Sie bewußt wahrgenommen haben und wie viele Ihnen entgangen sind. Je mehr „Treffer" für Sie registriert wurden, desto wacher sind Sie gewesen.[10]

Man kann sich vorstellen, daß es eine ganze Reihe von Tätigkeiten gibt, für die es lebensnotwendig ist, tatsächlich in stereotypen Situationen aufmerksam und reaktionsbereit zu sein. Denken wir etwa an das Autofahren auf einer wenig befahrenen Straße. In manchen Berufen ist es das Schicksal der Menschen, daß sie größtenteils nur da sein müssen, ohne daß etwas passiert, nur um im Fall des Falles sofort einsatzbereit zu sein. Denken wir etwa an eine Nachtschwester im Krankenhaus, an Polizisten oder Feuerwehrleute. Aber auch in jedem anderen Beruf sollte die Alltagsroutine uns nicht in den Büroschlaf sinken lassen, sondern uns ein ausreichendes Aufmerksamkeitspotential erhalten.

Neben dem klassischen Vigilanztest mit der Uhr, wie wir ihn gerade beschrieben haben, verwenden Schlafforscher heute auch Daueraufmerksamkeitstests. Dabei werden die Probanden viel häufiger mit unvorhergesehenen Reizen sozusagen dauerbombardiert. Anstatt sie also zu langweilen, versetzt man sie in Streß. Dadurch besteht die Gefahr, die wir alle kennen, daß man in Streßsituationen gegenüber den Dauerreizen abstumpft und sie daher nicht mehr wahrnimmt. Hier wird also unser Wachheitsgrad im Sinne der Streßtoleranz gemessen.

Der diskrete Charme der Langeweile

Wir sind davon überzeugt, daß Ihre Streßtoleranz – notgedrungen – relativ hoch ist. Aber wie ist es mit der Langeweile? Mögen Sie Langeweile?

Die Langeweile ist vermutlich einer der schönsten Zustände, die man im Leben erleben kann. Man kann mit diesem Zustand unglaublich viel anfangen.

Zum Beispiel könnten Sie jetzt einen Block zur Hand nehmen (oder Ihr Notebook) und eine kurze Geschichte schreiben. Das Thema ist völlig Ihnen überlassen. Die Sache hat aber einen Haken: Alle Wörter in dieser Geschichte, mit Ausnahme von Bindewörtern wie und, oder, aber etc., müssen mit dem gleichen Buchstaben anfangen. Zum Beispiel könnte die Story so beginnen: „Bert beschrieb Bodo beim Basketballspiel Birgits berühmte Bettwäsche. Birgit bevorzugt…"

In diesem Beispiel müßten dann alle weiteren Worte der Geschichte auch mit B anfangen. Sie können natürlich auch jeden anderen Buchsta-

ben wählen, allerdings sind X, Y oder Q nur für Fortgeschrittene empfehlenswert. Bitte versuchen Sie so weit wie möglich, auf eigene Wortneuschöpfungen zu verzichten. Ganz wird sich das nicht machen lassen, aber am Ende können Sie dann beurteilen, wie viele Eigenkreationen Sie gebraucht haben und wie kreativ Sie dafür sein mußten.
Langweilen Sie sich z. B., wenn Sie als Beifahrer im Auto mitfahren? Es gibt eine Unmenge von Verkehrszeichen am Straßenrand, die uns vor bestimmten Gefahren warnen oder Vorschriften mitteilen, wie wir uns zu verhalten haben. Trotz des schon fast unübersehbaren Schilderwaldes gibt es jedoch immer noch eine ganze Menge menschlicher Verhaltensweisen, für die es kein passendes Verkehrszeichen gibt. Um sich also auf einer längeren Autofahrt die Zeit zu vertreiben, entwerfen Sie doch einfach auf einem Blatt Papier einmal vier neue Verkehrszeichen. Zum Beispiel eines, das einen auffordert, sich im Straßenverkehr gesittet zu benehmen oder seine „Mitautofahrer" zu lieben? Es können auch ganz abgefahrene Ideen dabei sein, z. B. eine Aufforderung, jetzt das Navigationsgerät abzuschalten oder ein Hinweis, daß man in der nächstgrößeren Stadt schnell heiraten kann. Zeigen Sie Ihre Entwürfe später Ihren Angehörigen oder Freunden, um zu sehen, ob sie plakativ genug sind, damit jeder sofort erkennen kann, worum es geht.
Erschrecken Sie bitte nicht, aber Sie haben soeben schon Ihre ersten Szenarien entwickelt. Natürlich waren das im Augenblick nur erste kleine Proben, und wir haben Ihnen dabei noch suggeriert, daß Sie es aus Langeweile getan haben. In beiden Fällen haben Sie aber schon Intuitive Logik eingesetzt, und sie hat mit Langeweile im Grunde nichts zu tun. Wichtig ist, daß Sie jetzt abschätzen können: Wie haben Sie sich dabei gefühlt?
Selbst wenn Sie es nicht mit Worten ausdrücken können, bekommen Sie schon das erste Feeling, den ersten Impuls, was für Sie charakteristisch ist, wenn Sie Intuitive Logik einsetzen. Es ist sehr individuell. Der eine fühlt vielleicht eine angenehme Kühle, der andere ein Kribbeln, ein Gefühl der Entspannung oder auch Verspannung, Gleichgültigkeit oder eher Engagement.
Bevor man Intuitive Logik im realen Leben anwendet, muß man es erst im Kleinen ausprobieren, damit man ein Gefühl dafür entwickelt, wie es funktioniert, bevor es ernst wird.

Alle meine Intelligenzen

Der amerikanische Psychologe *William James* beschrieb Genialität als *die Fähigkeit, auf nicht erlernte Art und Weise wahrzunehmen.* Das ist weniger dramatisch, als es klingt. Es bedeutet im Grunde nur, daß wir nicht standardmäßig den täglichen Eindrücken gegenübertreten. Für kreative Menschen sind Stereotypen der Feind Nr. 1. Man kann Kreativität stimulieren, indem man Techniken und Übungen anwendet, die die Phantasie herausfordern. Wichtig sind untypische Assoziationen oder Zusammenhänge, gepaart mit Lockerheit. Man sollte keine Angst haben vor naiven, lustigen und scheinbar unerwarteten Verbindungen, Assoziationen und Empfindungen.

Der amerikanische Psychologe *Robert Sternberg* ist der Meinung, daß der Mensch am besten mit einem Problem fertigwird, wenn er auf drei Arten denkt: Analytisch, praktisch und schöpferisch. Erst die Synthese dieser drei Aspekte bringt uns Erfolg.

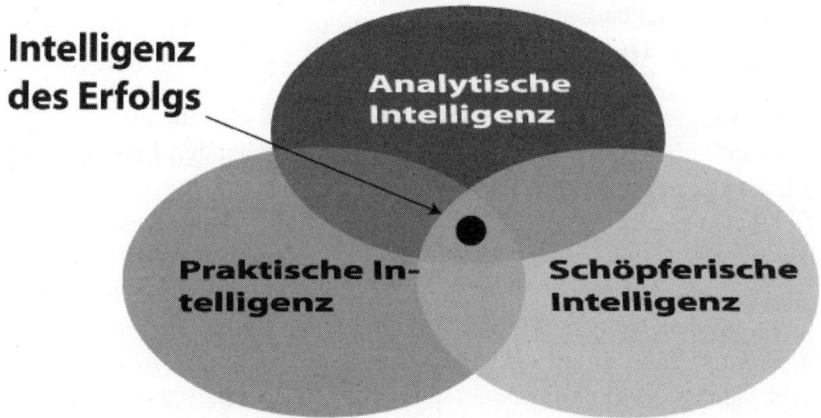

Abb. 7: Die drei Aspekte der Intelligenz

Probieren wir es einfach einmal aus. Wenn wir Vergleiche anstellen, dann stellen wir Begriffe einander gegenüber und benutzen dazu häufig Analogien.

Hierzu einige Beispiele. Versuchen Sie bitte, aus den angebotenen Alternativen jeweils die richtige Lösung zu finden:

1. Ein Werkzeug verhält sich zu einem Hammer so wie
   a) Ein Tisch zum Stuhl,
   b) Ein Spielzeug zu einer Puppe
   c) Eine Waffe zum Eisen
   d) Ein Türklopfer zur Türklingel

2. Eine Waage verhält sich zum Gewicht so wie eine Uhr zu
   a) Einem Kilogramm
   b) Einem Wecker
   c) Metall
   d) Zeit

3. Eine CD verhält sich zum Computer so wie ein Speicherchip zu
   a) Einer Kugel
   b) Sternen
   c) Optischen Linsen
   d) Einer Digitalkamera

Diese Fragen sind natürlich im Augenblick noch sehr einfach. Das wird sich aber schon bald ändern. Die entsprechenden Lösungen für alle Beispiele finden Sie ab Seite 249.
Der bekannte „Zimmer-frei"-Talkmaster Götz Alsmann würde vorher sagen: *„Beim ersten Gongschlag die Augen schließen, weil wir des Rätsels Lösung am unteren Bildrand einzublenden gedenken, beim zweiten Gongschlag die Augen wieder öffnen. Sie können natürlich auch die Augen offen behalten, dann wissen Sie alles, können aber leider nicht mitraten."* Die echte „Zimmer-frei-Stimmung" stellt sich natürlich erst dann ein, wenn Sie es schaffen, diese Sätze in ca. drei Sekunden nachzusprechen.
Wir machen es etwas kürzer und auch ohne Gongschlag, würden Ihnen aber auch empfehlen, die Lösungen erst nachzuschlagen, wenn Sie sich eine Zeitlang mit den Fragen auseinandergesetzt haben.
Bei diesen ersten drei Fragen mußten Sie analytisch denken. Praktisch wird es in dem Moment, wenn der „gesunde Menschenver-

stand" und die Intuition eine gleich große Rolle spielen. Gerade das erlaubt uns, bestimmte Ideen in die Praxis umzusetzen.

4. Versuchen Sie z. B., in folgender Graphik (Abb. 8) die neun Punkte mit vier Strichen zu verbinden, ohne den Stift abzusetzen und ohne auf einem Strich wieder zurückzugehen.

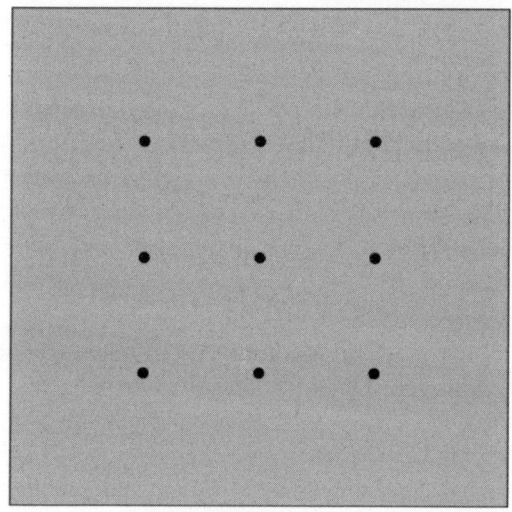

Abb. 8

Eine analytische Aufgabe, bei der man schon ein bißchen kreativ grübeln und um die Ecke denken muß, sieht z. B. so aus:

5. Versuchen Sie, durch Hinzufügen von vier Strichen zu erreichen, daß der folgende Satz richtig ist:

Adjektiv ist Substantiv.

Wenn Sie dieses Problem geknackt haben, sind Sie vermutlich reif zum Heiraten (falls Sie nicht schon verheiratet sind). Das passende Verkehrsschild haben Sie ja auch schon entworfen. Allerdings fangen mit der Hochzeit oft die Probleme erst an:

6. Ein junger Mann sagt zu seiner frisch angetrauten Ehefrau: „Wir können nur gut miteinander auskommen, wenn Du folgende Regeln beachtest:

   a. Zu jeder Mahlzeit muß es Eis geben, wenn es kein Brot gibt.
   b. Wenn es Brot und Eis gibt, darf es keine sauren Gurken geben.
   c. Wenn es saure Gurken oder kein Brot gibt, darf es auch kein Eis geben."

   Können Sie diese drei Regeln so zu einer einzigen zusammenfassen, daß die junge Frau sich das merken kann und weiß, wie sie sich verhalten soll?

Auch bei diesem Problem kamen analytische und schöpferische Aspekte zum Tragen.

Die nächste Frage wird Ihnen Intelligenzleistungen aus allen drei Bereichen abverlangen. Es heißt, dieses Beispiel stamme sogar von Albert Einstein.

7. Fünf Personen unterschiedlicher Nationalität wohnen in fünf verschiedenen Häusern, von denen jedes eine andere Farbe hat. Sie rauchen Zigaretten von fünf unterschiedlichen Marken, trinken fünf unterschiedliche Getränke und züchten fünf unterschiedliche Tierarten.

   - Der Norweger bewohnt das erste Haus
   - Der Engländer wohnt in dem roten Haus
   - Das grüne Haus befindet sich links von dem weißen Haus
   - Der Däne trinkt Tee
   - Der Rothmans-Raucher wohnt neben dem Katzenliebhaber
   - Der Bewohner des gelben Hauses raucht Dunhill
   - Der Deutsche raucht Marlboro
   - Der Bewohner des mittleren Hauses trinkt Milch
   - Der Rothmans-Raucher hat einen Nachbarn, der Wasser trinkt

- Der Pall-Mall-Raucher züchtet Vögel
- Der Schwede züchtet Hunde
- Der Norweger wohnt neben dem blauen Haus
- Der Pferdezüchter wohnt neben dem gelben Haus
- Der Philip-Morris-Raucher trinkt Bier
- Im grünen Haus trinkt man Kaffee

Frage: Wer züchtet Fische?

Wir werden weiter alle drei Intelligenzformen brauchen, aber jetzt schon nicht mehr nur zur Beantwortung einer Frage, sondern um ein oder mehrere Szenarien zu entwickeln:

8. In den letzten Jahren sind jährlich zwischen 150.000-200.000 Deutsche ins Ausland ausgewandert, vor allem auch solche mit guter Ausbildung. Versuchen Sie, sich so viele originelle Vorschläge und Ideen wie möglich auszudenken, die diese Menschen dazu bewegen könnten, nach Deutschland zurückzukehren, bzw. die andere Menschen davon überzeugen könnten, nicht auszuwandern:

Vorschläge und neue Ideen, die dafür sprechen, in Deutschland zu wohnen:
...

Eventuelle vorgeschlagene Szenarien kann man ruhig für sich zu Hause aufbewahren. Sie bei irgendeiner aktuellen Koalition einzureichen, ist nicht erforderlich.

Es mag im Moment noch spielerisch klingen, aber Szenarien zur Beantwortung sehr ernsthafter Fragen, die z. B. das Überleben der Menschheit betreffen, werden schon jetzt von ganzen Stäben von Experten mit Hilfe der Intuitiven Logik entwickelt.[11] Auf diese Weise bildet sich eine ganz neue Form wissenschaftlichen Denkens und wissenschaftlicher Methodik heraus. Die einschlägigen Fachpublikationen enthalten kaum noch den bislang vertrauten, etwas kryptisch wirkenden Fachjargon von Experten, sondern lesen sich eher wie das Drehbuch eines Films. Mit einem Unterschied – es geht um die Realität.

Wir erarbeiten so in uns eine Fähigkeit zur ganzheitlichen Wahrnehmung der Realität. Sie funktioniert so, daß wir uns sowohl auf das konzentrieren, was wichtig ist, und gleichzeitig unterschiedliche Informationen aus der Umgebung mit einbeziehen können.

Fahrplan ins Unbekannte

Bevor wir daran gehen können, große Szenarien für wichtige Lebensstrategien zu entwerfen, müssen wir erst einmal im Kleinen ausprobieren, wie man das in der Praxis macht. Daher möchten wir Ihnen vorschlagen, jetzt ein Szenario für den morgigen Tag aufzuschreiben, und zwar ganz für sich persönlich. Es geht nicht um die weltpolitischen Ereignisse des morgigen Tages, sondern darum, wie der Tag morgen für Sie laufen könnte.
Auf den ersten Blick mag diese Aufgabe leicht erscheinen. Aber es ist nicht so einfach, wie man denken könnte. Wenn wir über das Morgen reden, dann meinen wir *eine* Zukunft, und zwar keine feste oder gar vorherbestimmte Zukunft, sondern ganz einfach eine Realität, in der Sie sowohl mit bekannten (sicheren) Faktoren rechnen müssen als auch mit Unsicherheiten und Alternativen, mit denen Sie eventuell konfrontiert werden könnten. Zum Beispiel ist es sicher, daß Sie morgen zu irgendwelchen Zeiten essen und trinken werden. Sie könnten aber auch einen Anruf bekommen, durch den Sie eine Nachricht erhalten, die Sie zwingt, sofort zu reagieren auf etwas, womit Sie nie gerechnet hätten. Dies mag Ihnen unwahrscheinlich erscheinen, ist aber eine Möglichkeit, die man nicht ausschließen kann. Selbst wenn Sie der Meinung sind, daß Sie Ihren morgigen Tag schon relativ genau kennen, ist dies nur eine von mehreren wahrscheinlichen Zukünften. Alles kann sich auch ganz anders entwickeln.
Die Aufgabe, vor der Sie jetzt stehen, ist deshalb so anspruchsvoll, weil es gerade nicht darum geht, den Verlauf des morgigen Tages exakt vorherzusagen. Es ist erst einmal nur wichtig, daß Ihr persönliches Szenario im Rahmen Ihrer normalen Lebensumstände herausfordernd, relevant und plausibel ist.

Wir können uns lebhaft vorstellen, daß Sie sich im Moment überhaupt nicht vorstellen können, wie Sie jetzt anfangen sollen. Deshalb haben wir unsere Bekannte Jessica gebeten, das Versuchskaninchen vom Dienst zu spielen und sich ihren nächsten Tag einmal genauer anzuschauen. Sie hat zuerst solch eine Geschichte geschrieben:

Szenario Nr. 1
„Montag, 14. 6. 2010.
Ich stehe auf, wie immer kurz nach 6.00 Uhr. Während mein Mann mit dem Hund rausgeht, bereite ich schon den Kaffee und das Frühstück vor. Wir essen gemeinsam und lesen dabei die Zeitung. Um 7.30 Uhr machen wir uns auf den Weg zu unseren Arbeitsstellen. Mein Mann fährt mit dem Auto, weil er die Kinder zur Schule bringen muß, ich nehme die S-Bahn. Gegen 8.30 Uhr bin ich im Büro. Ich muß heute unbedingt den Monatsbericht für den Chef fertigbekommen. Das kostet mich praktisch den ganzen Arbeitstag. Nur gegen 13.00 Uhr gehe ich kurz in die Kantine und esse mit einer Kollegin. Gegen 17.00 Uhr gebe ich beim Chef meinen Monatsbericht ab und mache dann Feierabend. Auf dem Heimweg vom S-Bahnhof kaufe ich noch ein paar Kleinigkeiten zum Essen ein. Etwa eine Stunde später kommt auch mein Mann nach Hause. Ich habe schon das Abendessen fertig. Nach dem Essen sehen wir fern und gehen um 22.30 schlafen."

Langweilig, nicht wahr? Aber wie wir wissen, ist Langeweile etwas Wunderbares, weil sie die Menschen kreativ macht. Es ist aber durchaus möglich, daß Jessica den morgigen Tag tatsächlich so erleben wird. Vielleicht ist es sogar wahrscheinlich.

- Schauen wir uns an, was Jessica gemacht hat. Sie sammelte zunächst die sicheren Fakten, die am nächsten Tag ganz bestimmt eintreffen werden, und baute aus ihnen ein Grundgerüst, das Szenario Nr. 1. Es beschreibt, wie der Tag aussehen könnte, wenn nichts Unvorhergesehenes geschieht. Bitte machen Sie das auch für sich selbst. Jetzt. ■

Aus einem solchen Szenario kann man natürlich noch keine tiefschürfenden Erkenntnisse schöpfen. Wie im Leben von jedem von uns ergeben sich auch bei Jessica zuweilen unerwartete Verwicklungen, und erst dann wird es interessant. Es kann positiv oder negativ sein, aber auf jeden Fall nicht langweilig.

Szenario Nr. 2
„Montag, 14. 6. 2010.
Ich stehe auf, wie immer kurz nach 6.00 Uhr. Während mein Mann mit dem Hund rausgeht, bereite ich schon den Kaffee und das Frühstück vor. Wir essen gemeinsam und lesen dabei die Zeitung. Um 7.30 Uhr machen wir uns auf den Weg zu unseren Arbeitsstellen. Mein Mann fährt mit dem Auto, weil er die Kinder zur Schule bringen muß, ich nehme die S-Bahn. Gegen 8.30 Uhr bin ich im Büro. Ich muß heute unbedingt den Monatsbericht für den Chef fertigbekommen. Das kostet mich praktisch den ganzen Arbeitstag. Nur gegen 13.00 Uhr gehe ich kurz in die Kantine und esse mit einer Kollegin.
Da ich von Beruf Anlageberaterin bin, habe ich viele Telefonkontakte zu meinen Kunden. Einer von ihnen ist eine besondere Nervensäge, ein ganz chaotischer Typ, aber ohne meine Meinung kann er irgendwie nicht leben. Er könnte längst jemand anderen um Rat fragen, aber er klebt immer an mir. Mit anderen Worten – er ist mir treu.
Kurz nach 14.00 ruft er mich an. Gerade hatte ich mich wieder meinem Monatsbericht gewidmet, und jetzt ausgerechnet dieser Mensch. Eine volle Stunde hält er mich mit seinen tausend Wenns und Abers und anderen Sonderwünschen am Telefon fest. In mir fängt die Wut an zu kochen, aber ich muß weiter mit ihm diskutieren. Schließlich – Kunde ist Kunde. Er nervt mich bis zur Weißglut. Kurz nach 17.00 gehe ich zu meinem Chef und erkläre ihm, daß mein Monatsbericht leider noch nicht fertig ist. Er verabschiedet mich mit dem Vorwurf, daß er sich nie auf mich verlassen kann. Ich verspreche ihm, morgen eine Stunde früher zu kommen, damit der Bericht fertig ist, bevor er die wichtige Sitzung mit dem Aufsichtsrat hat.
Dann endlich Feierabend. Auf dem Heimweg vom S-Bahnhof kaufe ich noch ein paar Kleinigkeiten zum Essen ein. Etwa eine Stunde später kommt auch mein Mann nach Hause. Ich habe schon das Abendessen fertig. Nach dem Essen sieht die ganze Familie einen

Film an. Ich persönlich bin weiter irritiert und sauer und habe gar keine Lust hinzuschauen. Gegen 22.30 gehen alle zu Bett, nur ich kann nicht einschlafen."

- In diesem Schritt hat sich Jessica ein unvorhersehbares Ereignis überlegt und es in ihre Geschichte eingebaut. Dieses Ereignis sollte man immer so auswählen, daß es zwar überraschend, aber nicht total unwahrscheinlich ist. Außerdem muß es natürlich Einfluß auf den weiteren Ablauf des Geschehens haben. Jessicas Tag hat sich ganz anders entwickelt.
Auch Ihr morgiger Tag wird einen anderen Verlauf nehmen, wenn Sie Ihr persönliches Störereignis in Ihre Geschichte einbauen und sehen, wie sich die Dinge dann weiter entwickeln. Schreiben Sie also bitte Ihr Szenario Nr. 2 jetzt.■

Ein solches Szenario 2 ist zwar schon dramatischer und damit auch wesentlich spannender, aber noch immer nicht herausfordernd. Warum? Na klar, Jessica reagierte auf die Nervensäge am Telefon so, wie sie es schon immer getan hatte. Weshalb sollte er sonst wie eine Klette an ihr kleben? Und wir haben einen begründeten Anfangsverdacht ☺, daß es mit Ihrem Szenario Nr. 2 genauso gelaufen ist.
Was Jessica (und Sie) an dieser Stelle brauchen, ist eine neue Lebensstrategie. Viele von uns sind sich ihres Problems sehr bewußt und beklagen sich darüber. Meist haben wir auch schon Hunderte guter Ratschläge gehört, die wir aber niemals umsetzen konnten. Warum eigentlich? Wir sind doch alle vernünftige Menschen. Warum können wir nicht einen simplen Ratschlag befolgen? Weil ein solcher verbaler Ratschlag nicht unseren inneren Mikrokosmos erreicht.
Der Ratschlag wird erst dann beherzigt, wenn er von uns selbst, aus unserem Innern kommt. Der innere Mikrokosmos eines Menschen ist sein persönliches Modell, wie die Welt funktioniert. Es ist eine riesige Ansammlung von Vorurteilen, Glaubenssätzen und Erfahrungsmustern, und mit der Zeit haben wir vergessen, daß es nur ein Modell ist, das wir da in uns wahrnehmen, und nicht die Welt selbst. Es ist jedoch an jedem Tag unseres Lebens möglich, in unserem inneren Mikrokosmos Veränderungen durchzuführen. Warum nicht heute?

Szenario Nr. 3
„Montag, 14. 6. 2010.
Ich stehe auf, wie immer kurz nach 6.00 Uhr. Während mein Mann mit dem Hund rausgeht, bereite ich schon den Kaffee und das Frühstück vor. Wir essen gemeinsam und lesen dabei die Zeitung. Um 7.30 Uhr machen wir uns auf den Weg zu unseren Arbeitsstellen. Mein Mann fährt mit dem Auto, weil er die Kinder zur Schule bringen muß, ich nehme die S-Bahn. Gegen 8.30 Uhr bin ich im Büro. Ich muß heute unbedingt den Monatsbericht für den Chef fertigbekommen. Das kostet mich praktisch den ganzen Arbeitstag. Nur gegen 13.00 Uhr gehe ich kurz in die Kantine und esse mit einer Kollegin.
Da ich von Beruf Anlageberaterin bin, habe ich viele Telefonkontakte zu meinen Kunden. Einer von ihnen ist eine besondere Nervensäge, ein ganz chaotischer Typ, aber ohne meine Meinung kann er irgendwie nicht leben. Er könnte längst jemand anderen um Rat fragen, aber er klebt immer an mir. Mit anderen Worten – er ist mir treu.
Kurz nach 14.00 ruft er mich an. Gerade hatte ich mich wieder meinem Monatsbericht gewidmet, und jetzt ausgerechnet dieser Mensch. Nein, mein Freund, denke ich bei mir, diesmal mache ich es nicht. Ruhig erkläre ich ihm, daß seine Vorschläge nicht machbar sind. Ich schlage ihm zwei konstruktive Lösungen vor, und als er sie ablehnt und wieder mit seinen Wenns und Abers loslegt, sage ich ihm, er soll mich wieder anrufen, wenn er sein eigenes realistisches Konzept hat. Noch einen schönen Tag und auf Wiederhören. Ich lege den Hörer auf. Den bin ich los!
Ich fühle in mir eine Leichtigkeit wie schon seit Jahren nicht mehr. Der Monatsbericht flutscht nur so weiter, und ich habe ihn um 16.30 Uhr schon fertig,
Unterwegs nach Hause kaufe ich mir einen Strauß Gerbera, natürlich auch etwas Kleines zum Essen, und als die ganze Familie zu Hause ist, lade ich alle zum Bowling ein. Heute habe ich Lust, noch mehr Kegel umzuschmeißen. Was für ein phantastisches Gefühl, einmal kein braves Mädchen zu sein. Die Kinder sind begeistert.
Wir fahren relativ spät nach Hause, und auf der Fahrt platzt meine zwölfjährige Tochter mit einer echten Bombe heraus. Sie will unbedingt an einem zehntägigen Überlebenstraining auf einer schottischen Insel teilnehmen, ohne Telefon, ohne jeden Komfort, ohne

Zivilisation. Ich fühle schon, wie die Panik in mir wieder hochkriechen will, aber dann sagt etwas in mir laut Nein. Auch meine Tochter soll nicht immer brav sein. Ich gebe ihr meine Erlaubnis unter dem Vorbehalt, daß wir alle Einzelheiten noch besprechen werden. Meinem Mann fällt beim Fahren die Kinnlade herunter."

- Damit wir endlich die Welt mit neuen Augen sehen können und neue Verhaltensmuster kennenlernen, müssen wir mit dem morgigen Tag weiterspielen, und ab jetzt sogar kreativ. Jessicas Szenario Nr. 3 enthält die gleichen sicheren Ereignisse wie Szenario 1 und das gleiche unvorhergesehene Ereignis wie Szenario 2, aber mit einer wichtigen Veränderung: Jessica hat eine neue Strategie eingeplant und anschließend visualisiert, wie sich der Tag weiter entwickeln würde. Machen Sie das bitte auch mit Ihrer Geschichte, d. h. schreiben Sie Ihr Szenario Nr. 3. Jetzt. ■

Jessicas Szenario Nr. 3 war erstmals nicht nur relevant und plausibel, es stellte auch eine ganz erhebliche Herausforderung an ihr Denken dar. Schon seit ihrer Kindheit war sie dahingehend erzogen worden, nach Möglichkeit immer „Everyone's Darling" zu sein. Einem Kunden höflich, aber konsequent die Grenzen aufzuzeigen, war in ihrem Mikrokosmos nicht vorgesehen. Schließlich könnte sie den Kunden verlieren, oder er würde sich beim Chef beschweren, und was dann? Auch entsprechende Ratschläge ihres Mannes und der Kollegen waren an den Grenzen ihres Mikrokosmos immer abgeprallt. Nun aber hatte sie sich erstmals erlaubt, tatsächlich in aller Deutlichkeit Nein zu sagen. Es war ja nur ein Szenario, also ungefährlich. Doch sie erlebte dieses Szenario als Geschichte, mit allen Bildern und Gefühlen innerlich, und sie spürte ganz deutlich, wie gut sich diese neue Strategie angefühlt hatte. Dies konnte der erste Schritt zu einer Veränderung im realen Leben für sie sein.

Und was hat Ihr Szenario 3 bei Ihnen ausgelöst?

Es ist vollkommen irrelevant, ob sich eines dieser Szenarien am nächsten Tag tatsächlich verwirklicht. Intuitive Logik soll keine Wahrsagerei mit wissenschaftlichem Anstrich sein, also geht es weder um Prognosen noch gar um „Trefferraten". Wir wollen Strategien für das Leben entwickeln, und dazu gehört es, auf das Unvorhersehbare, das Unerwartete oder gar das Befürchtete vorbereitet zu sein und angemessen reagieren zu können.

Pierre Wack, der Entdecker der Intuitiven Logik, drückt es so aus: *„Szenarien erkennen die Unsicherheit an und zielen auf ihre Strukturierung und ihr Verständnis - aber nicht allein dadurch, indem man Variablen kreuz und quer laufen läßt und Dutzende oder Hunderte von Ergebnissen produziert. Statt dessen schaffen sie ein paar alternative und intern konsistente Wege in die Zukunft. Sie sind nicht eine Gruppe von Quasi-Prognosen, von denen vielleicht eine stimmt."*[12]

Szenarien sollen nach Ansicht von Pierre Wack zwei wesentliche Aufgaben erfüllen:

a. Schutz durch Erwartung und Verständnis der Risiken.

b. Entdeckung strategischer Optionen, von denen man vorher nichts wußte.

Der Kernpunkt ist das, was Wack *„die sanfte Kunst der Wahrnehmungsveränderung"* nennt.

Wenn Sie also für Ihren eigenen morgigen Tag fertige Szenarien entwickelt haben (das langweilige erste und ein paar interessantere), so schlagen wir Ihnen vor, daß Sie zunächst einmal das weitere Lesen des Buches unterbrechen und den morgigen Tag tatsächlich erleben. Am Ende des Tages können Sie dann analysieren, was wirklich geschehen ist.

Sie können Ihre Szenarien handschriftlich aufzeichnen oder mit Hilfe eines Notebook, was immer Ihnen besser zusagt. Sollte Ihnen das Schreiben überhaupt nicht liegen, können Sie Ihre Geschichten auch auf ein Diktiergerät aufsprechen. Wichtig ist nur, daß Sie sie auf jeden Fall so plastisch wie möglich visualisieren. Es geht hier um lebendige Geschichten, nicht um Listen von Handlungen, die Sie vorhaben. Wenn Sie aber Ihre Szenarien innerlich erleben, achten Sie bitte auch darauf, daß Sie dabei präzise bleiben und nicht in einen Tagtraum abgleiten.

Im Laufe der Zeit werden Sie feststellen, daß Ihre Szenarien mehr oder weniger mit den späteren wirklichen Ereignissen übereinstimmen, aber natürlich nicht immer. Doch auch wenn der morgige Tagesablauf sich wesentlich von Ihren Szenarien unterscheidet – es geht hier im Grunde gar nicht um Übereinstimmung. Es geht darum, daß das Unbewußte lernt, auf unvorhergesehene Ereignisse flexibel und schnell auf neue Art zu reagieren. Sie werden sich dabei ertappen, plötzlich einen Gedanken zu haben: „Eigentlich würde ich es so und so tun. Aber jetzt kenne ich die Intuitive Logik, und ich nehme mir die Freiheit, anders zu sein."

Die drei Gummibärchen

Wenn Sie vor sich eine Tüte Gummibärchen hätten, nach welcher Farbe würden Sie als erstes greifen? Gibt es Farben, die Sie ganz besonders gern haben, oder andere, die Sie nicht mögen? Überlegen Sie sich gut, was Sie jetzt antworten. Wir wollen uns nämlich jetzt drei Gummibärchen der besonderen Art zuwenden. Genau genommen sind es drei Gummibegriffe aus dem großen Bereich der Bewußtseinsforschung, deren Schicksal es zu sein scheint, quer durch die Literatur die unterschiedlichsten Bedeutungen und Bewertungen zugewiesen zu bekommen. So lange, bis man am Ende gar nichts mehr versteht. Schauen wir uns also die drei Gummibärchen eines nach dem anderen an.

 Rotes Gummibärchen: RATIONALITÄT. Dieser Begriff hat fast so viele Bedeutungen, wie es Wissenschaften gibt. In der Wirtschaft etwa bedeutet rational, daß ein Unternehmen gewinnbringend arbeitet. In der Mathematik kennt man rationale Zahlen, die wir alle aus der Schule auch als „Bruchzahlen" kennen. Im großen Bereich des Denkens und des Bewußtseins setzt man Rationalität im Allgemeinen mit dem „gesunden Menschenverstand" gleich. Aber Vorsicht: Der „gesunde Menschenverstand" ist nach Albert Einstein nichts weiter als eine *„Sammlung von Vorurteilen, die sich im Alter von etwa 18 Jahren angesammelt haben."*
Spaß beiseite. Wenn wir sagen, es gebe für ein Ereignis, einen Vorgang, eine rationale Erklärung, so verstehen wir darunter, daß sich der Vorgang gemäß der allgemeinen Erwartung ereignete, so daß die Entwicklung für jedermann vernünftig nachvollziehbar ist. Also offenbar doch ein bißchen wie bei Einstein.

Rationales Denken ist vorwiegend analytisch, d. h. man zerlegt den Weg zur Lösung eines Problems in einzelne Schritte, so daß wir am Ende nur mit dem ersten Schritt zu starten brauchen und uns dann sukzessive der Lösung nähern.

Rationalität wird in unserer heutigen Gesellschaft eine herausragende Stellung eingeräumt. Jemanden als irrational zu bezeichnen, kann man schon fast als Beschimpfung ansehen. Und in der Tat funktioniert der rationale, analytische Weg zur Problemlösung im Allgemeinen recht gut. Aber eben nur im Allgemeinen. Wir alle haben schon die Erfahrung machen müssen, daß ein Plan noch so gut ausgedacht sein kann, er kann am Ende scheitern, wenn irgendwo auf dem Weg etwas Unvorhergesehenes geschieht. Kurz gesagt: Das rote Gummibärchen bekommt ein paar Farbtupfer, und das war's. Rationalität setzt eben, wie gesagt, voraus, daß alles so geschieht, wie man es erwartet.

Es ist auch gar kein Wunder, daß man mit Rationalität allein nicht die Welt aus den Angeln heben kann, denn sonst würden wir eigentlich nur ein halbes Gehirn brauchen. Jegliche Form rationalen Denkens und Lernens wird von der heutigen Wissenschaft der linken Großhirnhälfte zugeschrieben. Und das ist eben nur die Hälfte unseres Gehirns. Die andere Hälfte stellt uns andere Fähigkeiten zur Verfügung. Aber dafür brauchen wir dann auch ein anderes Gummibärchen.

 Blaues Gummibärchen: INTUITION. Wenn wir der Logik des Buches folgen, wird es also jetzt irrational. Und wie wir gleich sehen werden, heißt das keineswegs verrückt oder chaotisch, sondern etwas sehr Wertvolles. Nur herrscht auch hierüber wieder eine babylonische Begriffsverwirrung. Meist wird behauptet, ein intuitiver Mensch sei mehr oder weniger ein Tagträumer, der seine Erkenntnisse aus irgendwelchen ungreifbaren kosmischen Quellen bezieht. Das kann ein Aspekt der Intuition sein, beschreibt sie jedoch nicht als Ganzes. Wissenschaftlich gesehen bedeutet Intuition nichts weiter, als eine Erkenntnis zu gewinnen oder eine Entscheidung zu treffen, ohne dazu die üblichen Schlußfolgerungen des rationalen Verstandes zu verwenden. Kurz gesagt: Alles, was nicht rational ist, ist intuitiv. Die Quelle der Intuition muß nicht aus irgendwelchen höheren Dimensionen stammen, sondern kann ganz real bis alltäglich sein. Eine wichtige Rolle spielt dabei das

assoziative Denken, also von einer Sache auf eine andere zu schließen, weil man zwischen beiden eine Gemeinsamkeit erkannt hat.
Als der Fernsehmoderator Frank Elstner eines Tages vor dem Problem stand, eine vollkommen neue, originelle Fernsehshow entwerfen zu müssen, brachten ihn seine rationalen Überlegungen nicht weiter. Erst als er eines Nachts von einem Hunderennen träumte und im Traum beobachtete, wie aufgeregte Menschen auf die unterschiedlichen Hunde setzten, kam ihm sofort nach dem Aufwachen die entscheidende Idee, die zu einer Erfolgsgeschichte ersten Ranges im Fernsehen wurde. Die Unterhaltungsshow „Wetten, daß" war geboren.[13]
Es gibt keinen logischen Zusammenhang zwischen einem Hunderennen und einer Fernsehsendung, doch die intuitive Leistung Frank Elstners bestand darin, wesentliche Aspekte vom Hunderennen (das Wetten) auf die Fernsehshow zu übertragen.
Wie aus diesem Beispiel schon erkennbar wird, hängt Intuition eng mit dem Denken in Bildern zusammen, einer typischen Eigenschaft der rechten Gehirnhälfte.
Wir alle denken auch oft auf diese Weise intuitiv, indem wir sagen: „Das sieht aus wie..." und daraus unsere Schlüsse ziehen, fernab jeder Logik und doch oft richtig und treffend.
Sehr häufig läuft dieser bildhafte Vergleich sogar vollkommen unbewußt ab, meist auf der Gefühlsebene. Wir lernen einen Menschen kennen und haben in Sekundenschnelle ein Gefühl, ob wir ihm vertrauen können. Welche Assoziationen dabei eine Rolle gespielt haben, läßt sich im nachhinein meist gar nicht mehr feststellen. Die Intuition läßt sich nicht mit Gewalt von der Rationalität vereinnahmen, selbst wenn man es will, weil wir alle daraufhin geschult sind, immer für alles vernünftige Erklärungen zu finden. Doch ein blaues Gummibärchen bleibt blau, egal, wie lange wir auf ihm herumkauen.
Sehr häufig sind die Auslöser der Intuition nicht einmal an konkrete Wahrnehmungen unserer fünf Sinne gekoppelt. Bei diesem Aspekt menschlicher Intelligenz kommen auch außersinnliche Wahrnehmungsformen wie Telepathie, Hellsehen oder kurze Einblicke in die Zukunft zum Tragen. Meist, ohne daß wir uns dessen bewußt würden. Wir können also über unsere Intuition sogar auf die Erfahrungen anderer Menschen oder auf das kollektive Unbewußte der gesamten Menschheit

zugreifen, im Extremfall sogar auf das Wissen des Universums. Das führt dazu, daß intuitive Entscheidungen und Erkenntnisse oft völlig unerwartet sind und allen Regeln der normalen Vernunft zu widersprechen scheinen. Meist bezeichnen wir sie als „Bauchentscheidungen", weil man früher den Bauch als Sitz des Gefühls und des Unbewußten angesehen hat. Übrigens eine Vorstellung, die nicht einmal so unberechtigt ist, denn im Bauchbereich befindet sich ein gewaltiges Nervengeflecht, der Solarplexus, der fast wie ein zweites Gehirn wirkt. Viele Emotionen schlagen sich vorrangig im Solarplexus nieder und werden uns daher von dort bewußt.

Es ist höchste Zeit, daß wir endlich den Wert der Intuition schätzen lernen. Gerade die erfolgreichsten Menschen entscheiden sich oft entgegen allen vorausberechneten Trends und landen dabei Volltreffer. Dennoch mißtrauen die meisten von uns der Intuition. Der Grund ist vielleicht, daß sie uns so oft überraschende oder sogar paradox wirkende Impulse gibt. Da sie meist unbewußt abläuft, wird sie für uns auch nicht als Denkprozeß, sondern nur als ein unbestimmbares Gefühl erkennbar. Dies muß allerdings nicht so sein. Es ist lediglich so, daß wir spätestens mit dem Eintritt ins Schulalter einseitig auf rationales Denken getrimmt werden. Ein vernünftiger, funktionierender Mensch hat eben rational zu sein. Und die paar wenigen, die sich nicht einseitig an diese Vorgabe halten, sind oft besonders erfolgreich. Ein Paradox, das uns zu denken geben sollte.

So wird für die meisten von uns das intuitive Denken erst dann verfügbar, wenn sich der rationale Verstand ausschaltet, z. B. im Traum oder in einer Meditation. Intuitive Logik ist ein Versuch, die Intuition auch den Denkprozessen des Tages wieder stärker verfügbar zu machen. Nicht um die Rationalität auszuschalten. Ein Mensch, der sich ausschließlich auf seine Intuition stützt, kann vielleicht ein guter Künstler sein, der seine Phantasien auslebt und im günstigsten Fall davon sogar leben kann. Für Entscheidungen und Erkenntnisse in der realen Welt brauchen wir die Rationalität unseres erworbenen Wissens, sonst würden wir jeden Tag das Rad neu erfinden müssen. Aber die Intuition benötigen wir eben auch, denn ihre Vernachlässigung hat die Welt dahin geführt, wo sie jetzt ist.

Kurz gesagt: Wir brauchen das ganze Gehirn, und zwar gleichzeitig. Und das führt uns dann automatisch zum dritten Gummibärchen.

 Violettes Gummibärchen: KREATIVITÄT. Das dritte Gummibärchen ist nicht ohne Grund violett, denn diese Farbe ist eine ausgewogene Mischung aus Rot und Blau.[14] Und wenn wir jetzt einmal ganz intuitiv vorgehen und assoziativ denken, so schließen wir daraus, daß Kreativität eine ausgewogene Mischung aus Rationalität und Intuition sein könnte.
Das ist richtig. Ein kreativer Mensch ist ein Mensch, der in der Lage ist, sein früher erworbenes Wissen auf neuartige Problemlösungen anzuwenden. Daß er dazu die Intuition braucht, ist unbestreitbar. Doch auch ohne Rationalität wird er nicht vorankommen.
Ein Mensch, der eine vollkommen neue Art von Schuhen konstruiert, ist zweifelsohne kreativ. Allerdings nur unter der Voraussetzung, daß er irgendwann zuvor einmal gelernt hat, wie man Schuhe überhaupt macht. Wenn er über dieses Wissen nicht verfügt, wird er nur ein Dilettant bleiben.
Kreativität ist eine notwendige Fähigkeit jedes Wissenschaftlers, Handwerkers, Künstlers, Arztes, Juristen – die Liste ließe sich beliebig fortsetzen. In fast allen Tätigkeitsbereichen wird uns abverlangt, uns mit unserem Wissen auf Neuland zu begeben. Ob diese Tätigkeit als kreativ wahrgenommen wird, hängt vielleicht davon ab, wieviel Intuition für die Lösung des Problems benötigt wurde. Doch auch ohne gleich eine neue Quantentheorie zu entwickeln oder ein neues Gerät zu erfinden, kann jeder von uns im Alltag kreativ sein, wenn er in der Lage ist, seine Fähigkeiten schöpferisch einzusetzen.
Im Gegensatz zur Intuition ist Kreativität in der Regel kein „Geistesblitz", der uns im Bruchteil einer Sekunde fertige Lösungen liefert. Kreativität ist ein Prozeß, der nach heutiger Erkenntnis aus vier Phasen besteht:[15]

1. *Präparation*: Wie bereits erwähnt, kann man nicht kreativ sein, ohne in dem Wissensgebiet, um das es geht, über ein fundiertes Wissen zu verfügen. Das reicht allerdings allein zur Vorbereitung eines kreativen Prozesses noch nicht aus. Vorwissen kann nämlich auch zum Kreativitätskiller werden. Je fundierter ein Fachmann ausgebildet ist, desto mehr neigt er dazu, sich allein auf seine bewährten Verfahrensmuster zu verlassen. Fachwissen verleitet dazu, einseitig den rationalen Weg einzuschlagen, der

allein natürlich keine Kreativität ermöglicht. Der zweite wichtige Aspekt der Vorbereitung ist daher die Bereitschaft, sein Wissen und seine altbewährten Vorgehensweisen in Frage zu stellen, damit man auch intuitiv nach neuen Wegen suchen kann.

2. *Inkubation*: Nachdem die rationale Basis gelegt ist, muß die Intuition zum Tragen kommen, denn ausschließlich rational kann man keine wirklich neuen Lösungswege finden. Die Intuition jedoch funktioniert nicht auf Bestellung. Sie wird nicht vom bewußten Verstand gesteuert, sondern in den Tiefen des Unbewußten. Dort laufen dann ohne bewußte Kontrolle assoziative Prozesse ab, die eine mögliche neue Lösung des Problems allmählich heranreifen lassen. Wenn die Aufgabenstellung in Phase 1 klar und detailliert genug präzisiert wurde, kann man das Unbewußte am besten seine Arbeit tun lassen, wenn man sich bewußt mit der Fragestellung gar nicht mehr beschäftigt, sondern sie ganz einfach losläßt und sich anderen Dingen zuwendet.

3. *Illumination:* Die Antwort auf unsere Frage steigt nicht selten ganz plötzlich und unvermutet in unser Bewußtsein. Dies ist der eigentliche Kern des kreativen Prozesses. Es kann ein Geistesblitz sein, ein Traum, an den wir uns erinnern, ein Gefühl, was wir tun sollen – es gibt viele Wege, auf denen sich das Unbewußte uns mitteilen kann. Meist ist es leicht, diesen Impuls von sonstigen spontanen Gedanken zu unterscheiden, die uns im Laufe des Tages in den Kopf steigen. Ein intuitiver Impuls aus dem Unbewußten wird uns wie eine „Erleuchtung" bewußt, wie ein „Aha-Erlebnis". Es vermittelt uns das untrügliche Gefühl: „Das ist es!"

4. *Verifizierung:* Nichtsdestoweniger ist es nun unsere Aufgabe, den intuitiven Impuls in der Realität zu überprüfen, inwiefern er widerspruchsfrei und überhaupt machbar ist. Diese vierte Phase ist also ein rein rationaler Prozeß, den man am besten damit einleitet, daß man die intuitiv empfangene Lösung möglichst detailliert aufschreibt. Dadurch wird automatisch der bildhafte oder gefühlsmä-

ßige Eindruck von der rechten an die sprachbegabte, rationale linke Gehirnhälfte weitergereicht. Anschließend sollte man seine neue Idee nach allen Seiten kritisch analysieren und erst dann in die Tat umsetzen, wenn sie dieser Überprüfung standhält.

Sie werden jetzt vielleicht einwenden, daß es gerade der Sinn intuitiver Eingebungen ist, daß man spontan und möglichst ohne weiter nachzudenken nach ihnen handeln sollte. Stellen Sie sich vor, Sie würden mit dem Auto fahren und hätten plötzlich das Gefühl, bremsen zu müssen. Sie verlangsamen Ihr Tempo und vermeiden dadurch einen Zusammenstoß mit einem anderen Wagen, der die Vorfahrt mißachtete. Wenn Sie Ihr Gefühl erst auf Herz und Nieren überprüft hätten, hätte es vermutlich gekracht.

Bitte mischen Sie jetzt aber nicht die Gummibärchen! Wenn wir über die vier Phasen reden, so geht es um Kreativität, nicht um Intuition. Vor einem herannahenden Auto abzubremsen, ist kein kreativer Akt. Sie wollen ja nicht das Autofahren an sich neu erfinden oder eine neue Bremstechnik entwickeln, sondern es geht nur darum, in einer Gefahrensituation schnell und lebensrettend zu reagieren. Kreative Ideen hingegen, die nicht überprüft wurden, ob sie auch sinnvoll und machbar sind, ergeben nur spleenige Einfälle von Möchtegern-Erfindern, die dann meist nicht funktionieren.

Das kreative Gehirn

Die vier Phasen des kreativen Prozesses spiegeln sich sogar in der Physiologie des Gehirns wider. Es kommen nämlich genau genommen nicht nur die beiden Großhirnhemisphären zum Tragen, sondern auch die darunter liegenden Zentren des sogenannten limbischen Systems, die heute als Sitz der Emotionen und Gefühle gelten.

Wie der kreative Prozeß durch die einzelnen Gehirnzentren weitergereicht wird, zeigt folgende Graphik (Abb. 9). Tatsächlich werden die vier Phasen in vier unterschiedlichen Hirnbereichen bearbeitet und zwar genau im Uhrzeigersinn.

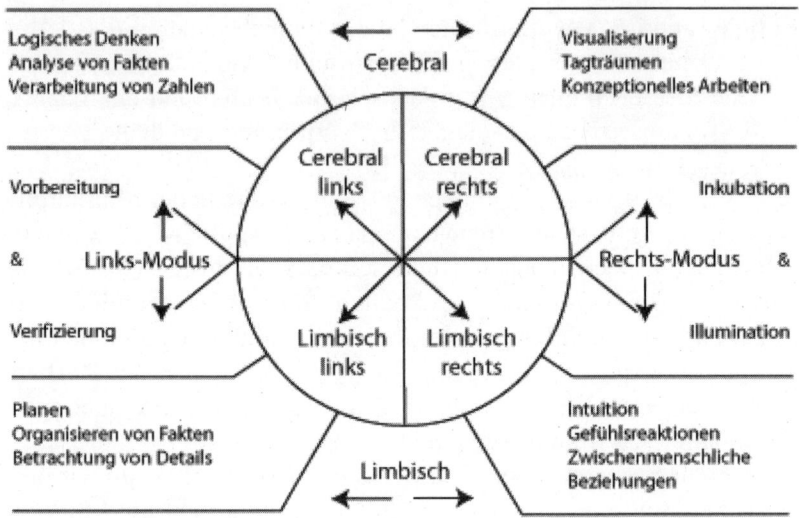

Abb. 9: Das kreative Gehirn (Quelle: (Spinola und Peschanel kein Datum))

Interessant ist die Lokalisierung der eigentlichen Intuition im limbischen System. Zu diesem Bereich des Zwischenhirns gehören u. a. der Hippokampus und das Amygdala, die beide auch als Interfaces zur Hyperkommunikation angesehen werden. Hier können also tatsächlich Informationen aus dem kollektiven Unbewußten, wenn nicht aus dem Universum, einfließen.[16]
Lange Zeit hatte man Intuition, Inspiration, Telepathie oder extrasensorische Wahrnehmung als den sogenannten „sechsten Sinn" bezeichnet. Die Sinnesorgane, die diese Art der Wahrnehmung vermitteln, befinden sich in der DNA jeder Zelle unseres Körpers. Es handelt sich hier um eine Art von Antennen, die sich die elektromagnetischen Eigenschaften des DNA-Moleküls zunutze machen. Hyperkommunikation ist die Quelle der Inspiration und teilweise auch der Intuition und verläuft außerhalb von Raum und Zeit über den höherdimensionalen Hyperraum. Inzwischen ist es übrigens schon nicht mehr der „sechste Sinn" des Menschen, sondern der neunte.[17]

Atlas der Träume

Wenn wir neue Mentalstrategien für das Leben entwickeln wollen, dann sind natürlich unsere nächtlichen Träume ein besonders geeignetes Übungsfeld. Damit wir diese Möglichkeit allerdings auch konstruktiv nutzen können, müssen einige Voraussetzungen erfüllt sein:

- Wir müssen dafür sorgen, daß wir überhaupt träumen (bzw. daß wir uns nach dem Aufwachen auch daran erinnern).
- Da wir nicht „irgendwer" sind, müssen wir auch gewährleisten, daß wir nicht „irgendwas" träumen.

Bei manchen Menschen spielen die Träume zumindest nicht irgendwo...
„Der Marlene-Dietrich-Platz war voller Menschen, obwohl es schon etwas dämmerig wurde. Ich war schon eine ganze Zeit unterwegs gewesen, denn ich war frustriert. Peter und ich hatten uns entsetzlich gestritten. Meine Füße waren schon müde, aber um mir eine Freude zu machen, ging ich noch hinüber zu den Arkaden am Potsdamer Platz und wollte mir etwas ganz Tolles zum Anziehen kaufen.
Gleich hinter dem Eingang sah ich links eine top-elegante Boutique, die mir bislang dort nie aufgefallen war. Na warte, dachte ich, ich werde jetzt ordentlich zuschlagen. Drinnen sah ich jede Menge Designerkleidung hängen, und die Preise waren entsprechend.
Eigentlich weiß ich ganz genau, daß das eine ganz blöde Reaktion ist, sich einen ‚Frustpulli' zu kaufen, aber in diesem Moment war es mir egal.
Ich probierte mehrere Teile an, hatte mich schon nach kurzer Zeit für ein paar Sachen entschlossen und ging in Richtung Kasse. Es war mir von vornherein klar, daß ich nicht genügend Bargeld für die notwendige Summe bei mir hatte, und so zog ich gleich meine Scheckkarte heraus.
Die Kasse stand auf einem altmodischen Barocktischchen, und die Verkäuferin saß dahinter auf einem gemusterten Sessel. Sie bat auch mich, vor dem Tisch auf einem bequemen Stuhl Platz zu nehmen.

Eigentlich passen diese Möbel gar nicht zu dem sonst so modernen Ambiente der Boutique, dachte ich bei mir, und während ich der Kassiererin meine Scheckkarte hinüberreichte, wurde ich endgültig stutzig, denn ich konnte kaum glauben, was ich sah: die kleine Plastikkarte in meiner Hand verwandelte sich vor meinen Augen in eine kleine Weltkarte mit den Kontinenten und Ozeanen. Verschwunden waren der Name der Bank, meine Kontonummer und das Hologramm. Hier war etwas absolut falsch!
In diesem Moment wurde es mir schlagartig bewußt: das geschieht nicht wirklich – ich träume nur!
Aber ich wollte ganz auf Nummer sicher gehen: Na gut, wenn ich schon träume, dann wünsche ich mir, daß anstelle der Kassiererin Hillary Clinton höchstpersönlich hinter der Kasse sitzen möge.
Und in der Tat – es klappte! Sie trug nicht nur ihr diskretes Lächeln, sondern auch das allbekannte Kostüm und das unvermeidliche Perlencollier um den Hals.
Sie hatte inzwischen bereits alle meine gekauften Sachen in elegante Tragetaschen verpackt und wollte nach meiner Kreditkarte greifen. Stop – dachte ich – warum soll ich das eigentlich alles bezahlen, wenn es sowieso nur ein Traum ist?
Also stand ich auf, nahm meine Taschen und ging einfach hinaus.
Gleich als ich vor dem Laden stand, kam mir zu Bewußtsein, daß es eigentlich schade ist, einen solchen bewußten Traum mit derlei Kinkerlitzchen wie Einkäufen in einer Boutique zu verschwenden. Stattdessen könnte ich doch die ganze Umgebung verschwinden lassen und lieber ein Skilauftraining absolvieren, da ich immer noch nicht sicher auf den Brettern stehe, und wir wollten doch im Winter in die Schweiz fahren.
Doch mein Gewissen wurde jetzt bockig: das kannst du doch nicht machen, sagte ich zu mir, einfach weggehen, ohne zu bezahlen. Also machte ich auf dem Absatz kehrt und ging zurück zur Kasse.
Aber jetzt gingen die Schwierigkeiten erst los: die Kassiererin ‚Hillary Clinton' wollte meine seltsame Kreditkarte nicht akzeptieren, die immer noch die fünf Kontinente zeigte. Sie verlangte, ihr entweder eine andere Karte zu geben oder bar zu bezahlen. Ich holte also mein Portemonnaie aus der Tasche und checkte meinen Bargeldbestand. Es waren viele kleinere Scheine darin und eine Unmenge Münzen, und ich machte mich an die Sisyphusarbeit, nachzuzählen, ob es reichen würde.

Vergessen waren alle meine Pläne vom Skilaufen, vergessen auch, daß ich ja nur träumte. Es gab jetzt für mich nur noch meine Geldbörse und die Verkäuferin, die mich die ganze Zeit wie ein Wachhund mißtrauisch beobachtete.
Kurze Zeit später wachte ich in meinem Bett auf und war immer noch sauer. Nicht auf Peter natürlich, sondern auf mich selbst, weil ich mir den tollen Traum so vermasselt hatte."
Patricia erzählte diesen Traum unserer ganzen Gruppe und löste bei allen ein wieherndes Gelächter aus. Gerade zu jener Zeit leiteten wir ein Intensivtraining für Klarträume, das sich über mehrere Monate hinzog. Alle Teilnehmer waren Anfänger auf dem Gebiet, und so gab es bei unseren wöchentlichen Treffen immer viel zu lachen, wenn jeder von seinen Versuchen berichtete.
Schade nur, daß Patricia aus ihrem Klartraum nicht mehr gemacht hatte.

Klarträume

Ein Klartraum ist ein Traum, in dem der Mensch weiß, daß er träumt, und sich zusätzlich der Tatsache bewußt ist, daß er in die Traumhandlung steuernd eingreifen kann.

Auf diese Weise kann der Träumende nicht nur die Inhalte des Traumes verändern. Ein Klartraum ist vor allem ein außerordentlich profundes Mittel zur Selbsterkenntnis, aber auch zum Erproben neuer Mentalstrategien.
War dies in Patricias Traum so der Fall? Ganz offenbar nicht. Sie hatte zwar in ihren Traum bereits steuernd eingegriffen, sich aber dann wieder in der Traumhandlung verloren. Mehrere Fragen hätte sie im Traum klären können: Wie sollte sie einer Respektsperson gegenübertreten, die in ihrem Traum durch die Figur „Hillary Clinton" symbolisiert wurde? Oder eine andere Frage: Wieso hatte sie diese Probleme mit dem Geld?
Um zu Selbsterkenntnisprozessen zu kommen, hätte Patricia z. B. während ihres Traumes diese „Hillary Clinton" fragen können: „Wer

bist du wirklich?" Anschließend hätte sich möglicherweise in ihrem Traum „Hillary Clinton" in eine andere Autoritätsperson (Psychologen nennen eine solche Traumfigur auch einen „Topdog") verwandeln können, die in Patricias realem Leben eine wichtige Rolle spielt und mit der sie noch ein Hühnchen zu rupfen hat. Es hätte z. B. ihr Chef sein können oder ihre Mutter etc. Dadurch wäre sie in der virtuellen Welt des Traums in einen Dialog mit der Topdog-Figur gekommen, aus dem sie wichtige Erkenntnisse hätte gewinnen können. Ist das im Traum überhaupt möglich? Ja, und wir werden Ihnen im Kapitel „Ich, der Avatar" erklären, wie man das macht.

Im Vergleich zu einem Klartraum bezeichnet man einen Traum, in dem der Träumer nur weiß, daß er träumt, ohne daraus die Konsequenz des aktiven Handelns zu ziehen, als *luziden Traum*.

Ein Klartraum unterscheidet sich von einem gewöhnlichen Traum in grundlegender Weise. Es handelt sich um einen eigenen Bewußtseinszustand, in dem für das menschliche Bewußtsein praktisch keine Beschränkungen mehr bestehen. Man kann Reisen durch Raum und Zeit unternehmen, die – wie unsere Beispiele zeigen werden – keineswegs nur auf Phantasie beruhen. Auf diese Weise kann der Mensch durchaus auch im wissenschaftlichen Sinne vollkommen neues Wissen und Informationen erwerben.

Der Klarträumer hat die Macht, während seines Traums praktisch alle Naturgesetze außer Kraft zu setzen. Er kann fliegen, wenn er will, er kann aber auch versuchen, eine Konfliktsituation auf neue Art zu bewältigen. Es ist möglich, unterschiedliche Designs eines geplanten Produkts zu entwerfen. Der Kreativität sind keine Grenzen gesetzt. Man kann auf Wunsch Gegenstände verwandeln oder mit einer Handbewegung ganze Realitäten fortwischen und neue erschaffen.

Es ist auch möglich, bestimmte Fähigkeiten und Bewegungsabläufe einzuüben, was speziell von Leistungssportlern gern genutzt wird. Die Bewegungsübungen im Klartraum sind frei von Verletzungsgefahren und prägen sich dennoch genau so tief ins Unterbewußtsein ein wie ein reales Training am Tage in unserer „Wach-Welt".

Im Film „Avatar" müssen die Protagonisten ihr Bewußtsein in einen virtuellen Körper – eben den „Avatar" – projizieren, um ihre strategischen Pläne auszuprobieren. In einem Klartraum ist man selbst der Avatar, und das ist im Grunde der Sinn der Sache.

Wofür auch immer man diese Techniken nutzt – was die Klarträume so besonders wertvoll macht, ist die Tatsache, daß sie einem erfahrenen Klarträumer ein Mittel an die Hand geben, um die eigene Zukunft besser und erfolgreicher zu gestalten. Wohlgemerkt – *nicht* die Zukunft zu *erkennen*, sondern sie zu *gestalten*. Es geht hier nicht um die so oft zitierten präkognitiven Träume, sondern darum, alternative Wege zur Lösung eines Problems oder zur Erreichung eines Ziels zu erproben und die Resultate zu vergleichen. Im realen Leben müssen wir uns oft vorab für eine Möglichkeit entscheiden, ohne vorher alle praktisch durchgespielt zu haben. Hier bietet der Klartraum ein unschätzbares Übungsfeld. Die erfolgversprechendste Alternative kann der Klarträumer dann in seinem Unterbewußtsein so verankern, daß er diesen Weg im realen Leben nachzuvollziehen versucht.
Viele ungewöhnliche Zusammenhänge, die wir in unseren Büchern geschildert haben, wurden in Klarträumen erkannt.

Wachleben und Traumleben

Was unterscheidet unser Wacherleben vom Traumerleben? Wie wir alle wissen, können unsere Träume bisweilen so realistisch sein, daß sie sich im Grunde wirklich nicht von realen Erlebnissen unterscheiden.
Der Hauptunterschied ist es, daß es sich um zwei verschiedene Bewußtseinszustände handelt. Diese unterscheiden sich nicht nur dadurch, daß wir im Traum eine veränderte, meist bizarre Umwelt erleben und daß unsere Kritikfähigkeit gegenüber dem Wachzustand herabgesetzt ist:

> ➤ Im Wachzustand sind wir an ein festes *Zeitempfinden* gebunden, das im Traum nicht verfügbar ist. Im Traum sind wir von den Fesseln der Zeit relativ frei, zumindest aber läuft die Zeit in diesem Bewußtseinszustand anders. Dringt das Tagesbewußtsein hier ein, so kommt es zunächst zu Gefühlen der Desorientiertheit oder gar zu Angst. Man glaubt, sich rasend schnell zu bewegen oder empfindet möglicherweise eine veränderte Puls- und Atemfrequenz. Die gleichen Phänomene werden auch von Träumern beim Eintreten des Klartraumzustandes bisweilen berichtet.

➤ Das Wachbewußtsein ist auch gekennzeichnet durch ein festes Körpergefühl. Wir verfügen in unserem Gehirn über einen zuverlässigen Lageplan, wo sich unsere einzelnen Körperteile zur Zeit befinden, und wir sind in der Lage, auch bei geschlossenen Augen jederzeit, ohne zu überlegen, unsere Nasenspitze, unseren großen Zeh etc. wiederzufinden. Jeder von uns hat wohl schon einmal bei einer ärztlichen Untersuchung diese Fähigkeit unter Beweis stellen müssen.

➤ Im Traum löst sich dieses innere Körpergefühl natürlich auf, denn sonst wären wir ja nicht in der Lage, uns mit einem virtuellen Traumkörper in der Traumlandschaft frei zu bewegen, während unser physischer Körper im Bett liegt und schläft. Klarträumer berichten auch regelmäßig darüber, daß sich beim Einschlafen ein Gefühl der körperlichen Auflösung einstellt, so als würde tatsächlich ein feinstofflicher Astralkörper den materiellen Körper verlassen. Wenn unser Tagesbewußtsein in das Traumbewußtsein eindringen soll, muß es auch in der Lage sein, mit diesem Phänomen fertigzuwerden.

➤ Schließlich wäre es absolut nicht ratsam, Wach- und Traumbewußtsein fest aneinander zu ankern. Der Grund ist, daß das Traumbewußtsein tief in unbewußte Schichten hineinreicht, die für die Steuerung lebenswichtiger Körperfunktionen verantwortlich sind, z. B. für den Herzschlag. In Teilen der Nacht läuft nämlich während des Schlafes ein Programm ab, das alle diese unbewußten Steuerzentralen durchcheckt, damit der Körper für den nächsten Tag wieder auf Vordermann gebracht wird. In diesen Steuerzentralen tief in unserem Unbewußten hat das Tagesbewußtsein nun absolut nichts verloren, denn es wäre fatal, müßten alle diese Körperfunktionen von nun an unter bewußter Kontrolle ablaufen.

Für einen Klartraum ist es vor allem notwendig, eine *Zeitsynchronisierung* zu erreichen, da das Wachbewußtsein (Ego-Bewußtsein) und das Traumbewußtsein (Unterbewußtsein) wie gesagt in unterschiedlichen Zeiten leben. Es geht hier also im Grunde um das bewußte Wahrnehmen der vierten Dimension. Nach neueren wissenschaftlichen Erkenntnissen entspricht die Zeit ja nicht mehr unserer

herkömmlichen Vorstellung einer linearen, unveränderlichen Größe[18]. Eine der wichtigsten Fähigkeiten, die der angehende Klarträumer zu erlernen hat, ist es daher, in seinem Wachbewußtsein mit der größeren Flexibilität von Zeit und Raum während des Traums klarzukommen. Gerade diese höhere Freiheit im Gegensatz zum normalen Wacherleben, durch die der Traumzustand charakterisiert ist, ist für unser normales Wachbewußtsein problematisch. Ein Klarträumer, der die Technik des Klartraums beherrscht, ist also ein Mensch, der die Barriere der Zeit (im herkömmlichen Sinne) überwunden hat.
Ein Beispiel: Roland erreichte eines Nachts den Klartraumzustand und faßte den spontanen Entschluß, daß er eigentlich seine Tante Käthe aufsuchen könnte, um ein Problem mit ihr zu klären. Wie oft während unseres normalen Tagesablaufs gehen uns solche Gedanken durch den Kopf, ohne daß wir daraus irgendwelche Konsequenzen ziehen.
Im Klartraum funktioniert das ganz anders. In dem Moment, als der Gedanke in Rolands Kopf Gestalt angenommen hatte, realisierte er sich auch sofort. Das heißt, die Umgebung begann zu verschwimmen, und Roland hatte das Gefühl einer rasenden Geschwindigkeit, so als ob er in einer Rakete sitzen würde. Eigentlich fand die Bewegung in einem Medium nach Art eines grünen Nebels statt. Natürlich löste das bei ihm Angst aus, und anstatt im Klartraum seine Tante Käthe zu besuchen, wachte er ganz einfach auf.
Ein Mensch, der das Klarträumen erlernt, ist also vergleichbar mit jemandem, der bislang nur Fahrrad gefahren ist und den man nun unvermutet an das Steuer eines Porsche setzt. Er muß lernen, die Macht, die er plötzlich über Raum und Zeit besitzt, vernünftig und maßvoll zu lenken, was zunächst einmal bedeutet, seine eigenen Gedanken unter Kontrolle zu halten.
Im normalen Traum, der nur vom Unterbewußtsein erlebt wird, fehlt die Bewußtheit, in den Traum überhaupt steuernd eingreifen zu können. Die Traumhandlung entwickelt sich spontan, gemäß der andersartigen Struktur des Unterbewußtseins, nämlich nicht linear, sondern assoziativ zu denken. So entstehen unsere häufig bizarren Träume, in denen sich unterschiedliche Orte und Zeiten miteinander mischen.
Im Wachbewußtsein hingegen sind unsere Möglichkeiten des Eingreifens in die Struktur von Raum und Zeit beschränkt, zum einen

durch Naturgesetze, denen wir uns unterwerfen, zum anderen durch gesellschaftliche, moralische und persönliche Begrenzungen.
Die Kunst des Klarträumens ist es vor allem, diese Gefühle der Begrenzung als nicht mehr zwingend anzusehen (und damit eben möglicherweise doch das Geschäft zu verlassen, ohne zu bezahlen – schließlich ist es ja nur ein Traum), sowie angesichts der dadurch entstehenden unbegrenzten Freiheiten nicht den Überblick und die Orientierung zu verlieren.
Es gehört aber auch eine Portion Mut dazu, derartige Abenteuerreisen des Bewußtseins zu unternehmen.

Eine Nacht auf dem Mars

Grazyna entschied sich eines Nachts, noch vor dem Schlafengehen, dazu, beim Erreichen des Klartraumzustandes den Mars aufzusuchen und dort die Cydonia-Region zu erforschen. Aus diesem Gebiet unseres Nachbarplaneten hatten ja die amerikanischen Raumsonden Fotos merkwürdiger pyramidenähnlicher Strukturen zur Erde gefunkt, die möglicherweise auf eine früher dort lebende intelligente Zivilisation hinweisen könnten.
Der Ausflug war ein voller Erfolg. Sie wachte mit vielen neuen Informationen morgens zufrieden auf. Inwieweit diese Informationen stimmen, kann natürlich erst eine zukünftige Mission zum Mars klären.
Ihre Bewußtseinsreise hatte jedoch Folgen für den Wachzustand am folgenden Tag. Als wir beim Mittagessen saßen, führten wir ein intensives Gespräch. Es dauerte ein paar Minuten, bis Franz bemerkte, daß Grazyna ihm plötzlich nicht mehr zuhörte. Dann bat sie ihn ganz unvermittelt darum, alles noch einmal zu wiederholen.
Sie erklärte ihm, daß sie in einem Moment bemerkt hatte, daß sie in der „Nacht auf dem Mars" noch etwas vergessen hatte, und sie erreichte prompt wieder den gleichen Bewußtseinszustand wie seinerzeit im Klartraum. Dadurch gelang es ihr, im Bewußtsein nochmals zu einer bestimmten Stelle der Marsoberfläche zu gehen, um etwas nachzusehen. Während der ganzen Zeit hatte sie vollkommen normal

weiter gegessen, ohne etwas zu verkleckern. Kein Mensch, der sie beobachtet hätte, wäre auf die Idee gekommen, daß ihr Bewußtseinsfokus in diesem Moment geteilt war. Dies zeigt die immensen multidimensionalen Fähigkeiten des menschlichen Bewußtseins, die ihm sogar erlauben, mit seinen verschiedenen Schichten zur gleichen Zeit an ganz unterschiedlichen Orten zu verweilen und dort jeweils koordinierte Handlungen zu vollführen.

Es ist an dieser Stelle wichtig anzumerken, daß sich Klarträume nicht unbedingt nur im Kopf abspielen müssen, sondern daß tatsächlich korrekte Informationen über real existierende und möglicherweise unerreichbar ferne Orte für den Klarträumer zugänglich sind.

Dies beweist ein Traum, den Franz vor vielen Jahren einmal hatte. Als er die Klarheit im Traum erreichte, beschloß er, die äußeren Planeten unseres Sonnensystems zu erkunden. Dabei fiel ihm während seines „near fly-by" am Planeten Neptun auf, daß ihm dessen Oberfläche eigenartig erschien. Der ganze Planet sah blau-grünlich getönt und wie eine Art Sumpflandschaft aus. Zu jener Zeit hatten auch unbemannte Sonden die äußeren Planeten noch nicht erreicht, und man wußte nur, wie sie bei Teleskopbeobachtungen aussahen. So betrachtete Franz seine Traumerlebnisse damals auch mit einer gesunden Portion skeptischer Distanz.

Wenige Jahre später, als die Voyager-Sonde der NASA tatsächlich diese fernen Bereiche unseres Sonnensystems erreichte, erfuhren wir zu unserer Überraschung, daß Neptun tatsächlich ein blau-grünlicher Planet ist und daß sein fester Kern von Eis bedeckt ist, das durchaus eine leicht sumpfige Struktur aufweist.

Später erfuhren wir übrigens, daß derartige Vorstellungen über den Planeten Neptun bereits von den alten Sumerern überliefert wurden. Diese Tatsache ist besonders interessant, da dieser Planet den späteren europäischen Hochkulturen der Antike, etwa den alten Griechen, überhaupt nicht bekannt war und erst im 19. Jahrhundert wiederentdeckt wurde.

Wir wollen jetzt nicht behaupten, daß in jedem Klartraum eine reale Projektion des Bewußtseins an andere Orte oder gar in andere Dimensionen stattfindet. Es könnte sich auch um eine Form der Hyperkommunikation[19] handeln, z. B. mit einem Informationsfeld (morphogenetischen Feld), in dem die Struktur des Planeten Neptun gespeichert ist.

Entscheidend für solche interessanten Erlebnisse ist es natürlich, daß man überhaupt erst einmal Klarträume hat. Bei manchen Menschen geschieht dies ab und zu spontan, daß ihnen während des Traumes bewußt wird, daß sie träumen. Sehr oft wissen diese Menschen dann gar nichts mit ihrer neu gewonnenen Freiheit anzufangen, zumindest, wenn sie sich nicht vorher mit der Materie beschäftigt haben. Oft benutzen sie diese Fähigkeiten dann nur, um gezielt aufwachen zu können.

Traumsymbole

Bei den meisten Menschen jedoch kommen Klarträume nicht von selbst. Man kann sie aber trainieren. Dabei geht es vorrangig um die Frage: *Wie erreiche ich es, während des Träumens zu erkennen, daß ich träume?*
Wenn man es genau nimmt, beginnen die meisten Klarträume als ganz gewöhnliche Träume (zu den Ausnahmen kommen wir später). Irgendwann jedoch kommt ein Moment, wo dem Träumer aus irgendwelchen Gründen bewußt wird, daß er träumt. In diesem Augenblick hat er die Chance, einen Klartraum zu starten.
Das sprichwörtliche „Kneifen" funktioniert übrigens nicht, um zu erkennen, daß man träumt, wie der Klartraumforscher Stephen LaBerge herausgefunden hat: Ein Träumer, der sich im Traum in seinen Traumkörper kneift, kann dabei durchaus einen ganz realistischen Schmerz empfinden.
Die Chance, einen Traum als solchen zu erkennen, bietet sich uns immer dann, wenn wir auf Ungereimtheiten treffen, auf Dinge, die nicht so sind, wie sie unserer Meinung nach sein sollten.
Solche Ungereimtheiten in unseren Träumen bezeichnen wir als *Traumsymbole*. Es geht uns wie gesagt nicht um Traumdeutung, das heißt, es interessiert uns im Moment nicht, was diese Symbole bedeuten und weshalb sie in unserem Traum erscheinen. Diese Fragen werden wir bald schon viel eleganter beantworten können, als es die klassische Traumdeutung in der Lage war zu tun.
Wichtig ist jetzt nur, daß diese Traumsymbole in unseren Träumen existieren. Diese Tatsache ist für uns die einzige Chance,

sicher zwischen Traum- und Wachzustand zu unterscheiden. Wenn wir im Traum erst einmal ein Traumsymbol bewußt erkannt haben, ist dies für das Erreichen eines Klartraums schon die halbe Miete.
Um die ganze Sache etwas systematischer anzugehen: man kann die möglichen Traumsymbole in vier unterschiedliche Kategorien einordnen:

Kategorie	Bedeutung
Kontext	Dinge, Personen oder der Träumer selbst erscheinen am falschen Ort oder zur falschen Zeit. (Beispiele: die verstorbene Großmutter erscheint in unserer heutigen Umgebung, in einem modernen Laden stehen alte Möbel, man geht mit Königin Elizabeth, Prinz Charles und Prinzessin Diana ins Kino – alles schon vorgekommen!)
Aktion	Der Träumer, andere Personen oder Dinge vollführen unmögliche oder unwahrscheinliche Handlungen. (Beispiele: man kann fliegen, Gegenstände bewegen sich von selbst, Ihre Geschirrspülmaschine kommt ins Wohnzimmer und sagt Bescheid, daß das Geschirr fertig abgewaschen ist)
Form	Der Träumer, Dinge oder Personen sehen anders aus als sonst oder verwandeln sich. (Beispiel: die Kreditkarte verwandelt sich in eine Landkarte, man besitzt plötzlich ein anderes Auto als sonst)
Innere Wahrnehmung	Der Träumer hat ungewöhnliche Gefühle, ein unerklärliches Wissen, Ahnungen etc. (Beispiel: mehrere Menschen haben vorausgeträumt, daß die Titanic sinken würde, und daraufhin ihre Tickets zurückgegeben)

Tabelle 1: Kategorien der Traumsymbole

Wenn Sie unserer Empfehlung folgend regelmäßig ein Traumtagebuch führen und sich an einige Träume erinnern, so werden Sie schnell erkennen, daß auch Ihre Träume voll mit solchen Symbolen sind.
Nehmen Sie sich jetzt ruhig einen Augenblick Zeit und gehen Ihre protokollierten Träume daraufhin noch einmal durch. Wo sind in den

Träumen Traumsymbole aufgetreten? Zu welcher Kategorie gehören sie? Gibt es eine Kategorie, die bei Ihnen besonders häufig auftritt? Welche Sorte von Traumsymbolen vorherrscht, ist bei jedem Menschen individuell anders, wenn auch jeder von uns irgendwann einmal ein Symbol aus jeder Kategorie im Traum gesehen haben dürfte. Dennoch scheint es bestimmte individuelle Vorlieben zu geben. Der eine mag mehr dazu neigen, im Traum „unmögliche Dinge" (Kategorie „Aktion") zu sehen. Die Träume dieser Menschen sind oft außerordentlich bizarr und phantasievoll, es können dabei tiefe Emotionen auftreten (z. B. bei Flugträumen).

Andere Menschen träumen besonders häufig von bereits verstorbenen Angehörigen (Kategorie „Kontext") oder begegnen Prominenten, die sie im normalen Leben nicht persönlich zu Gesicht bekommen würden. Es müssen ja nicht gleich Wladimir Putin, Angela Merkel oder Barack Obama sein.

Wenn Sie eine Anzahl Ihrer eigenen Träume nach diesen Gesichtspunkten durchforsten, werden Sie schnell feststellen, welche Symbolkategorie bei Ihnen besonders häufig auftritt. Das zu wissen ist sehr wertvoll, denn es ist ja erfolgversprechender, sich auf solche Symbole zu konzentrieren, die bei Ihnen relativ häufig auftreten.

Am leichtesten haben Sie es zweifellos, wenn Sie sich wiederholende Träume gleichen Inhalts haben, wie es bei vielen Menschen der Fall ist. Wenn auch Sie so einen typischen Traum haben, der sich mit schöner Regelmäßigkeit alle paar Wochen oder Monate wiederholt, dann brauchen Sie sich nur immer wieder während des Tages oder kurz vor dem Einschlafen innerlich vorzusagen: *„Wenn ich diesen Traum das nächste Mal habe, werde ich mich sofort daran erinnern, daß ich träume."*

Damit haben Sie sich eine sehr wirkungsvolle Autosuggestion erteilt. Genau genommen, ist es sogar etwas, was der Fachmann als *posthypnotische Suggestion* bezeichnet. Indem Sie sich an den wiederkehrenden Traum erinnern, entfernen Sie sich ein wenig aus der Tagesrealität und gehen in einen leicht veränderten Bewußtseinszustand, in dem Ihnen möglicherweise die Traumbilder ganz plastisch vor dem inneren Auge wieder entstehen. In diesem Moment erteilen Sie sich die oben aufgeführte Suggestion, und zwar genau wortwörtlich so, wie sie da steht! (Wir haben uns schon bei der Formulierung jedes Wortes etwas gedacht.)

Auf diese Weise verknüpft das Unbewußte die Traumbilder mit der verbalen Suggestion, und zwar um so stärker, je häufiger Sie diese einfache Übung wiederholen. Sobald Sie dann tatsächlich einmal wieder diesen Traum haben, sind die Chancen sehr gut, daß das Unbewußte auch dann diese Bilder wieder mit Ihrer Suggestion assoziiert und sie Ihnen ins Gedächtnis zurück ruft. Ihr Klartraum kann beginnen.

Für uns andere, die wir nicht solche „Wiederholer" sind, geht die elementare Übung, den Klartraumzustand zu erreichen, im Prinzip nicht viel anders. Es geht darum, Traumsymbole zu erkennen. Die Schwierigkeit im Vergleich zum Wiederholungstraum liegt nur darin, daß wir jetzt nicht wissen, welche Traumsymbole wir erkennen sollen.

Daher müssen wir uns darauf trainieren, diese Traumsymbole zu erkennen, welche auch immer es sind und wo auch immer wir ihnen begegnen mögen.

Der Frankfurter Psychologe Paul Tholey, selbst spontaner Klarträumer und Begründer der deutschen Klartraumforschung, entwickelte eine sehr einfache Technik, die er das *„Stellen der kritischen Frage"* nannte.

Tholey war erstmals auf dieses interessante Thema gestoßen, als er als junger Student eines Nachts träumte, von einem Tiger verfolgt zu werden. In blanker Panik rannte er davon, bis ihm plötzlich klar wurde, daß es in Deutschland keine Tiger gibt und er daher träumen müsse. Mutig, wie er nun einmal war, blieb er stehen und stellte sich dem Tiger. Es war tatsächlich ein Traum – glücklicherweise – nicht nur für ihn selbst, sondern für uns alle, denn sonst hätte die Nachwelt nichts von all den interessanten Dingen erfahren können, die Paul Tholey von nun an in seinem Leben noch erforschen sollte.

Interessant war schon, was er aus diesem Klartraum machte. Anstatt vielleicht auf den Tiger zu schießen oder ihn mit einem Knüppel zu erschlagen, wie es so manch einer von uns vielleicht tun würde, ging Tholey logisch, um nicht zu sagen: psycho-logisch vor: er hatte den Klartraumzustand erreicht, weil ihm klar geworden war, daß ihn hier in Deutschland unmöglich ein Tiger verfolgen konnte. Also war das, was da vor ihm stand, auch kein Tiger! Konsequenterweise stellte er an die Tigergestalt die Frage: „Wer bist du, und was willst du von mir?"

In dieser Sekunde verwandelte sich der Tiger in Paul Tholeys verstorbenen Vater. Der Klartraum bot eine ausgezeichnete Möglichkeit, damit sich Vater und Sohn aussprechen konnten, was ja im realen Leben nicht mehr möglich war.
Paul Tholey zog aus diesem Traum die Konsequenz, das Klarträumen zunächst für sich selbst systematisch zu erlernen. Seiner Ansicht nach war dazu nur nötig, das Bewußtsein darauf zu trainieren, jede ungewöhnliche Situation im Tageserleben kritisch zu hinterfragen, in der Hoffnung, daß dies eines Tages zur Gewohnheit wird und dann auch im Traum vom Unterbewußtsein angewendet wird.
Die kritische Frage lautet zunächst ganz banal:

„Wach' ich oder träum' ich?"

Gewöhnen Sie sich also daran, sich diese Frage regelmäßig mehrmals täglich zu stellen, und zwar in unterschiedlichen Situationen, zu Hause, beim Spaziergang oder Einkauf, am Arbeitsplatz usw. Alle diese Umgebungen können Ihnen schließlich auch im Traum begegnen.
Stellen Sie sich vor allem dann die kritische Frage, wenn Ihnen im Leben etwas Unvorhergesehenes, Ungewöhnliches etc. begegnet.
Mit dem bloßen Stellen der Frage ist es allerdings nicht getan, denn nun müssen Sie sich selbst die Frage beantworten, ob Sie wach sind oder träumen.
Schauen Sie sich also um, ob alles um Sie herum so ist, wie es sein soll. Stehen alle Möbel am richtigen Platz und sehen aus wie immer? Sind alle Personen zur richtigen Zeit am richtigen Ort, oder ist da vielleicht ein verstorbener Verwandter darunter oder der Kaiser von Japan oder Boris Becker? Geschehen um Sie herum Dinge, die eigentlich nicht möglich sein sollten?
Im Grunde sollten Sie in der Lage sein, diese Prüfung unauffällig für andere Anwesende in jeder Situation in wenigen Sekunden durchzuführen. In der Regel wird die Prüfung negativ ausfallen, d. h. Sie werden zu dem Schluß kommen, daß Sie wach sind. Ärgern Sie sich nicht, wenn Sie kurz danach in Ihrem Bett aufwachen. Es ist noch kein Meister vom Himmel gefallen, und wenn Sie bemerken, daß Sie sich tatsächlich einmal im Traum bereits die kritische Frage gestellt

haben, dann sind Sie schon fast am Ziel, selbst wenn Sie dann auf irgendeine Täuschung hereingefallen sind.
Verlassen Sie sich ruhig auf sich selbst. Sie haben sich schon so oft im Leben geirrt...
Seien Sie aber bitte auch vorsichtig, wenn Sie zu dem umgekehrten Schluß kommen sollten, daß Sie nämlich träumen. Viele Träumer sind fasziniert von der Möglichkeit, sich im Klartraum über sämtliche Naturgesetze hinwegzusetzen. Doch sollte man auch dann nicht alle Vorsichtsmaßnahmen außer acht lassen. Springen Sie also bitte nicht sofort vom Dach, um im Vorbeiflug bei Ihren Nachbarn durchs Fenster zu schauen!

Die Dreamcard

Auf der Basis unserer eigenen Forschungen haben wir ein kleines Hilfsmittel entwickelt, das dieses Stellen der kritischen Frage standardisiert und vereinfacht. Anstatt in irgendeiner Lebenssituation die Gegenstände der Umgebung zu überprüfen (bei denen man sich nicht immer sicher sein kann, wie sie „im Normalzustand" aussehen müßten), überprüft man nur immer den gleichen Gegenstand – die *Dreamcard*.
Unsere Dreamcard ist ein kleines Kärtchen nach Art einer Scheckkarte, auf der die kritische Frage von Paul Tholey aufgedruckt ist. Wenn Sie mit Hilfe der Dreamcard Klarträume üben wollen, so prüfen Sie im Verlauf des Tages nicht irgendwelche Elemente Ihrer Umgebung, sondern betrachten zunächst einmal nur Ihre Dreamcard, die absichtlich so klein und handlich gehalten ist, daß Sie sie immer in Ihrer Brieftasche dabei haben können. Sie können sich die Karte aus Abb. 10 z. B. kopieren, ausschneiden und laminieren lassen.
Die Erfahrung zeigt, daß in Träumen auch gedruckte Schrift sich als sehr flexibel erweist und zum Beispiel dazu neigt, sich aufzulösen oder in anderen Text zu verwandeln. Prüfen Sie also, ob auf Ihrer Dreamcard tatsächlich der Satz „Wach' ich oder träum' ich?" steht. Wenn nicht, dann träumen Sie vermutlich.
Wenn der Text aber stimmt, dann drehen Sie die Karte um und prüfen Sie sie weiter von allen Seiten. Ist die Rückseite leer (wie es sein

sollte), oder steht dort möglicherweise ein anderer Text oder ein Bild? Wenn nein, dann drehen Sie die Karte nochmals um und prüfen, ob die richtige kritische Frage immer noch da steht. Gerade beim Umdrehen einer bedruckten Karte neigt ein Text im Traum besonders stark zur Auflösung. Denken Sie an Patricias Traum mit der verwandelten Kreditkarte.

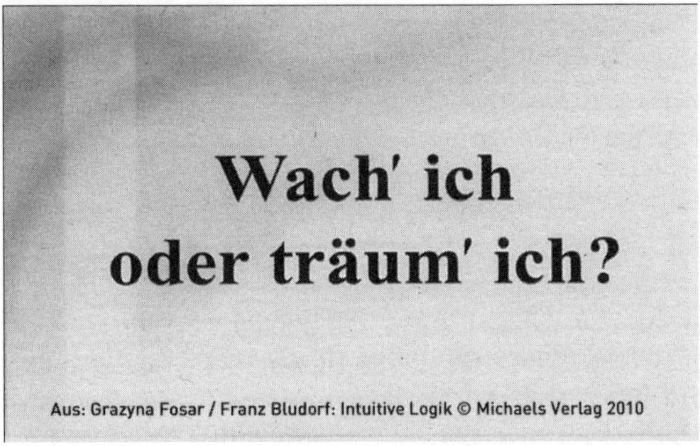

Abb. 10: Die Dreamcard

Der Vorteil der Dreamcard besteht darin, daß der Anfang der Prüfung immer gleichartig ist, egal, wo Sie sich befinden. Sie prüfen als erstes immer den gleichen Gegenstand. Das ist von großem Vorteil, denn das Unterbewußtsein prägt sich stereotype Wiederholungen am besten ein und kann sie schneller zur Gewohnheit werden lassen.
Denken Sie aber daran, daß Sie auch bei positivem Resultat weitere Prüfungen durchführen sollten, um sich Ihres Bewußtseinszustandes wirklich sicher zu werden.
Einige Beispiele aus unseren Klartraum-Intensiv-Trainingskursen sollen nicht nur beleuchten, welche Fallstricke auch bei dieser Technik auf uns warten, sondern auch, wie viel Spaß die Arbeit mit der Dreamcard machen kann.
Die 65jährige Rentnerin Ursula träumte eines Nachts davon, in der Eisenbahn zu fahren. In ihrem Abteil saß ihr gegenüber auf dem Sitz ein großer Schäferhund. Da ihr dies merkwürdig vorkam, entschloß

sie sich, ihre Dreamcard aus der Tasche zu holen, um zu prüfen, ob sie nicht vielleicht träumte. Der Versuch scheiterte, da der Hund nach ihrer Dreamcard schnappte und sie ihr entriß...
Sehr akribisch ging auch die 40jährige Sekretärin Andrea vor. Sie träumte, in ihrem Bett zu erwachen. Ein solches „falsches Erwachen" ist bei Klartraumübungen übrigens sehr häufig, und wir werden darauf noch zu sprechen kommen. Als sie aufstand, bemerkte sie, daß der Blick aus ihrem Fenster nicht der gewohnten Aussicht entsprach. Sie vermutete, daß dies ein Traum sein könnte. Sofort erinnerte sie sich: „Grazyna und Franz haben gesagt, ich muß jetzt meine Dreamcard prüfen. Verdammt, wo habe ich die jetzt hingelegt?"
Sie können sich vorstellen, wie der Traum weiterging. Andrea stellte die ganze Wohnung auf den Kopf auf der Suche nach ihrer Dreamcard, wodurch natürlich am Ende ihr ganzer Klartraum zum Teufel ging. Wohl jeder von uns hatte schon solche lähmenden Träume, wo man etwas sucht und nicht finden kann.
Diese zwei lustigen Beispiele zeigen uns zwei typische Muster der Klartraumverhinderung. Das eine ist eine irgendwie geartete Autoritätsperson oder -gestalt, die das weitere Eintreten in den Klartraum verhindert. In Ursulas Traum war dies, fast schulmäßig-archetypisch, ein Schäferhund, denn in der Psychologie werden solche autoritären Traumsymbole auch als „Topdog" („Oberhund") bezeichnet, im Gegensatz zum unterwürfigen und jammernden „Underdog", der das entgegengesetzte Symbol darstellt. Beide müssen nicht unbedingt die Gestalt von Hunden oder sonstigen bedrohlichen Tieren haben (wie zum Beispiel der Tiger in Paul Tholeys Traum). Es kann sich auch um Respektspersonen wie Polizisten, Richter, aber auch um den eigenen Vater handeln. In Patricias Traum war die Verkäuferin der Topdog, die ihr sehr autoritär zu verstehen gab, daß sie die Kreditkarte nicht akzeptierte.
Das zweite Verhinderungsmotiv ist das Verfallen in eine Ersatzhandlung, die den Menschen vom Hundertsten ins Tausendste führt, auf jeden Fall jedoch weg vom Bewußtseinsfokus des Klartraums. In Patricias Fall war es der vergebliche Versuch, den Rechnungsbetrag durch Münzen und kleine Geldscheine irgendwie zusammenzukratzen. Ganz ähnlich erging es auch Paul Tholey einmal, als er sich

nach Erreichen des Klartraumzustandes von einem autoritären Kellner-Topdog zum Bezahlen der Rechnung nötigen ließ. In diesem Fall konnte ihm der Kellner einen Geldschein nicht wechseln und hielt ihn dadurch von seinen eigentlichen Traumzielen ab. Andrea schließlich scheiterte an dem vergeblichen Versuch, ihre Dreamcard in ihrer Traum-Wohnung zu finden.
Warum existieren solche Verhinderungsmotive, und wer ist für sie verantwortlich? Auch auf diese Fragen werden wir noch eingehen müssen. Jeder angehende Klarträumer muß diese Fallstricke kennen, damit er sich beim nächsten Traum nicht ins Bockshorn jagen läßt.
Fangen Sie also am besten gleich heute an, regelmäßig Ihre Realität zu überprüfen, ob alles logisch und stimmig ist und so aussieht, wie es sein soll. Und wenn Sie dann feststellen, daß Sie auf dem Bahnhof stehen, Bahnsteig Neundreiviertel, und wenn Sie nicht zufällig Harry Potter heißen, dann können Sie einigermaßen sicher sein, daß Sie träumen!

Ich, der Avatar

Warum eignen sich gerade Klarträume so hervorragend, um Mentalstrategien für das Leben zu entwickeln? Das Schöne am Klartraum ist es, daß es eine vollkommen private Welt ist, zu der – jedenfalls in der Regel – niemand außer Ihnen Zugang hat. Aber das ist noch nicht alles. Klarträume sind realistischer als jede Phantasie oder Visualisierung, die Sie am Tage haben könnten. Sie stellen sich nicht nur etwas vor oder schreiben es auf – Sie sind drin, plastisch und dreidimensional. Sie *sind* der Avatar. Eine ganze virtuelle Welt nur für Sie allein. Das gilt natürlich für jeden gewöhnlichen Traum auch. Im Klartraum haben Sie jedoch zusätzlich das wache Bewußtsein, d. h. Ihren rationalen Verstand, zur Verfügung. Eine optimale Synchronisation von Rationalität und Intuition, und damit ideale Bedingungen, um mit Intuitiver Logik Mentalstrategien zu entwickeln.

Um dies voll nutzen zu können, können Sie im Klartraum ganze Szenarien um sich herum erschaffen und mit Personen Ihrer Wahl bevölkern. In der Praxis ist dies jedoch nicht immer nötig. Wenn Sie während eines Traums erkennen, daß Sie träumen, dann existiert ja bereits eine Traumszenerie. Sie können dann auch mit dieser vorhandenen Szenerie und den dort auftauchenden Traumsymbolen arbeiten. Anders ausgedrückt: man macht eine *Online-Traumanalyse vor Ort*.

Ein Beispiel, das wir schon im letzten Kapitel zitiert haben, ist Paul Tholeys Traum von dem Tiger (s. S. 85). Wie soll man aber nun im Klartraum mit solch einem Symbol umgehen?

Bekanntlich spiegeln Träume sehr oft unverarbeitete Konflikte des Menschen wider. Die Traumsymbole stehen dabei stellvertretend für konkrete Personen im Leben, die uns diese Probleme bereiten. Daher versucht man im Klartraum gezielt, mit unangenehmen oder bedrohlich wirkenden Traumfiguren Kontakt aufzunehmen, anstatt vor ihnen zu fliehen oder deren Handlungen passiv über sich ergehen zu lassen. Das können entweder *autoritäre Topdog-Figuren* sein, also z. B. gefährliche Tiere, Polizisten oder andere Amtspersonen, aber auch ein mürrischer Kellner oder Verkäufer, der unser Geld oder unsere

Kreditkarte nicht akzeptieren will. Ebenso wichtig sind die *jammernden Underdog-Figuren*, die mindestens ebenso viel Macht über uns ausüben, indem sie versuchen, uns ein schlechtes Gewissen einzureden.

Taucht also in einem Klartraum eine solche unangenehme Figur auf, sollte man diese konfrontieren und ihr verschiedene Fragen stellen:

➢ „Wer bist du?"
➢ „Was willst du von mir?"
➢ „Wie kann ich dir helfen?"

Die erste Frage ist im Grunde die wichtigste, denn daraufhin neigen Traumfiguren dazu, nicht verbal zu antworten, sondern sich spontan in die Figur zu verwandeln, die sie eigentlich darstellen. Paul Tholeys „Tiger" verwandelte sich zum Beispiel in seinen Vater.

Wenn sich also auch Ihr Traumsymbol in seine eigentliche Gestalt verwandelt, sind Sie schon ein gutes Stück weiter. Sie wissen nun schon, um wen es geht. Klappt die Verwandlung hingegen nicht, so heißt das, daß das Unbewußte noch nicht bereit ist, die Identität des Symbols preiszugeben. Erzwingen Sie dann nichts – Sie würden vermutlich nur aus dem Klartraum hinausgeworfen werden oder aufwachen –, sondern akzeptieren Sie die Entscheidung des Unbewußten und arbeiten auf der Symbolebene weiter. Sie wissen dann zwar noch nicht, wen das Symbol darstellt, aber Sie können trotzdem Ihre weiteren Fragen stellen, was es von Ihnen will und wieso es im Traum erschienen ist. Auch Tiere und andere Gestalten können im Traum ohne weiteres antworten.

Je nach Art des Symbols wird die Gestalt sich nun äußern: Topdogs werden in der Regel schimpfen, Underdogs hingegen jammern. Lassen Sie sich nicht auf die Ebene des Streits ziehen. Sie streiten in diesem Moment ohnehin mit sich selbst. Bleiben Sie daher ruhig und sachlich und bestehen Sie darauf, Ihre Fragen beantwortet zu bekommen. So können Sie auch schon eine Menge über das dahinter stehende Problem erfahren. Beim nächsten Klartraum können Sie dann die Traumfigur erneut herbeizitieren und die Sache fortsetzen. Vielleicht sind dann schon genug Emotionen abgebaut, so daß die Verwandlung in die reale Figur dann gelingen wird.

Sollten sich Traumfiguren zu bedrohlich zeigen, so ist es hilfreich, ihnen fest in die Augen zu schauen und sie dadurch zu „zähmen". Achten Sie aber bitte darauf, sie nicht zu sehr zu fixieren, sonst wachen Sie auf. Werden Sie nicht zu emotional, denn sonst lösen Sie nicht den Konflikt. Wenn Sie hingegen zu distanziert bleiben, dann kann der Klartraum schnell zu Ende sein.
Ganz schön viel, was man da beachten muß, nicht wahr? Zweifellos, aber der Klartraum ist nun einmal eine Gratwanderung auf der Grenze zwischen den Welten. Und in der Praxis ist es meist gar nicht so schwer, wie es aussieht. Es ist alles nur eine Frage der Übung.
Sie können auch versuchen, eine Traumfigur zu besänftigen, indem Sie ihr etwas zu essen anbieten oder sie fragen, ob Sie ihr irgendwie helfen können. Ihre Vorschläge sollten auf jeden Fall immer konstruktiv sein. Es gibt zwar auch Beispiele dafür, daß Träumer eine solche Symbolfigur einfach verprügelt haben, und im Falle sehr starker Minderwertigkeitskomplexe mag dies zur Abfuhr angestauter Aggressionen sogar hilfreich sein. Auf die Dauer wird dadurch jedoch natürlich kein Problem gelöst.
Sobald die Figur sich verwandelt oder durch Aussagen ihre wahren Beweggründe äußert, haben Sie schon fast gewonnen. Sie werden erkennen, welcher innere Konflikt sich da bei Ihnen manifestiert, und können nun auf eine friedliche Einigung hinwirken.
Sobald diese erreicht ist, können Sie die Figur auch umarmen und sich mit ihr vollkommen aussöhnen. Bedenken Sie, es handelt sich nicht um die echte Person, sondern um ein Traumsymbol, um einen verdrängten Anteil Ihrer selbst. Wenn Sie wollen, können Sie sich während des Traums sogar vorstellen, mit der Figur eins zu werden. Sollte Ihnen das gelingen, haben Sie einen verborgenen Komplex Ihrer eigenen Persönlichkeit wieder in Ihr Bewußtsein integriert.
Auch Eltern von Kindern im Pubertätsalter kann die Beschäftigung mit ihren Kindern im Klartraum sehr weiterhelfen, um Erziehungsprobleme zu lösen. Barbara erzählte uns zum Beispiel, daß ihr in einem ihrer Klarträume ihre halbwüchsige Tochter beggenete, mit der sie oft Probleme hatte, weil sie weder mit dem Taschengeld auskam, noch gewillt war, sich an der Hausarbeit zu beteiligen. Im Traum führte Barbara mit der Tochter ein eingehendes Gespräch und konnte sich mit ihr einigen.

Interessanterweise führte dies auf beiden Seiten schnell zu einer Entspannung der Situation in der Tagesrealität. Natürlich hatte Barbara im Traum nicht mit ihrer wirklichen Tochter gesprochen, sondern im Grunde mit sich selbst. Doch das half ihr, eigene angestaute Wut und Verhaltensmuster aufzulösen und ihr Kind auf neue Art zu sehen, was ihr am Tage spontan andere Möglichkeiten zum Umgang mit der Tochter vermittelte.

Es zeigt sich, daß die hier beschriebene Methode eine hoch wirksame Mentalstrategie ist, mit der man zwischenmenschliche Beziehungsprobleme aller Art bearbeiten kann. Egal, ob es sich um Ihren Ehepartner handelt, um Ihren Chef, einen Kollegen oder Ihre Schwiegermutter – sobald diese Person als Traumfigur in Ihrem Klartraum erscheint, können Sie beginnen, für sich den Konflikt neu zu bewerten. Sehr oft verliert danach mit der Zeit auch der reale Konflikt in der wirklichen Welt an Schärfe oder löst sich sogar auf.

Und was ist, wenn die Person, mit der Sie Schwierigkeiten haben, nicht in Ihrem Traum erscheint? Wenn es ein Klartraum ist, so ist das kein großes Problem. Sie brauchen die Traumfigur nur während des Traums herbeizuzitieren: „Ich wünsche, daß auf der Stelle meine Schwiegermutter in meinem Klartraum erscheint."

Sie müssen natürlich damit rechnen, daß danach anstelle der Schwiegermutter eine Ziege oder statt des Chefs ein Krokodil mit einem Rucksack auftaucht. Das gibt Ihnen schon einen ersten Eindruck, was Sie von der betreffenden Person im tiefsten Innern wirklich halten. Wie Sie dann weiter vorgehen sollten, wissen Sie bereits.

Selbsterkenntnis und inneres Wachstum

Diese Beispiele zeigen einen von mehreren Bereichen, die sich für die Bearbeitung im Klartraum eignen, und zwar ging es hier vorrangig um *Selbsterkenntnis* und *inneres Wachstum*. Eine zweite Anwendungsmöglichkeit von Klarträumen ist das *Probehandeln*, also eine Lebensstrategie oder eine Tätigkeit im Traum auszuprobieren, bevor man es im wirklichen Leben tut.

Besonders häufig werden solche Probehandlungen im Bereich des Sports praktiziert, indem man Klarträume zum gezielten Einüben von körperlichen Fähigkeiten und Bewegungsabläufen nutzt. Paul Tholey widmete diesem Thema einen großen Teil seiner Forschung und arbeitete auch mit Hochleistungssportlern zusammen. Er selbst brachte sich auf diese Weise im Klartraum das Skateboard-Fahren bei und gelangte damit immerhin zu solcher Meisterschaft, daß er noch mit über 50 Jahren an den Europameisterschaften teilnehmen konnte.

Wenn man eine neue Sportart erlernen oder einen bestimmten Bewegungsablauf einüben will, heißt es ja für jeden Sportler ausgiebig trainieren. Es gilt, die Bewegung tief im Unbewußten zu verankern, denn während des Wettkampfes hat ja der Sportler keine Gelegenheit, sich bewußt auf die Abläufe zu konzentrieren. Es muß alles automatisch gehen, und das möglicherweise in Bruchteilen von Sekunden.

Gleichzeitig ist natürlich körperliches Training anstrengend, und vor allem besteht immer die Gefahr von Verletzungen.

Diese Gefahr existiert natürlich im Klartraum nicht. Während einer nächtlichen Trainingsstunde bewegt man nicht seine realen Muskeln – der Körper liegt ja im Bett und schläft. Die Bewegungsabläufe im Traumkörper werden aber vom Unbewußten genauso real aufgenommen wie wirkliche Bewegungen. Wie die Forschungen von Stephen LaBerge bewiesen haben, entstehen dabei sogar meßbare Muskelspannungen.

Sicher können Klarträume ein reales Training am Tage nicht vollständig ersetzen. Im Traum jedoch kann man viel dazu beitragen, Routine in seiner Lieblingssportart zu erlangen.

Das nächste Gebiet, das man im Klartraum hervorragend bearbeiten kann, wenn schon gar nichts anderes mehr funktioniert, ist der Bereich der *Gesundheit*. Hier nur ganz kurz ein Beispiel: Eine Fernsehmoderatorin, die an unserem Klartraum-Training teilgenommen hatte, sollte einen bekannten Politiker interviewen, und die Aufnahmen waren in einem wunderschönen Restaurant mitten im Wald geplant. Sowohl sie als auch ihr Gast sollten gemeinsam vor laufender Kamera das Restaurant betreten, und das war gerade das größte Problem. Fünf Tage vor den Dreharbeiten bekam die Moderatorin eine starke Hexenschußattacke. Am Tisch sitzen und reden konnte sie sehr gut, nur mit dem Gehen haperte es ganz mächtig.

Unterschiedliche Spritzen, Tabletten, Massagen, Naturheilkunde halfen nur kurzfristig. Sie rief uns an und vertraute uns an, daß ihrer Meinung nach das Problem psychosomatisch war. Und natürlich fragte sie, ob man das nicht im Klartraum lösen könnte. Die Antwort war Ja, und auf die Frage: „Wie?" sagte Franz: „Machen Sie es ganz einfach. Sie werden es schon schaffen. Sie müssen nur so tun, als wüßten Sie, wie es geht. Irgendwann werden Sie vergessen, daß Sie nur so tun."
Das Programm wurde gedreht, und einen Monat später konnten wir es im Fernsehen sehen. Es war ein sehr schönes, tiefschürfendes Resumée eines langen Politikerlebens. Und wo war der Hexenschuß geblieben? Die Moderatorin erzählte uns später, daß sie im Klartraum mit ihrem Bewußtsein ihre Aura, die energetische Ausstrahlung ihres Körpers, auf Wunsch wahrgenommen hatte. In einem grünen Bereich dieser Ausstrahlung entdeckte sie Energiefäden, die geknickt waren. Sie massierte sie mit ihren Traumhänden und glättete sie. Es war sehr einfach möglich, und sie hatte sofort die tiefe Überzeugung, daß damit ihr Problem gelöst war. Und tatsächlich: Sie erwachte vollkommen schmerzfrei.
Wo ihr Problem wirklich lag, weiß sie bis heute nicht, aber es ist ihr inzwischen auch egal.
So überraschend es vielleicht klingt, aber man kann im Klartraum sogar *wissenschaftliche Forschung* betreiben, neue Zusammenhänge erkennen oder zumindest ein wenig am Unbekannten schnuppern. Wir geben ganz offen zu, daß wir das ab und zu tun. Und hier die wohl kürzeste Geschichte eines Erfolgs: Wie Sie vielleicht wissen, haben wir uns in früheren Jahren sehr intensiv mit der Problematik der Kornkreise befaßt. Eines Nachts erforschte Grazyna im Klartraum, wie sie eigentlich entstehen. Seit jener Nacht beschäftigen wir uns nicht mehr mit Kornkreisen. Nicht, weil sie nicht wichtig oder interessant wären, sondern weil das, was als Lösung des Rätsels herauskam, auf keinen Fall beweisbar noch gar für eine Veröffentlichung geeignet gewesen wäre.
Im Grunde muß man also auf den Moment warten, in dem ein anderer Mensch in einem Traum oder auf andere Art zu dem gleichen Wissen über die dahinter stehende Technologie kommt; wodurch das im Traum empfangene Wissen verifiziert würde. Dieser Tag ist noch nicht gekommen.

Ein besonders dankbarer Bereich für die Entwicklung von Lebensstrategien im Klartraum ist die *Entscheidungsfindung,* Hier ist das Rezept sehr einfach. Sie treffen in einem Klartraumszenario unterschiedliche alternative Entscheidungen und probieren durch Probehandeln aus, wohin sie führen. Mit Absicht zitieren wir hier kein Beispiel. Jeder Mensch kennt seine individuellen Ziele und welche Entscheidungen dafür möglicherweise notwendig sind.

Kreativ träumen

Und jetzt zum Abschluß noch der Zuckerguß. Es ist sogar ein Zuckerguß, den man auf ein Donut gibt, auf dem schon vorher Puderzucker war…
Und der Bereich heißt *Kreativität.*
In diesem Moment überschreiten wir die Grenze unseres vertrauten, festgefügten Weltbildes, wonach es eine stets erkennbare saubere Grenze zwischen „Realität" und „Fiktion" geben muß, und treten ein in ein bizarres Universum alternativer paralleler Realitäten, wie sie uns aus der Quantenphysik bereits seit Jahrzehnten bekannt sind.
Traumbesuche in parallelen Realitäten können auch ganz spontan, d. h. sporadisch, auftreten. Ein Beispiel bildet der folgende Traum von Willi S.:
„Ich ging durch die Straßen von Berlin, ohne Eile und auch ohne ein bestimmtes Ziel. Es war am Spätnachmittag eines schönen Sommertages. Ich überlegte mir gerade, was ich noch unternehmen konnte, und dabei fiel mir ein, daß in der Friedrichstraße in einem Haus ein Aufzug ist, der die Leute in eine parallele Realität bringen kann.
Also ging ich hin und stieg allein in diesen Aufzug.
In dem Aufzug waren ein blauer und ein roter Knopf, und ich wußte, wenn ich den roten drücke, kann ich Berlin in einer Parallelwelt besuchen. Ich drückte den roten Knopf, und der Lift fuhr nach oben, wobei er schneller und schneller wurde und dabei zu fliegen begann und sogar die Richtung änderte. Er flog jetzt horizontal.
Ich hatte keine Angst und fühlte nur Neugier, wie diese Stadt in der parallelen Realität aussehen würde.
Die Bewegung wurde dann langsamer, und am Ende blieb der Aufzug stehen. Ich stieg aus und kam direkt auf die Straße.

Die Stadt kam mir fremd vor, und ich ging spazieren. Es schien so, daß die Tageszeit ungefähr die gleiche war, und auf den Straßen waren viele Menschen und Autos.
Es fiel mir aber auf, daß die Geräusche der Stadt vollkommen anders klangen als in „meiner Version" von Berlin. Die Autos zum Beispiel machten überhaupt keinen Lärm, sondern bewegten sich fast lautlos, und ich hatte den Eindruck, daß sie ein anderes Antriebssystem hatten. Die ganze Stadt war vergleichsweise still.
Sie hatte auch einen ganz anderen Charakter. Es war ein riesiges Industriegebiet mit unterschiedlichen Anlagen, riesigen Rohrleitungen und Fabrikgebäuden. Wohnhäuser waren kaum zu sehen.
Es gab aber inmitten dieser Industrie viel Grün, Bäume und Grünanlagen. Besonders interessant war die Farbe des Himmels über der Stadt. Sie war sehr zart, fast pastell, weiß-rosa.
Auch die Luft war trotz dieser ganzen Industrieanlagen sehr frisch und angenehm.
Was meine Aufmerksamkeit erweckte, waren sehr viele Gebäude, die wie große Pilze aussahen, auf einem hohen zylinderförmigen hellen Sockel stehend, der „Hut" hellbraun. Es gab unglaublich viele dieser „Pilze".
Ich überlegte gerade, wozu diese Gebäude dienen mochten, da kam mir plötzlich der Gedanke, daß sie mit der Reinerhaltung der Luft zu tun haben könnten.
Die Menschen, die ich auf der Straße traf, sahen aus wie bei uns, waren aber anders gekleidet. Sie trugen hauptsächlich graue oder zartrosa Kleidung. Die Kleider waren sehr schlicht, ohne jegliche Verzierung, mit kleinen Stehkragen.
Ich kam zu der Überzeugung, daß ich zurück in meine Welt gehen muß, und ging zurück zu dem Lift. Ich stieg ein und – erwachte in meinem eigenen Bett."
Ob Willi wirklich in diesem Traum Informationen über eine parallele Realität erhielt, oder ob es nur eine interessante Phantasie war, werden wir nie erfahren. Aber wo ist die Grenze zwischen alternativen Realitäten und Phantasie? Gibt es diese Grenze überhaupt?
Es gibt Menschen, die die Fähigkeit besitzen, ganz spontan in mehr oder weniger regelmäßigen Abständen Fortsetzungsträume zu haben. So

fanden auch die Träume von Willi S. über Besuche in einer „parallelen Version von Berlin" mehrere interessante Fortsetzungen. Er weiß zwar bis heute nicht, was er davon halten soll, aber er hat sich entschieden, diese parallele Realität, so weit es ihm möglich ist, zu erkunden:

„Bei meiner dritten Traumreise in die parallele Version von Berlin habe ich mich entschieden, mich in einem Hotel einzuquartieren. Ich fand ein gutes Hotel und erledigte an der Rezeption die üblichen Formalitäten. Ich hatte kein Gepäck bei mir, empfand aber das dringende Bedürfnis, in dieser anderen Realität einen persönlichen Bereich für mich zu haben, wo ich mich ausruhen und nachdenken konnte.

Ich wollte gerade in die Stadt aufbrechen, da erhielt ich in meinem Zimmer einen Anruf von der Rezeption, daß zwei Männer mit mir sprechen wollten. Ich traf mich mit ihnen in der Lobby. Sie fragten mich, wer ich bin und was ich hier mache.

Sie stellten sich vor als Mitarbeiter einer Sicherheitsbehörde.

Ich teilte ihnen mit, daß ich auch aus Berlin, aber in einer parallelen Realität, bin und ihre Realität erforschen möchte.

Eigentlich dachte ich die ganze Zeit bei mir, wie verrückt sich das anhört, aber die Männer staunten gar nicht. Im Gegenteil: sie sagten, daß sie solche Besucher ab und zu hätten und daß es bestimmte Übergangspunkte zwischen den Realitäten gebe. Sie hätten nichts gegen solche Besucher, aber sie müßten die Besucher aufsuchen und auf die Einhaltung bestimmter Vorschriften hinweisen, weil bestimmte Handlungen solcher Menschen ihre Realität destabilisieren könnten.

Welche Vorschriften das waren, daran erinnere ich mich leider nicht mehr.

Anschließend ließen sie mich gehen, und ich konnte meine Besichtigungsreise fortsetzen."

Egal, ob dieser Traum nun eine kreative „Phantasie" oder ein wirklicher Besuch in einer parallelen Realität war, es ist schon interessant, daß Willi dabei ausgerechnet mit Behördenvorschriften konfrontiert wurde, die mit der Stabilität der Realitäten zu tun hatten. Wunschdenken kann hier wohl kaum der Auslöser dieser Traumszenen gewesen sein. Das Hawkingsche Zeitmodell[20] jedoch zeigt, daß es in der Tat an möglichen Berührungspunkten paralleler Realitäten zu allerlei Anomalien kommen kann. Der Gedanke, eine hochentwickelte Zivilisation, die sich dieser Mechanismen bewußt ist, könnte dagegen Vorsichtsmaßnahmen ergreifen, erscheint also gar nicht so unvernünftig.

Willi entdeckte übrigens mit der Zeit, daß diese Traumreisen in parallele Realitäten am besten einstellbar waren, wenn er sich vor dem Einschlafen auf sein *drittes Auge* (Stirnchakra, in der Mitte der Stirn, oberhalb der Nasenwurzel) konzentrierte. Willi ist ein Künstler, und er nutzt diese Besuche in einer vollkommen andersgearteten parallelen menschlichen Kultur als Inspiration für seine Performances. Seine Informationsquelle bleibt für die breite Öffentlichkeit unbekannt.

Wenn man sich in diesem Zusammenhang den Begriff der Hyperkommunikation wieder in Erinnerung ruft, bekommen solche Klartraumerlebnisse wie die von Willi S. einen völlig neuen Dreh. Wir können schon jetzt sagen, daß Klarträume generell als Hyperkommunikationserfahrungen aufgefaßt werden können. Begründen können wir dies allerdings erst etwas später.

Die besondere Wirksamkeit von Klarträumen besteht darin, daß der Mensch sie sehr lebendig und realistisch erlebt. Klarträume, die man wirklich mit klarem Bewußtsein erlebt, sind die lebendigsten Szenarien im Sinne der Intuitiven Logik, die man zur Zeit kennt. Was in einem Klartraum geschieht, beeinflußt den Menschen sowohl seelisch als auch körperlich. Der Mensch erlebt die Klartraumrealität so intensiv, daß er dadurch optimal in die Lage versetzt wird, seine Erkenntnisse aus dem Traum in die Tagesrealität umzusetzen.

Warum? Weil er sie in sich trägt.

Woher kommen die Träume?

Tatsache ist, daß jeder Mensch jede Nacht etwa fünf bis sieben Mal träumt, selbst wenn er behauptet, sich niemals daran zu erinnern. Sinn und Bedeutung dieser nächtlichen „Spielfilme", die in unserem Innern ablaufen, haben die Menschen schon immer beschäftigt.

Letztendlich trug dies auch dazu bei, daß in unserer Realität eine riesige „Traumfabrik" entstand, die wir alle unter dem Namen Hollywood kennen.

An dieser Stelle interessieren uns vor allem die modernen Theorien über die Traumentstehung.

In der modernen Schlaf- und Traumforschung gibt es heute insgesamt drei wichtige Theorien darüber, die sich bei aller Gegensätzlichkeit keineswegs gegenseitig ausschließen.

Die erste Hypothese ist es, daß Träume der *Konsolidierung von Gedächtnisinhalten* dienen. Nach dieser Auffassung, die von dem amerikanischen Schlafforscher *Jonathan Winson* stammt, träumen wir also, um zu integrieren. Bereits durch Beobachtungen von Säugetieren (z. B. Kaninchen, Katzen und Ratten) konnte Winson feststellen, daß Tiere im Traum offenbar überlebenswichtige Verhaltensmuster einüben, die zwar in Form von Instinkten zumeist angeboren sind, jedoch im Verlauf des Lebens an unterschiedliche Umweltbedingungen angepaßt werden müssen.

Man stellte dies vor allem dadurch fest, daß in den entsprechenden Traumphasen der Tiere die gleichen Gehirnwellenmuster auftraten, die auch bei den entsprechenden Verhaltensmustern im Wachzustand zu messen waren. Je nach Tierart konnte sich dies um Fluchtverhalten (beim Kaninchen) oder Jagdverhalten (bei Katzen) handeln, immer jedoch um genau diejenigen Muster, die für das Überleben der entsprechenden Art besonders wichtig waren.

Diese Gehirnwellenmuster liegen stets im Bereich der Theta-Wellen (zwischen 4 und 8 Hertz), einem Bereich, in dem sich interessanterweise auch die elementare Erdresonanzfrequenz (Schumann-Frequenz) befindet. Bereits in unserem Buch „Zaubergesang" stellten wir fest, daß die Schumann-Resonanz der elementaren „Bewußtseinsfrequenz" der höheren Säugetiere entspricht, was einerseits darauf hindeutet, daß die Tiere dies im Verlauf der Anpassung an die irdischen Lebensbedingungen erworben haben, andererseits aber auch, daß der damit verbundene Bewußtseinszustand nicht so stark individualisiert ist wie bei uns (heutigen) Menschen, sondern eher in einer Gruppen- oder gar Erdbewußtseinsstruktur verankert ist.

Beim heutigen Menschen hingegen treten Theta-Wellen im normalen Wachzustand nicht mehr auf, höchstens im frühen Kindesalter (wo ja auch die meisten Verhaltensprägungen stattfinden) sowie in veränderten Bewußtseinszuständen wie der Hypnose oder dem Traumschlaf. Dies hängt damit zusammen, daß Menschen im Wachzustand einen höheren Bewußtseinszustand haben als Tiere, der gekennzeichnet ist durch die höherfrequenten Beta-Wellen (14-40 Hertz). Wie man heute vermutet, entspricht das Bewußtsein der höheren Säugetiere in etwa unserem menschlichen Unbewußten. Sie können Erfahrungen sammeln und bewußt verarbeiten. Den meisten Tierarten fehlt hingegen offenbar das reflektierende Bewußtsein, und auch das Bewußtsein des freien Willens ist weniger ausgeprägt, ähnlich wie bei den Menschen des frühen Altertums. Auf dieser Bewußtseinsstufe lebt man wie gesagt eher aus einem Gruppenbewußtsein heraus, so wie es auch bei unserem Unbewußten der Fall ist.

Frequenzband	Frequenzbereich (Hertz)	Bedeutung
Delta	1-3	Tiefschlaf, Koma
Theta	4-7	Traumschlaf, Trance, Tiefenmeditation, Hypnose, normaler Bewußtseinszustand bei Kleinkindern und höheren Säugetieren
Alpha	8-13	entspannter Wachzustand bei geschlossenen Augen, Meditation
Beta	14-30	angespannter Wachzustand, normale Tagesaktivität bei geöffneten Augen
Gamma	30-80	Bindung und Aufmerksamkeit, Integration von Sinnesdaten zu Gestaltimpressionen, Bindung von Raum und Zeit

Tabelle 2: Frequenzbereiche der menschlichen Gehirnwellen

Allerdings sollten wir uns auch im Klaren sein, daß es mit unserem vielgerühmten „freien Willen" in Wahrheit nicht so weit her ist, wie wir alle glauben. Damit schneiden wir ein weiteres, äußerst geheimnisvolles Thema an, zu dem man noch viel mehr sagen könnte.[21]

In neuester Zeit wurde übrigens noch ein fünftes Gehirnwellenband entdeckt, dessen Frequenzbereich oberhalb der Beta-Wellen des normalen Wachzustandes liegt - die sogenannten *Gamma-Wellen*. Sie entstehen simultan in unterschiedlichen Hirnbereichen, die an einer Wahrnehmung beteiligt sind (z. B. Sehzentrum, Hörzentrum), und synchronisieren diese Bereiche. Dadurch ermöglichen die Gamma-Wellen eine Bindung unterschiedlicher Sinnesdaten zu einer Gesamtwahrnehmung. Sie sollen auch für die Bindung unserer Wahrnehmung von Raum und Zeit verantwortlich sein.

Genau wie die anderen Gehirnwellenbereiche können auch die Gamma-Wellen durch technische elektromagnetische Strahlung im passenden Frequenzbereich gestört oder verändert werden. Dies äußert sich dann in kognitiven Störungen, Desorientierung etc. und kann auch die Schlafqualität beeinflussen. Im Gamma-Frequenzbereich liegen vor allem Wechselstromfrequenzen (Haushaltsstrom) und militärische Längstwellenradare.[22]

Quelle der Theta-Wellen, die für die Lernprozesse im Traum verantwortlich zeichnen, sind besondere eng benachbarte Bereiche im Zwischenhirn, und zwar der *Hippokampus, das Amygdala* (Mandelkern) und das *Corpus mamillare*. Neuere Ergebnisse der Hirnforschung haben gezeigt, daß diese Hirnregionen vor allem Sitz emotionaler Regungen sind. Inzwischen wissen wir auch, daß sie in entscheidender Weise an der Kreativität beteiligt sind (s. S. 72). Damit wird es auch klar, auf welche Weise der Lernprozeß im Traum stattfindet: *äußere Wahrnehmungen unserer Sinnesorgane werden mit Emotionsinhalten verknüpft.*

Elementares Lernen beruht bereits bei den Tieren und über weite Strecken auch beim Menschen zumeist auf zwei Prinzipien: dem Lustgewinn und der Schmerzvermeidung. Es ist daher verständlich, daß das Gehirn die Erlebnisse der Vergangenheit dahingehend bewertet, ob sie mit positiven oder negativen Emotionen verbunden waren. Dadurch lernt das Individuum, ob sich die Wiederholung eines Verhaltensmusters lohnt oder ob diese besser vermieden werden sollte.

Interessant ist in diesem Zusammenhang auch, daß die genannten Hirnteile Hippokampus und Amygdala nach neueren Erkenntnissen auch für das Zustandekommen der *Hyperkommunikation,* also der

Verbindungsaufnahme mit umfassenden Bewußtseinsnetzwerken, verantwortlich ist.[23] Hierzu gehören Gruppenbewußtseinsschichten wie das Artbewußtsein einer Tierart, das Menschheitsbewußtsein, aber möglicherweise auch noch umfassendere, übergeordnete Schichten. Dies ist nicht nur ein weiteres Indiz dafür, daß Tiere im Traum tatsächlich artspezifisches Instinktverhalten besonders gut einüben und anpassen können, sondern auch, daß in den Träumen der Menschen häufig geheimnisvolle Kommunikationsprozesse stattfinden, die sich keinesfalls nur im Innern des Träumers abspielen.

Hierzu gehören Phänomene wie die Traumtelepathie, gemeinsame Träume mehrerer Personen (sogenanntes *Dreamscaping,* zu deutsch: „Traumspringen") sowie auch die diversen Formen der Inspirations- und Intuitionsträume, wie sie von vielen Wissenschaftlern und Künstlern überliefert sind, bis hin zu Kontakten mit anderen Bewußtseinsformen.

So ist es sicher kein Wunder, daß sich auch die berühmtesten Filmregisseure häufig durch Träume inspirieren ließen, so z. B. *Ingmar Bergman,* der für den Film „Wilde Erdbeeren" nach eigener Auskunft sogar seine eigenen Träume verwendete. Ausgehend von seinen nächtlichen Abenteuerreisen versuchte auch *Federico Fellini,* den schmalen Grat zwischen Traum und Realität in seinen Filmen auszuloten, wobei er die Zuschauer oft bewußt in die Irre führte. *Alfred Hitchcock* hingegen war vor allem von der Arbeit Sigmund Freuds fasziniert, was besonders stark in seinen Psychothrillern „Marnie" (mit Tippi Hedren und Sean Connery) und „Ich kämpfe um dich" (mit Ingrid Bergman und Gregory Peck) zum Ausdruck kommt. Für den letztgenannten Film ließ sich „Hitch" die surrealistischen Kulissen der Träume seines Protagonisten sogar von keinem Geringeren als *Salvador Dali* ausgestalten,

Eine andere Hypothese zum Zweck und zur Entstehung der Träume stammt unter anderem von dem amerikanischen Nobelpreisträger *Francis Crick,* einem der Entdecker der DNA, unserer Erbsubstanz. Obwohl diese Hypothese der Lerntheorie Winsons auf den ersten Blick diametral entgegenzustehen scheint, gehören beide dennoch letztendlich zusammen.

Crick ist der Ansicht, daß wir während eines Traumes überschüssigen Müll in unserem Gehirn löschen und daß der Traum gerade das

„Protokoll" dieses Löschvorganges ist. Leider wurde Crick daraufhin von der Presse zumeist vereinfachend und verfälscht zitiert, wonach wir „träumen, um zu vergessen". An anderer Stelle hieß es sogar, es sei schädlich, sich an Träume zu erinnern, da damit der notwendige Prozeß des Vergessens behindert würde.
Francis Crick hat sich später von diesen überspitzten Formulierungen eindeutig distanziert (nachdem er vor allem von Psychologen aus aller Welt heftig angegriffen worden war). Worum es ihm eigentlich gegangen war, war folgendes:
Wenn das Gehirn Sinneseindrücke und Emotionen zu Erfahrungen (und damit zu Gedächtnisinhalten) ordnet, kommt es dabei auch immer zu einer ganzen Reihe „ins Kraut schießender" Assoziationen. Die Neuronen, also die Nervenzellen im Gehirn, neigen dazu, bei elektrischer Erregung ihren Erregungszustand an benachbarte Neuronen weiterzuleiten. Wenn dabei die Resonanzfrequenzen passen, also eine irgendwie geartete Assoziation vorliegt, werden dadurch möglicherweise neue Gedächtnisinhalte erzeugt, die auch nur der Phantasie zu entspringen brauchen. Wie wir alle wissen, verfährt unser Unterbewußtsein bei seinen Assoziationen nicht immer „logisch" im Sinne unserer rationalen Denkweise, sondern ist in der Lage, manchmal die verrücktesten Verbindungen herzustellen, etwa zwischen einem Musikstück, das wir hören, und dem Zimtgeruch in der Küche der Großmutter zu Weihnachten. Oder wir bekommen in einer bestimmten Straße unserer Stadt automatisch ein Unwohlseinsgefühl, nur weil uns dort einmal ein Polizist ein „Knöllchen" verpaßt hat.
Vom rationalen Standpunkt gesehen kann die Straße ebenso wenig für das Strafmandat wie ein Konzert von Johann Sebastian Bach etwas mit Zimt und unserer Großmutter zu tun hat. Dem Unbewußten ist solche Logik fremd. Es verknüpft ganz einfach zeitgleich aufgetretene Sinneseindrücke miteinander sowie mit den damals aufgetretenen Emotionen und assoziiert das Ganze noch mit anderen ähnlichen Erlebnissen unserer Vergangenheit, bis von alledem nur noch ein diffuser Emotionsbrei übrigbleibt, mit dem wir kaum noch etwas anzufangen wissen.
Der nächste Weg führt dann meist zum Psychiater, der dieses ganze Erinnerungsgewirr nach Möglichkeit wieder auflösen soll.

Damit es jedoch gar nicht erst dazu kommen muß, kann unser Gehirn in gewissem Maße auch selbst seinen Kram aufräumen.

Im Netz der Neuronen

Wie man durch Computersimulationen zeigen kann, tendieren neuronale Netzwerke wie unser Gehirn dazu, Gedächtnisspuren durch Wiederholung zu verstärken und dadurch schrittweise tiefer einzuprägen. Andererseits ist es unter gewissen Bedingungen auch möglich, instabile, selten genutzte Spuren, die auf derartigen Phantasie-Assoziationen beruhen, durch Anlegen einer Gegenspannung zu löschen. Genau dies läuft nach Cricks Ansicht in unserem Gehirn während der Träume ab. Dies würde auch begründen, weshalb unsere Träume oft so wirklichkeitsfremd, absurd und bizarr sind.

Gleichzeitig stellt Crick damit auch klar, daß er durchaus von der psychologischen Bedeutung der Träume überzeugt ist, denn auf diese Weise kann der Mensch sukzessive auch festgefahrene neurotische Zwangsvorstellungen loswerden, die sich ja dann ebenfalls vor der Löschung über unsere Träume äußern würden.

Im Grunde würde also eine solche nächtliche „Speicherbereinigung" die Hypothese vom Traum als Lernprozeß genauso stützen wie Winsons Theorie, nur in umgekehrter Weise. Indem wir überflüssigen „Schmarrn" loswerden, können sich sinnvolle Erinnerungen und Verhaltensweisen um so besser einprägen.

Der Grund für die Notwendigkeit eines solchen Löschprozesses läge darin, daß unser Gehirn vermutlich nicht genug „Speicherplatz" besitzt (um es einmal im modernen Computerdeutsch auszudrücken), um ohne solche regelmäßigen Bereinigungsläufe auszukommen. Schließlich können wir uns für unseren Kopf nicht einfach bei Karstadt eine neue Festplatte kaufen!

Ohne REM-Träume würde also - folgt man dieser Hypothese - das Gehirn auf die Dauer durch unnötigen Ballast überlastet werden, und es könnte dadurch sogar am Tage zu Halluzinationen und ähnlichen Bewußtseinsstörungen kommen. Tatsächlich sind solche Phänomene

bei langandauerndem Schlafentzug schon beobachtet worden, ohne daß hierüber allerdings bereits wissenschaftlich tragfähige Studien existieren würden.
Es gibt im Tierreich nur wenige Spezies, bei denen die Gehirngröße im Vergleich zur Körpergröße günstiger ausfällt als beim Menschen. Die Delphine etwa gehören dazu. Interessant ist in diesem Zusammenhang, daß Delphine keinen REM-Schlaf haben. Vielleicht haben sie tatsächlich genügend „Memory", um ohne ihn auszukommen?
Der Schlaf der Wale und Delphine ist überhaupt ein interessantes Gebiet, denn während diese Tiere schlafen, müssen sie gleichzeitig darauf achten, regelmäßig zum Atemholen aus dem Wasser aufzutauchen. Sie haben das Problem im Verlauf der Evolution dadurch gelöst, daß sie abwechselnd immer nur mit einer Gehirnhälfte schlafen.
Die zweite moderne Traumtheorie beschäftigt sich eher mit der physiologischen Entstehung als mit der Bedeutung des Traumes. Es handelt sich um das sogenannte *Aktivierungs-Synthesis-Modell* von *J. Allan Hobson* und *Robert McCarley*.
Die beiden Forscher nehmen Bezug auf die Tatsache, daß die REM-Träume ihren Ausgangspunkt im *Hirnstamm* haben, also im entwicklungsgeschichtlich ältesten Hirnteil, der sich unmittelbar an das Rückenmark anschließt. Genauer entstehen die typischen schnellen Wellenmuster im EEG des REM-Schlafes durch ein Feuerwerk elektrischer Impulse aus dem Hirnstamm, mit denen das ganze restliche Gehirn „bombardiert" wird.
Hobson ist nun der Ansicht, daß das Gehirn auf dieses Feuerwerk an sich nutzloser und sinnloser Informationen mit dem Bemühen reagiert, dem ganzen Chaos Struktur aufzuprägen, ähnlich, wie wir versuchen, im Muster von Wolken oder Tapeten Gesichter und andere Formen zu erkennen, woraus dann unsere Traumvisionen entstehen würden.
Ähnlich wie Francis Crick wird auch J. Allan Hobson in der Presse oft falsch zitiert. Auch er ist keineswegs der Ansicht, daß Träume deshalb sinnlos seien - ganz im Gegenteil. Ohnehin ist sein Erklärungsansatz eher dazu geeignet, die Entstehung der Träume besser zu verstehen, als ihren Inhalt und dessen Bedeutung.

Daß die Impulse aus dem Hirnstamm weite Bereiche des Großhirns aktivieren, kann man mit der Positronenemissionstomographie (PET) zeigen (vgl. Abbildungsteil, Bild 7, 8). Man erkennt daraus, daß während des REM-Schlafs vor allem das Sehzentrum, das Gefühlszentrum sowie der Hippokampus aktiv sind. Das zeigt nicht nur, daß unsere Träume sehr bildhaft und emotional gefärbt sind, sondern stützt auch die Hypothese, daß im Traum Erinnerungen konsolidiert werden und Lernprozesse ablaufen (vgl. S. 103). Die Hyperkommunikation ist begünstigt. Gleichzeitig ist die Aktivität der Großhirnrinde gedämpft, d. h. normalerweise stehen unsere Träume eher unter der Kontrolle des Unterbewußtseins.

Viele Eigenheiten unserer Träume sind jedenfalls bei diesem Modell leicht verständlich. Daß zum Beispiel der Hirnstamm in regelmäßigen Abständen seine Impulse abfeuert, kann die Sprunghaftigkeit und die häufigen Orts- und Zeitwechsel während unserer Träume erklären. Außerdem kommt es während dieser Phasen auch zu wichtigen Veränderungen in der Gehirnchemie, die für uns später auch noch von großer Wichtigkeit sein werden.

Die Übertragung von Nervenimpulsen im Gehirn wird an den Übergangsstellen zwischen einzelnen Neuronen, den sogenannten Synapsen, gesteuert durch spezielle chemische Substanzen, die Neurotransmitter genannt werden und von denen es eine ganze Reihe gibt. Im normalen Tageserleben herrschen diejenigen unter ihnen vor, die zur Gruppe der *Monoamine* gehören. Vor allem sind dies *Noradrenalin* und *Serotonin*. Während des Schlafes, vor allem während des Traumes, schalten sich hingegen andere Neurotransmitter ein, die zur *cholinergischen* Gruppe gehören. Die bekannteste dieser Substanzen ist das *Acetylcholin*.

Die Monoamine haben die Eigenschaft, stabile Dauerfunktionen in den neuronalen Vorgängen im Gehirn aufrechtzuerhalten. Sie ermöglichen es uns dadurch im Tagesverlauf, über längere Zeit einem konstanten Gedankengang folgen zu können. Dieser Vorgang wird während des Traumes durch den Wechsel des Neurotransmittersystems gehemmt, wodurch es zu einer *Demodulation* kommt, wie man sagt. Unsere Träume sind auch deshalb häufig so sprunghaft und bizarr.

Bei manchen psychischen Erkrankungen wie der Schizophrenie, aber auch bei besonders schweren Formen der Depression, treten solche Phänomene auch im Wachzustand auf. Bei diesen Menschen liegt die

Ursache oft darin, daß durch ein bestimmtes Enzym, die *Monoaminoxydase,* zu viel Serotonin abgebaut wird. Zur Behandlung werden daher oft spezielle Medikamente, sogenannte Monoaminoxydase-Hemmer (kurz: MAO-Hemmer), verabreicht, die dieses Manko wieder ausgleichen sollen. Wir erwähnen dies, da diese Mechanismen auch für das Erreichen des Klartraumzustandes von großer Bedeutung und gleichzeitig bei Mißbrauch mit sehr großen Gefahren verbunden sein können. Wir werden an späterer Stelle noch ausführlicher darauf eingehen.

Die dritte moderne Traumentstehungstheorie stammt von *Jim Horne,* dem Leiter der Schlafforschungslaboratorien der Loughborough University in England. Ihm zufolge ist der nächtliche Traum bzw. allgemein der REM-Schlaf ein Relikt aus der Zeit, da wir uns als Fötus im Mutterleib entwickelten.

Es ist bekannt, daß ungeborene Föten sich zu fast 80% des Tages in einem REM-ähnlichen Zustand befinden. Nach der Geburt nimmt dieser Prozentsatz sukzessive ab. Bereits im Alter von etwa drei Jahren träumen wir nur noch in etwa 25% unserer Schlafenszeit, die allerdings insgesamt bei Kindern natürlich wesentlich höher liegt als beim Erwachsenen.

Nach Hornes Ansicht dient der REM-Schlaf und damit der Traum ganz einfach dem Zweck, das Gehirn für das Leben zu trainieren.

Interessant ist natürlich in diesem Zusammenhang die berechtigte Frage, wovon ein Fötus dann eigentlich träumt? Nach herkömmlicher wissenschaftlicher Ansicht werden im Traum Erfahrungen, also Erlebnisse und Sinneseindrücke aus der Vergangenheit verarbeitet - zumindest sprechen die Traumerzählungen von Menschen eindeutig dafür -, doch sind dies Inhalte, über die ein ungeborener Fötus im Grunde noch gar nicht verfügen dürfte. Oder doch?

Vielleicht ist dies aber auch ein Hinweis darauf, daß Träume noch ganz anderen Zwecken dienen und uns in ganz andere Welten führen können. Wir haben schon das Phänomen der Hyperkommunikation angesprochen, also der Möglichkeit, Verbindung aufzunehmen zum „kosmischen Internet", zu persönlichkeitsübergreifenden Bewußtseinsnetzwerken. Wird das Bewußtsein des Fötus etwa aus solchen Quellen gespeist und auf diese Weise von den Bewußtseinsstrukturen seiner Artgenossen auf sein Leben vorbereitet? Wird dadurch während der neun Monate im

Mutterleib ein menschliches Selbst in entscheidender Form vorgeprägt? Wir sehen, daß jede der modernen Traumtheorien durchaus vernünftig klingt und im Grunde eine der anderen nicht widerspricht. Sie zeigen nur, wie vielschichtig und nach wie vor geheimnisvoll die Thematik des Schlafens und Träumens für uns Menschen ist.

Ein besonders interessantes Beispiel aus der Welt unserer Träume hat Hollywoods Traumfabrik gerade in jüngster Zeit hervorgebracht. In dem Film „Tiefe der Sehnsucht" mit Demi Moore in der Hauptrolle wird der Fall einer jungen Frau geschildert, die jede Nacht in einem anderen parallelen Leben „erwacht". So ist sie einmal eine erfolgreiche New Yorker Yuppie-Frau und zum anderen eine alleinerziehende Mutter in Frankreich. Beide Frauen erleben das Leben der jeweils anderen in Form nächtlicher Träume, die kontinuierlich aufeinander aufbauen, wobei nicht unmittelbar klar wird, wer von beiden die „reale" Existenz führt und wer nur die geträumte.

In beiden parallelen Leben geht die Frau schließlich zum Psychologen, und beide Psychologen behaupten von sich mit Nachdruck, real zu sein. Auch andere Personen, Lebensumstände, Landschaften etc. geben ihr absolut keine Anhaltspunkte, um herauszufinden, was Realität und was Traum ist.

Erst als es zu einer Überlappung beider Realitäten kommt (Personen aus dem Umfeld der Frau verschwinden plötzlich, in einer der beiden Existenzen tauchen Gegenstände auf, die eigentlich in die andere gehören), ist die Psyche der Frau gezwungen, sich für eines der beiden Leben zu entscheiden.

Der Film ist, ehrlich gesagt, zu gut gemacht. Das heißt, wenn man ihn das erste Mal gesehen hat, denkt man anschließend ernsthaft darüber nach, ob man es riskieren sollte, schlafen zu gehen.

Der Informations-Tsunami

„Guten Morgen, Deutschland! Der DAX begann den Tag freundlich, mit einem Anstieg von 150 Punkten. Der Weltmeister im Abfahrtslauf trennt sich von seiner Lebensgefährtin. Bundeskanzlerin Angela Merkel wird heute vor dem Bundestag eine Rede zur Afghanistan-Politik halten. Bei einem Busunglück in der Nähe von Solingen sind vier Menschen ums Leben gekommen. Zum Abschluß noch kurz das Wetter: Meist freundlich, im Norden zeitweise Regen, ansonsten wechselnd bewölkt mit einzelnen Schauern. Höchsttemperaturen 12 bis 18 Grad."
Ist Ihnen eigentlich aufgefallen, wie unsinnig die Wettervorhersage am Ende dieses Nachrichtenblocks war? Sie versuchte, krampfhaft, die Datenmenge zu erhöhen, indem sie differenzierte, wo es nichts zu differenzieren gab. Was unterscheidet eigentlich „zeitweise Regen" von „wechselhaft mit Schauern"? Da sehnt man sich nach dem guten alten Laubfrosch. Der sagt einmal „Quak", und das war's...
Von morgens bis abends ertrinken wir in einem Strom von Informationen. Wissenschaftler von der University of California in San Diego haben ausgerechnet, daß uns über die Medien, das Internet und das Telefon täglich rund 100.000 Worte erreichen. Das ist mehr als das Doppelte wie noch zu Beginn der achtziger Jahre des 20. Jahrhunderts. Addieren wir dazu noch die Fernsehbilder, mit denen ein Mensch täglich konfrontiert wird, sowie Computer- und Videospiele, dann absorbieren wir pro Tag etwa 34 Gigabyte Daten. Ein durchschnittlicher Laptop würde nach einer Woche mit solchen Datenmengen den Geist aufgeben.
Unser Gehirn tut das nicht. Doch wir zahlen für diese Datenflut einen hohen Preis. Unter dem Druck, derartige Datenmengen zu verarbeiten, verlieren wir sukzessive die Fähigkeit, analytisch zu denken, sowie die Tiefe unserer Gedanken, Gefühle und Emotionen.
Zur Zeit beschäftigen sich zahlreiche wissenschaftliche Institute mit dem Einfluß der Informations- und Kommunikationstechnologien auf den menschlichen Geist. Über Hunderttausende von Jahren

entwickelte sich der Mensch dadurch weiter, daß es relativ einfach für ihn war, neue Informationen aufzunehmen. Leider konnte die Evolution die gewaltige Expansion der elektronischen Medien nicht vorhersehen, und so ist unser Gehirn darauf eingestellt, pausenlos auf Empfang zu stehen. Es ist dabei bemerkenswert, daß das Gehirn nicht nach den Inhalten der angebotenen Informationen differenziert. Es saugt einfach alles auf, was hereinkommt, so wie ein Schwamm.
Während eines Experiments haben Forscher ihre Testpersonen buchstäblich gequält mit der Masse an Informationen. Im Verlauf von fünf Stunden wurden die Menschen pausenlos mit Daten berieselt. Insgesamt galt es, in diesem Zeitraum rund 3500 Informationen aufzunehmen und zu verarbeiten. Danach prüfte man, wie viel davon bei den Testpersonen im Gedächtnis geblieben war. Es zeigte sich, daß über 90% der angebotenen Informationen Erinnerungsspuren im Kopf hinterlassen hatten.
Das bedeutet nicht, daß das Gehirn mit einer unbegrenzten Anzahl von Daten fertigwerden könnte. Im Gegenteil: Immer mehr Menschen haben das Gefühl, ständig überlastet zu sein, und das bedeutet schon, daß das menschliche Gehirn im 21. Jahrhundert Probleme bekommen hat.
Der Eindruck, daß wir überladen sind mit Informationen, entsteht nicht nur, weil die Menge so groß ist, sondern auch dadurch, daß die Wichtigkeit der Informationen in der Regel nur marginal ist. Dieser Meinung ist jedenfalls Dr. *David Wiener* von der Universität Posen. Es ist ein Informationssalat aus unwichtigen Nachrichten, den uns die Medien pausenlos servieren.
Für unser Gehirn ist eine solche Situation unnatürlich. Je mehr Datenmüll in unserem Gedächtnisspeicher sich ansammelt, desto schwerer fällt es uns, aus diesem Chaos das wenige Wichtige herauszufiltern, insbesondere die Informationen, die für unsere Entscheidungen und für unser persönliches Leben wichtig sind.
Die Überlastung des Gehirns spiegelt sich wider in der Art und Weise, wie wir denken und uns verhalten. Man kann das besonders gut beobachten am Beispiel von Managern großer Unternehmen. Ihnen steht meist eine große Anzahl von Analysen zur Verfügung, aber oft sind sie schon nicht mehr in der Lage, ihre Bedeutung abzuschätzen. Sie haben ständig den Eindruck, daß ihnen Schlüsselinformationen

fehlen, die es ihnen ermöglichen würden, auf bestimmte Fragen mit Ja oder Nein zu antworten. Paradoxerweise verlangen sie dann nach immer mehr Informationen, um das mentale Chaos in den Griff zu bekommen. Das ist also in etwa so, als wenn die Feuerwehr mit Benzin löschen würde.

Aber man muß kein Manager sein, um derartige Erfahrungen zu machen. Auch im Privatleben haben die Menschen heute zunehmend das Gefühl, sie müßten noch mehr Variablen kennen, um überhaupt eine Entscheidung treffen zu können. Ein solches Verhalten nennt man Attention Deficit Trait („Aufmerksamkeits-Defizit-Zug").

Das ADT-Syndrom

Wenn Sie bei diesem Begriff stutzig geworden sind und an das Aufmerksamkeits-Defizit-Syndrom (ADS) denken, das ja seit einigen Jahren in aller Munde ist, insbesondere bei der Kindererziehung, dann liegen Sie durchaus richtig, aber eigentlich doch falsch.

Attention Deficit Trait (ADT) ist dem ADS verwandt, aber dennoch etwas anderes. Der Psychiater und ADT-Experte Dr. *Edward Hallowell* sagt es konkret: ADT ist ein Aufmerksamkeitsdefizit, das nicht durch Hyperaktivität entsteht, sondern durch ständige Ablenkung durch High-Tech-Geräte in unserer modernen Umwelt verursacht wird.[24]

Weiter sagt Dr. Hallowell: *„Es ist irgendwie wie die normale Version der Aufmerksamkeits-Defizit-Störung. Aber es ist ein Zustand, der durch das moderne Leben induziert wird, in dem man ständig so sehr beschäftigt ist und seine Aufmerksamkeit auf so viele Inputs und Outputs lenken muß, daß man immer abgelenkt, reizbar, impulsiv, unruhig und auf lange Sicht ineffektiv ist. In anderen Worten, es kostet Sie Effizienz, weil Sie so viel tun oder versuchen, so viel zu tun. Es ist, als würden Sie mit einem Ball mehr jonglieren, als Sie eigentlich in der Lage sind."*[25]

Halten wir fest: ADT ist keine „Krankheit", weshalb es wohl auch kaum einen Sinn hätte, dagegen irgendwelche Pillen zu schlucken. Es ist ein Symptom unserer modernen Umwelt. Und wie äußert es

sich, wenn ein Mensch auf den Aufmerksamkeits-Defizit-Zug aufspringt?
Hierzu sagt Dr. Hallowell: *„Wenn ein Mensch feststellt, daß er nicht sein volles Potential ausschöpft, wenn er weiß, daß er mehr leisten könnte, in Wirklichkeit aber weniger leistet, wenn er weiß, daß er eigentlich klüger ist, als es sich in seiner Leistung ausdrückt, wenn er anfängt, Fragen in einer oberflächlicheren Weise zu beantworten, als er es eigentlich tun würde, wenn sein Reservoir an neuen Ideen auszutrocknen beginnt, wenn er immer länger arbeitet und immer weniger Schlaf findet, weniger Freizeit hat und weniger Zeit mit seinen Freunden verbringt – allgemein, wenn man mehr Stunden investiert, aber weniger Resultate herausbekommt."*[26]

Verlinkte Gefühle – verstopfte Gehirne

Unter dem Einfluß des Informations-Tsunami entstehen Störungen im Bereich des Orbital-Kortex, eines Gehirnzentrums, das im Gehirn eine ähnliche Rolle spielt wie der Chef einer Firma. Alle Informationen, die uns von der Außenwelt erreichen, werden dort erkannt, bewertet und mit positiven oder negativen Emotionen assoziiert (im präfrontalen Kortex befinden sich Links zu neuronalen Strukturen, die für unsere Gefühle verantwortlich sind). Das alles diente ursprünglich dazu, daß in unserem Kopf ein klares Bild der Wirklichkeit entstehen sollte.
Durch das zu starke Bombardement mit Daten hören wir damit auf, das, was um uns herum passiert, rational zu bewerten. Es wird für uns immer schwieriger, unser Bild der Wirklichkeit zu verifizieren. Das kann schwere Ängste in uns auslösen. Wenn wir nicht in der Lage sind, die Bedeutung der Informationen abzuschätzen, beginnt unser Gehirn, sie von allein einem Ranking zu unterziehen, das nicht einmal korrekt sein muß. Informationen über Unfälle oder Überfälle in einer ganz anderen Stadt zum Beispiel können ein Ranking erhalten, das uns das Gefühl gibt, wir wären persönlich bedroht.
Wenn das Gehirn aufgrund einer Überdosis von Informationen abzublocken beginnt, verhält es sich ähnlich wie das Immunsystem bei

einem Allergiker. Fast jede Information, die wir aus dem Fernsehen oder anderen Medien empfangen, kann dann ein Gefühl der Gefahr und der Bedrohung hervorrufen. Wie Dr. Wiener feststellte, leiden daher immer mehr Menschen an unterschiedlichen Phobien.

Die Informationslawine von Wörtern und Bildern, die uns erreichen, kann daher verheerende Auswirkungen auf unser emotionales Leben haben. Unablässige Informationsströme rufen bei Menschen Störungen hervor, die den Symptomen des Autismus ähneln: Rückzug, Apathie, Gefühle der Gleichgültigkeit.

Eine Überdosis von Außenreizen von den Medien schießt in ein spezielles Gehirnzentrum, die Amygdala (Mandelkern) im Bereich des Hippokampus im Zwischenhirn, eine der wichtigsten Gehirnstrukturen überhaupt. Man weiß, daß die Amygdala nicht nur Emotionen hervorbringt, sondern auch als Filter für Informationen dienen kann, die uns über unsere Sinnesorgane erreichen, z. B. Töne, Farben, Bilder, Düfte. Einige werden als wichtig bewertet, die anderen werden ignoriert. Wenn wir stundenlang Fernsehen gucken oder im Internet surfen, dabei noch Musik hören und Informationsfetzen mit unserem Partner austauschen, dazwischen eine SMS erhalten, die wir natürlich sofort beantworten, dann kann dieser Filter verstopfen. Das Gehirn, das normalerweise einen Teil der hereinkommenden Impulse ignoriert, beginnt dann, sie alle zu empfangen.

So etwas geschieht bei Autisten, die sich bis zur Schmerzgrenze mit Sinnesinformationen bombardiert fühlen. Bei ihnen zeigen sich die Symptome allerdings schon unter Bedingungen, mit denen ein gesunder Mensch fertigwürde. Um das Leid zu vermeiden, das durch den Kontakt zur Außenwelt entsteht, schottet der Autist sich von diesem Kontakt vollständig ab.

Ähnlich ist es bei Menschen, die mit Reizen aus den elektronischen Medien überflutet werden. Alles wird ihnen zunehmend gleichgültig, wenn es nicht sie persönlich betrifft, und sie sind immer weniger bereit, in Kontakt zu anderen Menschen zu treten.

Wenn das Gehirn überlastet ist, beginnen die Schwierigkeiten, den emotionalen Zustand eines anderen Menschen überhaupt zu erkennen. Es kann dazu führen, daß der Mensch die Fähigkeit zur Empathie gänzlich verliert. Normalerweise empfangen wir, wenn wir einen anderen Menschen sehen, sofort, ob in seinem Gesicht Angst,

Schmerz oder Freude zu erkennen ist. Wenn unser Gehirn jedoch überlastet ist, braucht es dazu sechs bis acht Sekunden, wie Untersuchungen von Forschern an der University of Southern California gezeigt haben. Es ist nicht bekannt, was diese Verzögerung hervorruft. Möglicherweise ist das Erkennen von Emotionen anderer Menschen für ein verstopftes Gehirn zu schwer. Das Lesen im Gesicht, die Empathie, ist für das Gehirn eine große Herausforderung und mit Anstrengungen verbunden.

Ein Gehirn, das sich hauptsächlich mit der Verarbeitung verflachter Informationen aus dem Fernsehen oder dem Internet beschäftigt, ist nicht mehr in der Lage, diese Herausforderung anzunehmen. Es scheint jedoch, daß Gefühlsblindheit auch eine Art von Abwehrmechanismus ist. Mit ihm sind wir in der Lage, die Hunderte und Tausende von Gesichtern, deren Schicksale im Fernsehen gezeigt werden, zu beobachten, und Dutzende von Informationen über menschliche Tragödien zu hören wie Kindesmißbrauch, Unfälle, Brandkatastrophen, Verbrechen, Erdbeben, ohne uns dabei selbst emotional zu engagieren.

Schlimmer noch: Auch auf die reale Welt reagieren wir schließlich gleichartig wie auf die Fernsehbilder. Der immer schnellere Zugriff auf digitale Informationen gereicht uns daher nicht unbedingt zum Vorteil, aber er hat uns gelehrt, eine neue Fähigkeit zu entwickeln: Die Teilung der Aufmerksamkeit. Während wir die Informationen aus dem Netz überprüfen (wir haben durchschnittlich in jedem Moment acht Fenster auf dem Computerbildschirm geöffnet, wie Forscher herausfanden), empfangen wir E-Mails, hören wir Musik, telefonieren, und gleichzeitig arbeiten wir vielleicht noch an einem neuen Projekt. Anfangs vermuteten die Wissenschaftler, daß die Beherrschung dieses Tricks, den man „Multitasking" nennt, ein Indiz für ein weiterentwickeltes Gehirn sei. Es scheint jedoch das Gegenteil der Fall zu sein. Wenn das Gehirn zahlreiche Aktivtäten zur gleichen Zeit verfolgt, arbeitet es deutlich langsamer und auch weniger effizient. Das hat Professor *Clifford Nass* von der Stanford University herausgefunden.[27]

Personen, die ständig zwischen mehreren Webseiten hin- und herspringen, E-Mails schreiben oder twittern, erledigen jede von diesen Einzelaufgaben langsamer und weniger sorgfältig als die Menschen,

die von den elektronischen Gadgets nur von Zeit zu Zeit Gebrauch machen (Light Multitaskers). Dies war das Ergebnis einer vergleichenden Studie der Stanford University.
Studenten wurden auf zwei Gruppen verteilt. Psychologen zeigten ihnen eine Reihe von Zahlen und Buchstaben und sagten ihnen gleichzeitig, auf welche davon sie sich konzentrieren sollten. Wenn die Versuchspersonen sich auf Zahlen konzentrierten, mußten sie so bald wie möglich feststellen, ob sie gerade oder ungerade sind. Konzentrierten sie sich auf Buchstaben, mußten sie schnell herausfinden, ob es Vokale oder Konsonanten waren. Die Ergebnisse dieser Studie ließen keinen Zweifel daran, daß Menschen, die jeden Tag viele Tätigkeiten zur gleichen Zeit ausüben mußten, im Vergleich zu anderen Personen langsamer waren. Sie konnten ohne nachzudenken zwischen Zahlen und Buchstaben hin und herspringen. Sie brauchten aber längere Zeit, um sie zu unterscheiden.
Schon zwei Tätigkeiten gleichzeitig zu verrichten, ist eine grobe Zeitverschwendung, sagt *David E. Meyer* von der University of Michigan. Das ständige Umschalten von Aufgabe zu Aufgabe verursacht, daß die Ausführung der Tätigkeiten um die Hälfte mehr Zeit in Anspruch nimmt, als wenn man sie nacheinander ausüben würde. Die Sucht nach Gleichzeitigkeit mit immer mehr modischen Gadgets, die man parallel laufen läßt, bewirkt auch Konzentrationsprobleme. Die Menschen können häufig nicht mehr wichtige von unwichtigen Informationen trennen und machen mehr Fehler bei ihrer Arbeit. Sie haben auch ein schlechteres Gedächtnis, sagt Prof. Nass.
Wenn Sie jetzt weiterlesen, warnen wir Sie schon im Voraus: Sie werden nie wieder das Bedürfnis verspüren, bei der Arbeit Ihre E-Mails abzurufen. Warum eigentlich?
Ein fast schon schockierendes Beispiel: Wenn wir am Computer arbeiten und gleichzeitig in regelmäßigen Zeitabständen unsere E-Mail checken, sinken unsere IQ-Werte um rund 10 Punkte. Natürlich temporär, irgendwann aber natürlich auch dauerhaft, wenn wir nicht an unseren Lebensgewohnheiten arbeiten.
Die Vorteile des Multitaskings sind also Illusion. Wenn wir weniger tun, erreichen wir mehr, warnen die Wissenschaftler. Wenn wir uns die negativen Auswirkungen der Überlastung des Gehirns anschauen, müssen wir nach Möglichkeiten suchen, das Gehirn gegen die Wörter-

und Bilderflut zu schützen. Und das bedeutet, wir müssen lernen, Informationen zu selektieren und den Rest auch tatsächlich zu vergessen, so Dr. Wiener. *Die effizientesten Gehirne sind nicht die, die sich an alles erinnern, sondern die, die das meiste vergessen,* fügte er hinzu.
Kennen Sie den? Was bedeutet es, wenn Ihnen beim Autofahren ein Sportcoupé mit einem Strohballen auf dem Dachgepäckträger entgegenkommt?
Na klar – das ist ein Manta-Fahrer mit Memory Extension!!! ☺
(Pause für Lacher)
Früher war das einer von vielen Manta-Kalauern. Heute ist es wissenschaftlich belegbar, denn Dr. Wiener empfiehlt, jeder von uns solle sich einen sogenannten *externen Speicher* schaffen.
(Pause für herunterfallende Kinnlade)
Wenn Sie keinen Manta fahren, muß das natürlich kein Strohballen sein. Ein normaler Computer oder ein Notizblock tun's auch. Dort sollte der Mensch aber nur diejenigen Informationen notieren, die für ihn nutzvoll sind, um das Gehirn dadurch zu entlasten. Im Laufe eines Jahres erinnert sich ein Mensch rückblickend meist nur noch an vier bis fünf wichtige Ereignisse... Zugegeben – mancher hat einen Nachbarn, der sich an mehr erinnert.
Ganz analog sollten wir jeden Tag aus der Masse der auf uns wirkenden Informationen ebenfalls nur fünf herausfischen und uns nur über sie tiefere Gedanken machen. Wenn der Rest sofort der Vergessenheit anheimfällt, verbessert sich nicht nur unsere Stimmung augenblicklich, sondern auch die Leistungsfähigkeit unseres Gehirns.

Im Auge des Tornados

Versuchen wir uns also aus dem Chaos des modernen Informations-Tsunami herauszubeamen. Das ist nicht einmal so schwierig, wie man denken könnte. Selbst wenn uns die Informationsflut überkommt wie ein Tornado, so wissen wir doch alle genau: Im Zentrum des Tornados herrscht ideale Ruhe. Exakt dort müssen wir also hin:

Im Auge des Tornados

Setzen Sie sich bequem hin – und lockern Sie alle beengende Kleidung – Beobachten Sie, wie Ihr Atem einströmt – und wieder ausströmt – Sie können dazu eine Hand auf Ihren Bauch legen – und beobachten – wie sich Ihr Bauch bei jedem Atemzug – hebt – und senkt – ein Bereich, der ziemlich genau – in der Mitte Ihres Körpers gelegen ist – Beobachten Sie einfach Ihren Atem.
Und während Sie Ihren Atem weiter beobachten – können Sie feststellen – wie Sie um sich herum – Geräusche hören – Dinge sehen – die sich in Ihrer Außenwelt befinden – Wir alle wissen ja – daß es im Leben keinen Stillstand gibt – alles ist ständig in Bewegung – und so ist es ganz natürlich – daß Sie hier und jetzt Dinge sehen – und hören – die im Augenblick nichts mit Ihnen zu tun haben – denn Sie achten nur auf Ihren Atem – wie er einströmt – und ausströmt – in einen Bereich in der Mitte Ihres Körpers.
Spüren Sie – wie die Atemluft in Ihren ganzen Körper strömt – bis in den kleinsten Winkel Ihres Körpers – in Ihren Kopf – den Rumpf – in die Arme und Hände – bis in die Fingerspitzen – und in die Beine – bis in die Füße – und die Zehen – jede einzelne Zelle Ihres Körpers tankt bei jedem Atemzug – neue Lebenskraft – und bei jedem Ausatmen – lassen Sie alles Verbrauchte – und Belastende – wieder in die Umwelt abfließen – einatmen – und ausatmen – und Sie spüren dabei ganz deutlich – wie sich die Mitte Ihres Körpers – Ihr Bauch – hebt – und senkt – Sie atmen in Ihre Mitte hinein – und jede Zelle Ihres Körpers tankt dabei frische Lebenskraft.
Mit jedem Atemzug – gleiten Sie – immer mehr – in die eigene Mitte hinein – während um Sie herum das Leben weitergeht – ohne Sie im Augenblick zu berühren – Sie nehmen zur Kenntnis – daß Sie Dinge hören – und sehen – die im Augenblick für Sie unwichtig sind – auch jeder Gedanke – der durch Ihren Kopf fließt – zieht sanft weiter – wie eine kleine Wolke im Wind.
Sie konzentrieren sich nur – auf Ihren Atem – wie er in die Mitte des Körpers hineinströmt – und Ihren Körper mit Lebenskraft versorgt – einatmen – und ausatmen – das ist der Rhythmus des Lebens – ein Wunder der Natur – Sie atmen bei Tag und Nacht –

ohne sich darum kümmern zu müssen – ein Leben lang – während um Sie herum die ganze Vielfalt des Lebens abläuft – und jetzt achten Sie nur darauf – wie der Atem die Mitte Ihres Bauches – hebt – und senkt.
Und immer – wenn Sie diese Übung wiederholen – wird es Ihnen immer leichter – und leichter – gelingen – Ihre Mitte zu erreichen – bis es – eines Tages – ganz von selbst – ganz automatisch – und natürlich – geschehen wird – ganz egal – was um Sie herum vorgeht – bleiben Sie ganz sicher – und geborgen – in Ihrer eigenen Mitte.
Wenn Sie möchten – können Sie jetzt – die Konzentration auf Ihren Atem – sanft loslassen – und zu Ihrer normalen Tätigkeit des Alltags – zurückkehren – nehmen Sie dann noch einen tiefen Atemzug – bewegen Sie Arme und Beine ein wenig – und wenden sich wieder der Außenwelt zu.
Sie können aber auch – in Ihren Alltag zurückkehren – und dabei weiter Ihren Atem bewußt – in den Bauch fließen lassen – wie er einströmt – und ausströmt – und so jeder Herausforderung – des Alltags – aus Ihrer eigenen Mitte heraus – mit einem Gefühl der Sicherheit – und Geborgenheit – entgegentreten.

Diese einfache Meditationsübung erlaubt Ihnen, das Gefühl der Ruhe inmitten einer Welt der Bewegung kennenzulernen. Es empfiehlt sich, die Übung zu Anfang dennoch in einer relativ ruhigen Umgebung zu machen. Mit der Zeit werden Sie feststellen, daß Ihnen äußere Störungen weniger und weniger ausmachen werden. Sie brauchen sich dann nicht mehr künstlich von diesen Störungen abzuschirmen oder sie zu verdrängen, sondern Sie akzeptieren einfach, daß nicht die ganze Welt anhalten wird, nur weil Sie gerade eine Ruhepause einlegen wollen. Dies distanziert Sie ein wenig von Ihrer Außenwelt. Von nun an bestimmen Sie, wann Sie Ruhe finden werden, und nicht mehr die äußeren Umstände.
Wichtig ist es jedoch, daß Sie tief in den Bauch hinein atmen. Die meisten von uns atmen zu oberflächlich in den Brustkorb. Sie können am Anfang die Bauchatmung dadurch unterstützen, daß Sie die linke Hand oben auf die Brust legen und mit ihr einen sanften Druck ausüben, während die rechte Hand etwa auf dem Bauchnabel liegt und dort die Atembewegungen kontrolliert.

Wenn Sie sich schon im „Auge des Tornados" sicher und geübt fühlen, können Sie sich durchaus während der Übung sogar gezielt äußeren Streßreizen aussetzen. Möglichkeiten hierfür gibt es – leider – heutzutage genug. Es reicht sicher aus, einen lauten Radiosender mit aggressiver Hardrock-Musik einzuschalten. Wir überlassen es Ihrer persönlichen Kreativität, für sich selbst Reize zu entdecken, die Sie früher aus der Fassung gebracht hätten. Erleben Sie dann das Gefühl, wie Sie diese Außenreize während der Übung ganz unbeeindruckt zur Kenntnis nehmen und ihnen nicht mehr erlauben, Sie aus Ihrer Mitte zu reißen. Es ist nachweisbar, daß auf diese Weise der schädigende Einfluß solcher Streßreize auf die menschliche Aura und damit auf die Gesundheit gemildert oder sogar ausgeschaltet werden kann.

Es gibt in unserem Leben Momente, in denen wir nicht wissen, wie es weitergehen soll, insbesondere wenn verwirrend viele Informationen auf uns einwirken. Nur nicht nervös werden. So paradox es klingt – in solchen Momenten ist es beinahe egal, was man tut. In einem persönlichen Gespräch hat uns der frühere US-Außenminister Henry Kissinger einmal eines seiner Lebensgeheimnisse verraten: *„Wenn keiner weiß, wo es lang geht, führt jeder Weg in diese Richtung."*
Es ist natürlich besonders stilvoll, im Kontext dieses Buches den Ratschlag eines alteingesessenen Bilderbergers weiterzuempfehlen – aber wir tun es trotzdem. Intuitive Logik und Mentalstrategien sind nicht das Vorrecht irgendwelcher spiritueller Zirkel. Sie werden gerade auch von den Mächtigen dieser Welt angewendet, und das – wie sollte es anders sein – sogar sehr erfolgreich.

Punkt ohne Wiederkehr

Und wie soll man Henry Kissingers Rat in der Praxis umsetzen? Hierzu möchten wir Sie zu einer nächsten kleinen Übung einladen. Sie *scheint* übrigens nur „klein" zu sein ... aber nichts ist nur das, was es zu sein scheint.

Punkt ohne Wiederkehr

Zentrieren Sie sich zuerst – mit Hilfe einiger Atemzüge in den Bauch – in Ihrer eigenen Mitte und lassen Sie dabei auch alle Alltagsprobleme los, die Sie bisher noch beschäftigt haben. Sicher haben Sie Ihre ganze Lebenserfahrung, Ihr ganzes Wissen aufgewendet, um sie zu lösen. Wenn es Ihnen dennoch nicht gelungen ist, so heißt dies, daß Ihre bisherigen Denkmuster dafür nicht geeignet waren. Lassen Sie sie also für den Moment los.

Überlegen Sie sich statt dessen irgendeine Handlung, die Sie noch nie zuvor gemacht haben. Sie müssen nicht gleich mit dem Fallschirm abspringen oder eine andere Mutprobe bestehen. Es kann eine Kleinigkeit sein. Es sollte Sie aber schon ein wenig aus Ihren gewohnten Strukturen herausführen. Sie sollten sich also schon zu ein wenig mehr durchringen können, als nur zum Abendbrot Leberwurst statt Salami zu essen. Die Hauptsache ist, daß es möglichst originell ist. Je ausgefallener, desto besser. Vielleicht sind Sie noch nie mit der Straßenbahn ohne festes Ziel einfach durch die Stadt gefahren, obwohl Sie zwei Autos in der Garage zu stehen haben. Vielleicht haben Sie noch nie mit einer Rose in der Hand das Museum in Ihrer Stadt besucht. Nutzen Sie Ihre Kreativität, um für sich einen persönlichen Punkt ohne Wiederkehr herauszufinden.

Wenn Sie sich entschieden haben, dann tun Sie es möglichst sofort. Sie brauchen sich nicht zu genieren, denn es weiß ja niemand von Ihrem Vorhaben, und wir petzen nicht. Seien Sie also ganz locker und offen für alles, was Ihnen begegnen wird.

Es ist ganz wichtig, daß Sie jetzt nicht krampfhaft erwarten, daß irgend etwas Bedeutendes geschehen wird, erst recht nicht, wenn es ein Problem betrifft, das Sie im Augenblick gerade berührt. Vergessen Sie nicht: Ihr Denken bewegt sich vorerst noch in den alten Bahnen und droht Sie immer wieder in den alten Trott zurückzuziehen. Sehen Sie die ganze Sache mehr spielerisch. Lassen Sie also Ihr inneres Kind bei der ganzen Sache ein wenig hervorkommen. Wenn Sie danach die ganze Angelegenheit loslassen und zur Tagesordnung übergehen, dann werden Sie vielleicht überrascht sein, wieviel in Ihrem Leben durch diese Übung in Bewegung kommen wird.

Wie der Name schon sagt, geht es beim Punkt ohne Wiederkehr immer nur um eine ganz spezielle Wegmarkierung im Leben, einen entscheidenden Moment, der sich aber doch nur hin und wieder im Leben bemerkbar machen wird. Es ist nicht unsere Aufgabe, nun fortlaufend solche Transformationserlebnisse aneinanderzureihen. Haben wir erst einmal einen Weg eingeschlagen, der uns neuen Erfahrungen zuführen soll, dann müssen wir auch lernen, in ihm wieder eine feste Führung zu finden, d. h. Schritt für Schritt aus dem Chaos wieder Ordnung zu schaffen.

Brain Tuning

Wenn wir an unser Gehirn denken, so reden wir oft von den sprichwörtlichen „kleinen grauen Zellen". Eigentlich ist das dem Gehirn gegenüber nicht besonders fair. Denn „grau" assoziert man mit „langweilig", „durchschnittlich", „unscheinbar". Und in Wirklichkeit bearbeitet das Gehirn unglaublich viele Informationen, aus denen die von uns wahrnehmbare Realität aufgebaut wir, und das in all ihrer Farben- und Formenvielfalt.

Im Gegensatz zu manchen älteren Theorien beschäftigt sich die heutige Wissenschaft auch damit, was das Gehirn gerne hat und was es nicht mag. Schließlich ist das Gehirn eine entscheidende Schaltzentrale, die fit gehalten werden muß.

Hier sind zehn wichtige Informationen über Brain Tuning, die man kennen sollte:

1. Das Gehirn ist programmiert auf ein Nachmittagsschläfchen („Nap"). Das paßt hervorragend zu unserem gesamten Konzept von Schlaf- und Wachzustand.

2. Chronischer Streß paralysiert die Fähigkeit zur Aufnahme neuer Informationen.

3. Damit unser Gehirn optimal arbeiten kann, müßten wir eigentlich 20 Kilometer täglich laufen oder uns einer vergleichbaren körperlichen Anstrengung unterziehen.

4. Das Gehirn konzentriert sich nicht gern auf zu viele Dinge auf einmal.

5. Das Gehirn mag alles nicht gern, was langweilig ist. Bei der Aufnahme neuer Informationen kann es sich maximal zehn Minuten konzentrieren. Um das Gehirn zu stimulieren, Informationen besser aufzunehmen, ist es gut, regelmäßig in Zehn-Minuten-Abständen eine emotionale Komponente einfließen zu lassen, z. B. eine Anekdote, ein Element der Überraschung, etwas Spielerisches, Humorvolles etc.

6. Das Gehirn liebt es, wenn neue Informationen bereits Sinn und Bedeutung haben. Es mag es nicht, Dinge nur auswendig zu lernen, ohne sie wirklich verstanden zu haben.

7. Unser Gehirn reagiert sehr sensibel auf Düfte, also ist es gut, im Gedächtnis neue Informationen mit konkreten Düften zu verbinden. Je mehr Sinne beteiligt sind an einer Wahrnehmung von Informationen, desto effektiver werden sie sich im Gehirn einspeichern.

8. Informationen werden am besten aufgenommen, wenn wir emotional leicht angeregt sind.

9. Am einfachsten lernen und behalten wir Informationen mit Hilfe von Bildern, nicht Worten.

10. Keine Information wird sich dauerhaft in unserem Langzeitgedächtnis etablieren, wenn wir sie nicht systematisch wiederholen.

Also wenn Sie vielleicht studieren oder eine Arbeit haben, die viel mit Informationsfluß zu tun hat, kann man mit einer Strategie, die diese 10 Fakten berücksichtigt, viel erreichen.
Entscheidend ist die Fähigkeit des Gehirns, aufgenommene Informationen zu speichern und später wieder abrufen zu können, also das Gedächtnis. Dies ist ein sehr umfassender Begriff, der nach unterschiedlichen Speichertechniken, aber auch nach den Gedächtnisinhalten noch weiter differenziert werden kann.
Ein einlaufender Sinneseindruck gelangt zuerst in das sogenannte *sensorische Gedächtnis*, das früher auch Ultrakurzzeitgedächtnis

genannt wurde. Es ist ein reiner Zwischenpuffer, aus dem Informationen zwecks langfristiger Speicherung abgerufen werden können, wobei jedes Sinnesorgan seinen eigenen Ultrakurzzeitspeicher hat. Die Entscheidung darüber, welche Informationen dauerhaft gespeichert werden sollen, muß auf jeden Fall schnell getroffen werden, denn das sensorische Gedächtnis greift nicht auf langfristigere Speichermedien zu. Bereits nach wenigen Zehntelsekunden werden die Inhalte des sensorischen Gedächtnisses wieder gelöscht – eine Tatsache, die jeder Jurist kennt, der sich mit unpräzisen Zeugenaussagen herumschlagen muß.

Das *Arbeits-* oder *Kurzzeitgedächtnis* dient dazu, für den Verlauf einer Tätigkeit im Hier und Jetzt kurzfristig Sinnes- und Erinnerungsdaten bereitzustellen. Informationen im Kurzzeitgedächtnis haben eine Lebensdauer von Sekunden bis maximal einigen Minuten. Darüber hinaus ist die Speicherkapazität extrem klein. Man fand experimentell heraus, daß das Kurzzeitgedächtnis nur 7 ± 2 Informationseinheiten aufnehmen kann. Wenn also eine achte Information hereinkommt und als relevant für die momentane Beschäftigung angesehen wird, kann sie erst dann im Kurzzeitgedächtnis abgelegt werden, wenn zuvor eine der älteren Informationseinheiten gelöscht wurde. Man kann sich das Kurzzeitgedächtnis als einen kleinen Stapelspeicher mit etwa sieben Speicherplätzen vorstellen.

Es ist klar, daß nur relativ einfache Tätigkeiten mit Informationen allein aus dem Kurzzeitgedächtnis unter Kontrolle gehalten werden können. Komplexere Bewegungs- und Handlungsabläufe wie z. B. das Autofahren müssen eingeübt werden, wobei komplette Teilabläufe im Langzeitgedächtnis abgelegt werden. Von dort können sie bei Wiederholung der Tätigkeit abgerufen werden und laufen dann meist völlig unbewußt ab.

Über einen längeren Zeitraum – im Extremfall z.T. lebenslang – bietet nur das *Langzeitgedächtnis* die Möglichkeit dauerhafter Speicherung. Die Speicherkapazität ist nahezu unbegrenzt. Es gibt auch kein genau umschriebenes „Gedächtniszentrum" im Gehirn. Nach heutiger Auffassung sind die Informationsinhalte holographisch über das gesamte Gehirn verteilt. Eine Erinnerung kann also auch aus einem Fragment komplett rekonstruiert werden, allerdings in unterschiedlicher Qualität. Die Notwendigkeit des Verges-

sens folgt übrigens nicht aus einer beschränkten Kapazität des Langzeitgedächtnisses. Bislang ist kein Fall in der Menschheitsgeschichte bekannt geworden, in dem ein Mensch die Speicherfähigkeit seines Gehirns zum Überlaufen gebracht hätte. Es geht vielmehr darum, das Gehirn gegen zu viel überflüssiges Wissen zu schützen, im Sinne des Informations-Tsunami. Die Konsolidierung und Bereinigung von Erinnerungsinhalten im Langzeitgedächtnis findet nach heutiger Auffassung maßgeblich während unserer nächtlichen Träume statt.[28]
Manchmal ist die Grenze zwischen Krankheit und Genialität sehr dünn. Als im Jahre 1951 *Kim Peek* geboren wurde, ahnte noch niemand, daß er eines Tages berühmt werden würde. Er kam mit einem viel zu großen Kopf und Gehirnschäden auf die Welt. Die Ärzte vermuteten, daß er geistig behindert sein würde.
Kim begann erst sehr spät zu sprechen. Das Laufen erlernte er im Alter von vier Jahren, und nach heutigen medizinischen Kriterien war er ein Autist. Es zeigte sich jedoch, daß er in anderer Hinsicht über phänomenale Fähigkeiten verfügte.
Später kannte Kim Peek etwa 12.000 Bücher auswendig. Er konnte zwei Textseiten gleichzeitig lesen und ihren Inhalt verstehen. Was immer er an Informationen aufnahm, blieb für immer in seinem Gedächtnis.[29]
Berühmt wurde Kim Peek durch den Film „Rain Man" mit Dustin Hoffman und Tom Cruise, der sein Leben dramatisierte. Bis heute ist die Natur seiner Fähigkeiten nicht restlos verstanden.
Es ist nicht entscheidend, wie viele Nervenzellen wir besitzen, sondern es kommt vorrangig darauf an, wie effektiv sie miteinander kommunizieren können. Lange Zeit vermuteten Wissenschaftler, daß auf die Geschwindigkeit der Assimilierung neuer Informationen mikroskopische Verbindungen zwischen den Neuronen den größten Einfluß hätten. Je mehr es von ihnen gab, desto effektiver schien das Gehirn zu arbeiten.
In letzter Zeit jedoch kamen niederländische Wissenschaftler unter der Leitung des Neurologen *Martijn van der Heuvel* von der Universität Utrecht zu neuen Erkenntnissen. Nicht die Zahl der Verbindungen ist entscheidend, sondern ihre Qualität, um Informationen besser im Gedächtnis behalten zu können.

Die Neurologie ermöglicht so die Entwicklung neuer Strategien des Lernens. Sie werden bewirken, daß die Verbindungen, die im Gehirn während der Aufnahme neuer Informationen entstehen, wie Autobahnen funktionieren: Schnell und zuverlässig.

Es sieht so aus, daß die physischen Aktivitäten, die wir in Punkt 3 auf Seite 123 erwähnten, bei der effektiven Übertragung von Nervenimpulsen im Gehirn die entscheidende Rolle spielen. Physische Aktivität verändert nicht die Struktur des Gehirns, aber sie vergrößert den Querschnitt der Blutgefäße, und daraus folgt ein erhöhter Sauerstoffspiegel. Das Gehirn beginnt effektiver zu arbeiten.

Eine interessante Eigenschaft des Gehirns ist die multisensorische Integration. Das bedeutet, daß unser Gehirn um so einfacher Gedächtnisinhalte speichern kann, je mehr Sinne an ihrer Registrierung beteiligt waren. Die Reize werden am Anfang von allen Sinnen in unterschiedlichen Regionen des Gehirns bearbeitet, z. B. im Sprachzentrum, im Riech- oder Sehzentrum etc., und dann werden sie zu einer komplexen Information integriert. Je mehr Komponenten diese Information umfaßt, desto effektiver wird sie sich in den Gehirnzellen einspeichern lassen. Diese Erkenntnisse werden jetzt von unterschiedlichen Kreisen bereits benutzt, z. B. für immer aufwendigere Computeranimationen im Film. Die Wissenschaftler wissen heute bereits sehr gut, wie man am besten in unsere Köpfe kommt.

Biochemische Untersuchungen des menschlichen Gehirns zeigten, daß dauerhafter Streß fast vollständig die Fähigkeit zur Codierung neuer Gedächtnisspuren blockieren kann. Die Streßhormone Adrenalin und Cortisol zerstören die Blutgefäße, die den Sauerstoff ins Gehirn leiten. Dadurch werden auch die Gehirnzellen in Mitleidenschaft gezogen, vor allem im Hippokampus, Das hat Einfluß auf die Entstehung von Erinnerungen. Es werden nicht nur Erinnerungen zerstört, sondern auch die Möglichkeit, neue zu speichern. Mit Hilfe biochemischer Untersuchungen von Gehirnen von Strafgefangenen, die psychische Torturen ertragen mußten (z.B. Angsterzeugung, Schlafentzug), hoffte man, präzisere Ergebnisse zu erhalten. Derartige Untersuchungen wurden u. a. von Professor *Shane O'Mara* vom Institute of Neuroscience am Trinity College in Dublin durchgeführt. Er stellte fest, daß sich unter extremem Streß die Erinnerungen im Langzeitgedächtnis zerstückeln, und zwar so, daß das Gehirn nicht mehr in der Lage ist, die Teile wieder zusammenzusetzen.[30] Diese Erkenntnisse werden, so hofft man, dazu führen, daß man in den Gefängnissen der Welt nicht mehr mit Foltermethoden arbeiten wird. Na hoffen wir es.

Wir möchten aber dieses Kapitel nicht mit Folter abschließen, sondern mit etwas Lebensfreude, und zwar auf moderne Art.

Seit Jahren bereits arbeiten Forscher an Technologien, damit Menschen mit Gedankenkraft die Funktion von Geräten steuern können. Dies soll z. B. Behinderten das Leben erleichtern. Inzwischen ist aber auch ein Gerät auf dem Markt, mit dem man die Gedankenkraft auf spielerische Weise erproben kann. Der Benutzer setzt ein Headset auf den Kopf, das seine Gehirnströme abgreifen und auswerten kann. Konzentriert man sich darauf, daß in einem auf dem Tisch stehenden transparenten Zylinder eine Kugel schweben soll, dann werden die entsprechenden Gehirnwellen vom Headset über Funk an den Zylinder übermittelt, der dann mit Hilfe eines Ventilators die Kugel schweben läßt. Daß der ganze Zauber dieses Gerätes durch Star Wars inspiriert war, braucht wohl nicht besonders betont zu werden.

Napoleon Bonaparte war ein typischer Kurzschläfer

Der Maler Salvador Dali benutzte ein spezielles Verfahren für einen „Sekundenschlaf"

Seine fehlenden REM-Träume lebte Salvador Dali im Wachzustand in seinen surrealistischen Bildern aus, hier das weltberühmte „Persistence of Memory".

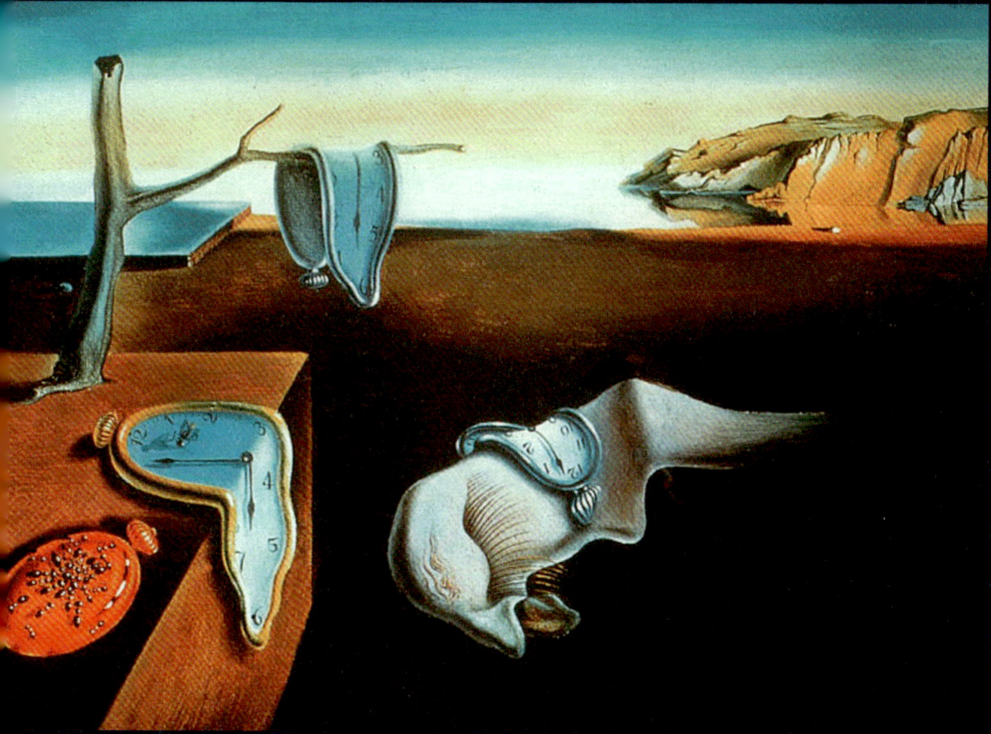

4 Die Tafeln von Chartres werden schon seit dem Mittelalter zur Einleitung veränderter Bewußtseinszustände verwendet.

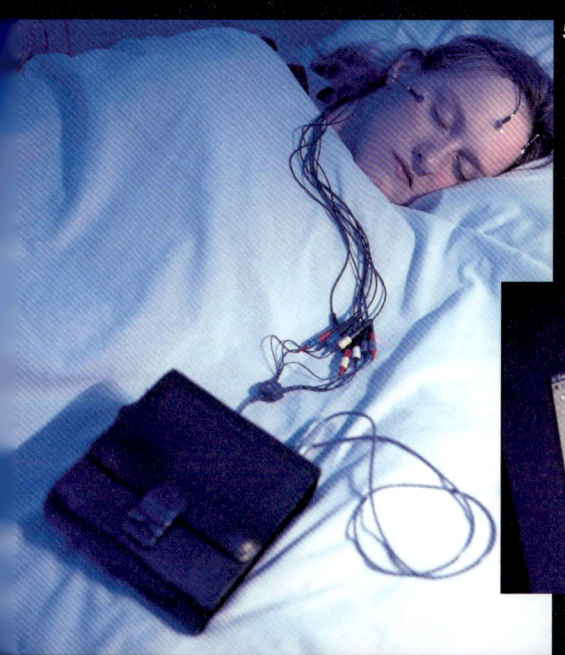

5 Eine schlafende Patientin im Schlaflabor von Prof. Dr. Jim Horne am Loughborough Sleep Research Center in England.

6 Auf dem Bildschirm wird das Polysomnogramm der Frau aufgezeichnet.

Positronenemissionstomographie des Gehirns eines Menschen im Tiefschlaf (Non-REM-Schlaf)

Positronenemissionstomographie des Gehirns eines träumenden Menschen im REM-Schlaf. Die roten Zonen zeigen Aktivierung an: im Sehzentrum (Okzipitallappen, unterer Rand), Gefühlszentrum (Temporallappen, an den Seiten) und Hippokampus (Mitte).

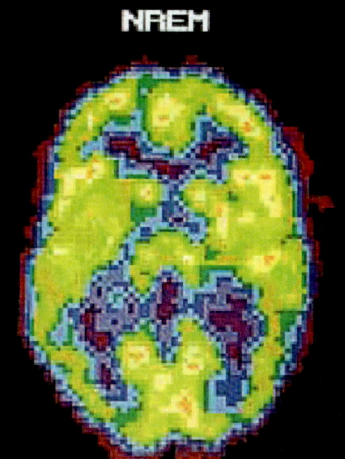

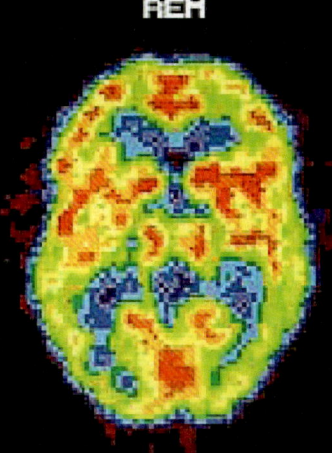

9 Albert Einstein war ein passionierter Langschläfer

10 Einsteins Schreibtisch in seinem Sommerhaus in Caputh

11 Gleich gegenüber vom Schreibtisch steht in Einsteins Arbeitszimmer in Caputh ein spartanisches Bett

12 US-Präsident Abraham Lincoln träumte seinen eigenen Tod voraus

13 Am 14. April 1865 erschoß John Wilkes Booth Abraham Lincoln in Ford's Theater

14 Begräbnisprozession für Abraham Lincoln in New York. Genau so einen Katafalk hatte Lincoln in seinem Traum gesehen.

15-19 Informations-Tsunami

Die moderne Informationsgesellschaft überschüttet uns pausenlos mit Informationen, die nur zu einem geringen Prozentsatz wirklich relevant für unser individuelles Leben sind. Diese Reizüberflutung hat immense Auswirkungen auf Bewußtsein, Wahrnehmungsfähigkeit und Gedächtnis.

20, 21 Der Psychologe Carl Gustav Jung (links) und der Quantenphysiker Wolfgang Pauli (rechts) korrespondierten über die bizarre Quantenwelt der Träume.

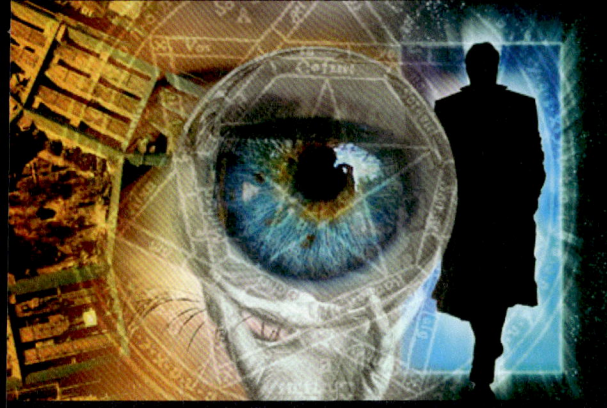

22 Im Klartraum kann der Träumer mental an entfernte Orte der realen Welt reisen und dort reale Informationen erfahren.

23 Häufig sind aber auch Träume über seltsame Zwischen- und Parallelwelten.

24 Bizarre Traumfiguren, zum Beispiel ohne Gesichter (wie hier auf dem Gemälde „La grande guerre" von René Margritte) deuten häufig auf archetypische Trauminhalte oder Hyperkommunikationsvorgänge hin.

25

25, 26 Wenn bei der Pass- oder Zollkontrolle am Flughafen ein Passagier etwas zu verbergen hat, kann der Psychologe Paul Ekman dies meist an den „Mikroausdrücken" seines Gesichts erkennen.

27, 28 Die Welt der Schatten, der verborgenen Gefühle - in der hochinteressanten Fernsehserie „Lie to me" versuchen Dr. Cal Lightman (Bild 28, 2. v. l.) und sein Team, diese geheimnisvolle Welt zu ergründen. Die Figur des Dr. Lightman ist Paul Ekman nachempfunden.

26

27

28

29-31 Die Welt der Mikroausdrücke:

Angela Merkel scheint der Gedanke, dieses „Ding" essen zu müssen, nicht angenehm zu sein.

Michelle Obama propagiert in ihren PR-Aktionen gesunde Ernhährung und Selbstversorgung aus dem eigenen Garten. Der Biß in die Karotte verrät, daß sie innerlich gar nicht dazu steht.

Nicolas Sarkozy - diese interessante Aufnahme zeigt uns ausnahmsweise nicht den allbekannten hektischen „Explorer", sondern eher seine innere Welt - Nachdenklichkeit gemischt mit etwas Melancholie.

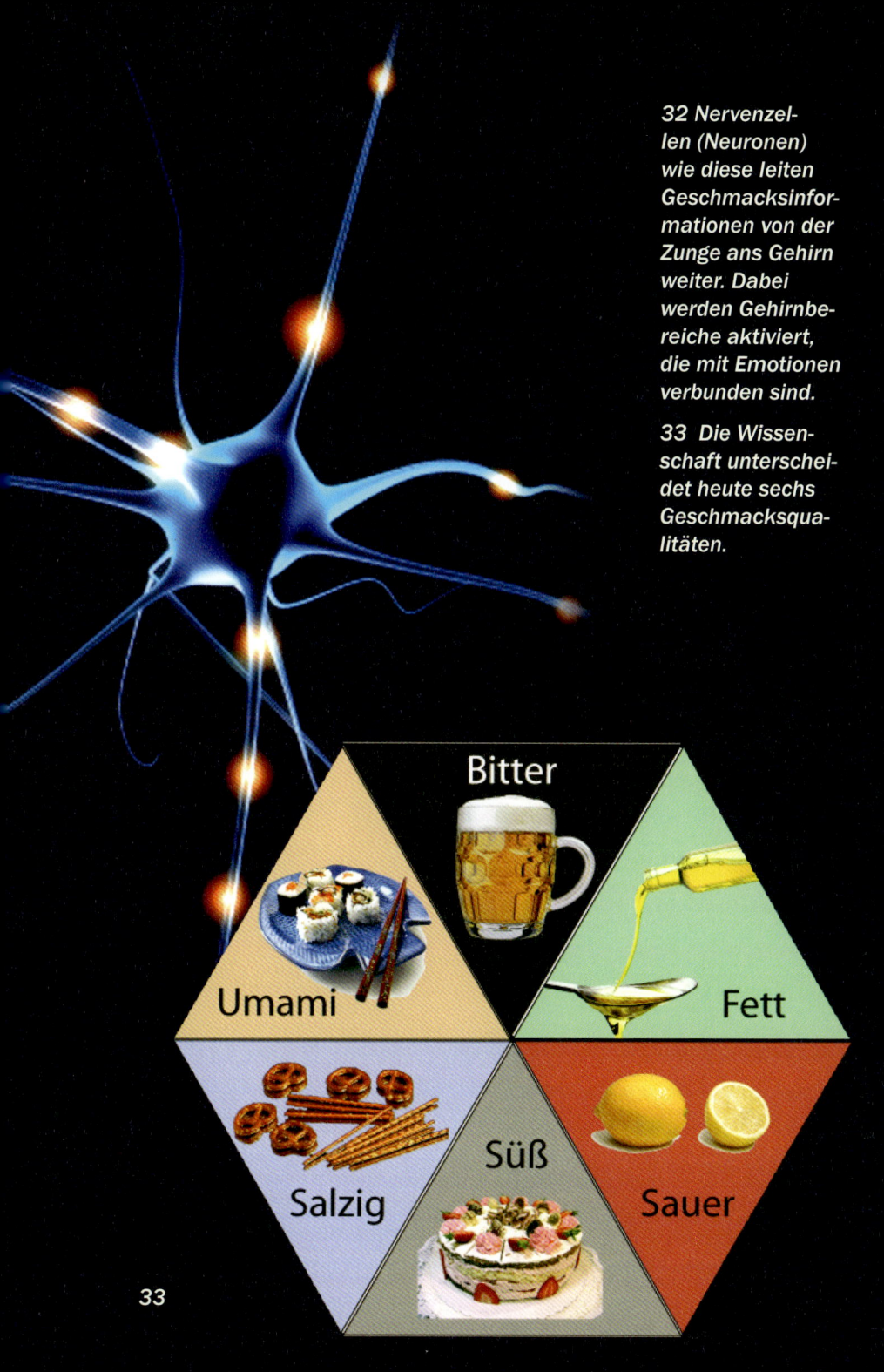

32 Nervenzellen (Neuronen) wie diese leiten Geschmacksinformationen von der Zunge ans Gehirn weiter. Dabei werden Gehirnbereiche aktiviert, die mit Emotionen verbunden sind.

33 Die Wissenschaft unterscheidet heute sechs Geschmacksqualitäten.

NOAA / Space Weather Prediction Center

Space Weather Now
2010 May 08 03:42 UTC (May 07 21:42 MDT)

Latest GOES Solar X-ray Image

NOAA Scales
Range 1 (minor) t
NOAA Scale   P
Geomagnetic Storms
Solar Radiation Storms
Radio Blackouts

Auroral M
2010 May 08 0

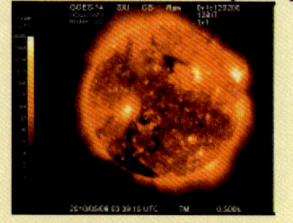

Alerts / Bulletins
Latest Alert: May 07 0643 UTC CONTINUED ALERT:
Electron 2MeV Integral Flux exceeded 1000pfu
Last Advisory Bulletin: None in last 7 days.

ACE Real-Time Solar Wind Pages

Average over last 15 minutes

       10 frames/sec

Solar Cycle Pro

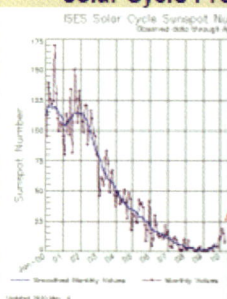

Space Weather User Groups

- Navigation
- Radio
- Electric Power
- Satellite Operators
- Aurora
- News Media

Related pa
Today's Space Weather
SW for Aviation Serv

34 Gemeinsam mit der NASA erhebt die National Oceanic and Atmospheric Administration (NOAA) kontinuierlich Daten der Solaremissionen und des Erdmagnetfeldes, die auf der Website der NOAA in Realzeit wie ein herkömmlicher Wetterbericht abrufba sind.

35 Ein Traum der Menschheit, der inzwischen Wirklichkeit geworden ist: Mit dem Hubble-Teleskop der NASA blicken wir in die tiefsten Tiefen des Alls.

36 Ein gewaltiger Sonnensturm, aufgenommen von der NASA-Solarsonde SOHO. Die Auswirkungen eines Sonnensturms der Kategorie 5 können verheerender sein als die eines Hurricanes wie z. B. Katrina.

37 Das National Intelligence Council - die Zukunftsabteilung der US-Geheimdienste - hat mit Hilfe intuitiver Logik drei Zukunftsszenarien für die weitere Entwicklung auf der Erde bis ins Jahr 2025 erstellt
(Die Computersimulation der Erdkugel ist gezielt verzerrt.)

38 US-Präsident Obama und seine Berater im Situation Room des Weißen Hauses.

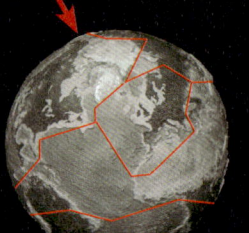

3. „Konstante Erneuerung"

1. „Geborgte Zeit"

2. „Fragmentierte Welt"

Dream Control

Die Journalisten, die bei der UNO akkreditiert sind, vertreten die Meinung, daß jeder Mensch auf diesem Planeten durchschnittlich zwei Mal im Leben einen unwiderstehlichen Impuls verspürt, seine Memoiren zu schreiben. Bis jetzt haben wir uns darum noch gedrückt, doch in diesem Moment müssen wir Ihnen etwas verraten, was auf jeden Fall in unsere Memoiren gehören würde.
Immer, wenn wir über das Erlernen und Erreichen von Klarträumen sprechen, verbinden wir es mit einem ganz bestimmten Lied von Abba – „I have a dream". Bevor wir also so richtig ins Nachtleben eintauchen, lassen wir die Verse auf uns wirken.

I have a dream
A song to sing
To help me cope
With anything
If you see the wonder
Of a fairytale
You can take the future
Even if you fail
I believe in angels
Something good in
Everything I see
I believe in angels
When I know the time
Is right for me
I'll cross the stream
I have a dream

I have a dream
A fantasy
To help me through
Reality

And my destination
Makes it worth the while
Pushing through the darkness
Still another mile
I believe in angels
Something good in
Everything I see
I believe in angels
When I know the time
Is right for me
I'll cross the stream
I have a dream
...

Mit der Technik der „kritischen Frage" nach Paul Tholey, vereinfacht durch unsere Dreamcard, haben Sie im Prinzip ein vollständiges und funktionsfähiges System zur Hand, um das Klarträumen zu erlernen.

Doch wir leben nicht für umsonst im Zeitalter von Wissenschaft und Technik, und so gibt es natürlich eine ganze Reihe weiterer Hilfsmittel, um Ihren Klartraum-Trainingsprozeß zu unterstützen.

Gleich zu Beginn ein guter Rat: wenn Sie hier tiefer einsteigen und solche zusätzlichen Techniken ausprobieren wollen, so tun Sie das bitte nicht zu Zeiten, in denen Sie beruflichem Streß ausgesetzt sind bzw. besondere Höchstleistungen von Ihnen erwartet werden. Beginnen Sie damit also am besten, wenn Sie ein paar Tage Urlaub haben.

Viele Gedanken, die Sie in diesem Kapitel finden, basieren auf unserem Buch „Spektrum der Nacht", doch alles im Leben ändert sich und entwickelt sich weiter. Also – es gibt auch viel Neues, was in diesem Zusammenhang wichtig ist.

Vier Wege zum Klartraum

Es gibt im Grunde vier Wege, um das Erlernen des Klarträumens zu beschleunigen:

1. die Methode der Finanzminister
2. die harte Tour
3. die sanfte Tour
4. Ihre eigene Methode

Beginnen wir mit dem ersten Weg, der, wie wir ausdrücklich betonen wollen, nicht auf einen bestimmten Finanzminister bezogen ist. Auch Sie müssen natürlich nicht Finanzminister sein, um ihn zu praktizieren. Aber es sollte Ihrem Naturell entsprechen, daß Sie gern systematisch vorgehen, daß Sie es mögen, Formulare auszufüllen und Statistiken zu erstellen. Sollten Sie zu dieser Gruppe Menschen gehören, ist diese Methode für Sie genau das Richtige.
Wir werden diesen Weg aus zweierlei Gründen hier nur kurz abhandeln. Zum einen deshalb, weil wir persönlich nicht zu der „Gruppe der Finanzminister" gehören und uns deshalb die Methode nicht so zusagt. Das ist keinesfalls eine Wertung und bedeutet nicht, daß diese Lebensstrategie nicht für jemand anders sehr empfehlenswert sein könnte.
Der zweite Grund ist, daß wir uns nicht mit fremden Federn schmücken wollen. Die Methode, die wir hier so scherzhaft als den „Weg des Finanzministers" bezeichnen, wurde nämlich unter dem Namen „MILD-Technik" (Mnemonic Induction of Lucid Dreams) von dem bekannten Klartraumforscher *Stephen LaBerge* an seinem Lucidity Institute an der Stanford-Universität in Kalifornien entwickelt und in seinen Büchern auch ausführlich dokumentiert, so daß jeder, dem die Methode zusagt, die Gelegenheit hat, sie zu erlernen.[31]
Bei der Methode von LaBerge trainiert man systematisch sein Gedächtnis, wobei man täglich seine Träume, aufgetretene Traumsymbole usw. in bestimmte Tabellen einträgt. Der Vorteil dieser Methode liegt zweifellos darin, daß man ständig einen Überblick besitzt, wie weit man in seiner Arbeit gekommen ist.
Natürlich arbeitet LaBerge auch nicht nur mit seinen Tabellen, son-

dern empfiehlt noch eine ganze Reihe weiterer Übungen, die durchaus sinnvoll und wirkungsvoll sind. Auf jeden Fall lohnt es sich für den ernsthaft interessierten Klarträumer, seine Publikationen zu lesen.

Gehen wir jedoch an dieser Stelle weiter zum zweiten möglichen Weg. Wenn Sie wirklich ernsthaft und mit aller Macht Klarträume erreichen wollen, und wenn Sie das altbekannte Sprichwort „Was uns nicht tötet, kann uns nur hart machen" nicht abschreckt, dann sind Sie hier richtig. Die hier beschriebenen, zumeist technischen Hilfsmittel können Ihnen helfen, in relativ kurzer Zeit Klarträume zu erreichen. Machen Sie sich aber darauf gefaßt, daß es auf diesem Weg Tage und Nächte geben wird, wo Ihr Durchhaltevermögen auf ernsthafte Proben gestellt wird.

Für die einfachste dieser Methoden brauchen Sie nicht einmal Geld zu investieren. Dafür ist sie aber auch bei weitem die härteste. Sie besteht ganz einfach darin, sich mit Hilfe eines Weckers mehrfach in der Nacht aufzuwecken, und zwar in jeder Nacht!

Auf welche Zeiten Sie den Wecker stellen sollten, hängt von der Uhrzeit ab, zu der Sie schlafen gehen. Etwa 90 Minuten nach dem Einschlafen dürften Sie im ersten REM-Traumstadium sein und danach etwa alle 90 Minuten wieder (s. Kapitel „In der Stille der Nacht", S. 38). Stellen Sie den Wecker möglichst so, daß er Sie während solcher REM-Phasen weckt.

Wie gesagt, man muß schon einiges an Disziplin und Härte mitbringen, um diese Methode über mehrere Nächte durchzuhalten. Es sieht vielleicht harmloser aus als es ist. In der ersten Nacht werden Sie noch jedes Mal beim Erwachen denken: „Ach ja, das ist mein Klartraum-Training", und dann wieder einschlafen. Aber seien Sie sicher – wenn Sie erst einmal zwei, drei Nächte auf diese Weise hinter sich gebracht haben, dann wird sich in Ihnen Wut und Aggression anstauen, die sich im Zweifelsfall gegen den armen, unschuldigen Wecker richten wird (schließlich waren Sie es ja, die ihn gestellt haben!). Am besten plazieren Sie ihn also nicht gleich griffbereit neben Ihrem Bett, sonst könnte er leicht in Ihrem Spiegelschrank enden.

Was soll diese Methode bringen? Wenn Sie es schaffen, den Tiefpunkt zu überwinden und weiterzumachen, so werden Sie bemerken,

daß Sie eines Nachts von dem Wecksignal plötzlich gar nicht mehr aufwachen. Das Unbewußte hat sich an den Impuls gewöhnt und weiß nun, daß er gar nicht dazu dient, Sie zu wecken. Das einzige, was man nicht abschalten kann, sind Ihre Ohren. Sie sind Tag und Nacht auf Empfang, doch das Unbewußte kann sehr gut solche äußeren Sinneseindrücke ganz einfach in die momentane Traumhandlung einbauen.
Und das ist der Punkt, wo Sie zuschlagen können. Sie können sich jetzt darauf einrichten, daß Sie von nun an Träume haben werden, in denen Sie plötzlich einen Wecker klingeln hören, obwohl die Traumhandlung sich vielleicht bei Tage auf einer Einkaufsstraße abspielt. Nach all den Torturen der vorangegangenen Nächte werden Sie sich vermutlich sagen: „Ach, das ist das blöde Ding, was mich in meinem Schlafzimmer immer nervt." Daß Sie es jetzt auf der Straße hören, beweist, daß Sie träumen. Geschafft!
Wir sind ehrlich genug, um an dieser Stelle zuzugeben, daß wir es auf diese Weise nicht geschafft haben. Es war uns doch ein paar Euro wert, uns die Angelegenheit etwas sanfter zu gestalten, und vermutlich werden die meisten von Ihnen genau so denken.
Dieses Geld investiert man in einen ganz speziellen Radiowecker mit eingebauter Dockingstation für einen iPod, wie wir ihn schon im Kapitel „Intuitive Logik" erwähnt haben. Wichtig ist, daß Sie ihn so programmieren, daß sich zur eingestellten Weckzeit nicht das Radio, sondern statt dessen der iPod einschaltet.
Im iPod muß dann wieder eine Sprachdatei mit Affirmationen gespeichert sein, die Sie mit Ihrer eigenen Stimme aufgenommen haben. Diesmal allerdings sind es ganz spezielle Affirmationen:
„*Du träumst. Das ist ein Traum. Erkenne, daß Du träumst.*"
Diese Formulierungen sollten ganz monoton und mantraartig wiederholt werden, und sie sollte mit endloser Wiederholung abgespielt werden. Es kann auch vorteilhaft sein, sich innerhalb dieser Sätze mit seinem Vornamen anzusprechen.
Der Rest geht so wie bei der Wecker-Methode. Hier braucht man sich allerdings in der Regel nicht mehrere Nächte lang wecken zu lassen, bis es funktioniert. Stellen Sie die Lautstärke so leise ein, wie

es nur irgend möglich ist. Die Stimme darf, wenn Sie wach sind und neben Ihrem Radio stehen, gerade noch hörbar sein.

Während des Schlafes, wenn es im Schlafzimmer ruhig ist, wird unser Ohr nämlich um ein Vielfaches empfindlicher als am lauten Tag. Sie kennen das ja daher, daß man jedes Knacken im Gebälk plötzlich wahrnimmt. Jede Lautstärkeeinstellung, die über der beschriebenen Minimallautstärke liegt, würden Sie in der Nacht im Schlaf als unerträglich lautes Gebrüll hören. Es wäre dann kein Vorteil gegenüber der Wecker-Methode mehr vorhanden.

Gelingt es Ihnen aber, die Lautstärke so leise einzustellen, daß Sie nicht von der Stimme wach werden, so wird Ihnen diesmal während Ihrer nächtlichen Träume nicht ein Wecksignal auffallen, sondern eine Stimme, die genau das zu Ihnen sagt, was in diesem Moment wichtig für Sie ist: *„Du träumst. Das ist ein Traum. Erkenne, daß du träumst."*

Wer würde da nicht hellhörig werden, seine Umgebung prüfen und dann tatsächlich den Klartraumzustand erreichen?

Unser Freund Heiko hat jedenfalls mit dieser Methode die tollsten Abenteuer erlebt. Eines Nachts träumte er, durch eine Einkaufsstraße zu schlendern. Er blieb vor dem Schaufenster eines Fernsehgeschäfts stehen. Mehrere Fernsehgeräte waren eingeschaltet und zeigten einen Nachrichtensprecher.

Seltsamerweise verlas der Sprecher aber keine Nachrichten, sondern wiederholte immer wieder die Sätze: „Du träumst. Erkenne, daß du träumst."

Heiko wunderte sich zwar darüber, ging aber dann weiter. Doch sein Unterbewußtsein ließ nicht locker. In dem Bestreben, ihn weiter schlafen zu lassen und nicht aufzuwecken, unternahm es andere Versuche, um die Geräuschinformation des Radioweckers in den Traum einzubauen. Als nächstes bog er in eine andere Straße ab, wo eine Wahlveranstaltung nach amerikanischem Muster ablief. Mädchen in Cheerleader-Uniformen gingen voran, um die Zuschauer anzufeuern. Dahinter dann Menschen mit großen Wahltransparenten, auf denen aber keine Wahlparolen standen, sondern überall nur die Sätze: „Du träumst. Erkenne, daß du träumst."

Luftballons stiegen auf, auf denen geschrieben war: „Das ist ein Traum", und an den Hauswänden klebten riesige Plakate mit gleichem Inhalt.
Am Ende schaffte Heiko dann tatsächlich endlich seinen ersten Klartraum. Wie wir sehen, mußte sein Unterbewußtsein schon fast mit dem Holzhammer vorgehen, damit er es endlich merkte. Er und wir konnten später über die ganze Geschichte herzlich lachen. Das Beispiel zeigt sehr schön, wie das Unbewußte dabei helfen kann, Klarträume zu erreichen. Je mehr wir diese Methode kennen lernen, desto mehr können wir aus ihr schöpfen.
Wer es ganz edel mag, der kann auch ein paar hundert Euro investieren und sich die Schlafbrille „Nova Dreamer" vom Lucidity Institute schicken lassen.[32] Äußerlich sieht dieses Teil nicht anders aus als eine gewöhnliche Schlafbrille, wie man sie zur Verdunkelung zum Beispiel bei Flugreisen benutzt. Aber diese besondere Schlafbrille hat ein Innenleben auf dem neuesten Stand der Technik.
Auf Höhe der Augen sind auf der Innenseite je ein Sensor und eine kleine rote Glühbirne angebracht, sowie in der Mitte ein kleiner Computerchip, bei dem man mit Hilfe eines Drehknopfes sogar unterschiedliche Programme einstellen kann. Das Hauptprinzip besteht darin, daß die Sensoren ständig die Bewegungen der Augen unter den geschlossenen Augenlidern registrieren. Sobald das typische schnelle Bewegungsmuster des REM-Schlafes einsetzt, läßt der Computerchip automatisch die Lämpchen blinken. Auf Wunsch kann auch noch ein leises akustisches Signal ertönen.
Die technische Raffinesse dieses Gerätes besteht darin, daß Sie sich keine Gedanken darüber machen müssen, zu welchen Zeiten Sie im Traumschlaf sind, da die Sensoren dies selbst feststellen. Außerdem funktioniert das Gerät, sofern Sie das akustische Signal abschalten, vollkommen lautlos, so daß ein eventuell neben Ihnen schlafender Partner nicht gestört wird. Die Brille wird mit Batterien betrieben, ist also völlig kabellos und so weich und anschmiegsam, daß man bequem mit ihr schlafen kann.
In diesem Fall also empfängt der Träumer im Schlaf ein rotes Blinklichtsignal, das ihn daran erinnern soll, daß er sich im Traum befindet. Auch hier macht erst Übung den Meister. Wir haben diese

Brille selbst ausgiebig getestet, und in der ersten Nacht empfing Franz das Blinklichtsignal als ein fahrendes Feuerwehrauto, das auf dem Weg zu einem Einsatz war. Damals reichte es noch nicht zum Klartraum.

Beim nächsten Mal träumte er, bei Tag in der Wohnung zu sein und irgendeiner Beschäftigung nachzugehen, als das rote Blinklichtsignal begann. Er stellte daraufhin fest, daß er tatsächlich die Brille trug, obwohl es Tag war. Er meinte, dies sei so nicht in Ordnung und war so eigentlich nur noch einen Schritt von einem Klartraum entfernt. Statt dessen holte er jedoch einen Schraubenzieher, um die Brille zu reparieren. Den Rest des Traumes verbrachte er mit dieser Reparaturarbeit, und wenn er nicht irgendwann aufgewacht wäre, würde er heute noch daran sitzen.

Nach ein paar Nächten hatten er und sein Unterbewußtsein sich aber bereits so an diese Blinklichter gewöhnt, daß sie ihm zu einigen Klarträumen verhalfen.

Die Schlafbrille ermöglicht noch eine ganze Reihe weiterer Funktionen und Tricks, die speziell auf das Erreichen des Klartraumzustandes abgestimmt sind und auf die wir hier gar nicht im Einzelnen eingehen wollen. Wenn Sie sich dafür interessieren, können Sie beim Lucidity Institute alles Notwendige erfahren. Zusammen mit der – zugegebenermaßen nicht ganz billigen – Brille erhalten Sie außerdem ausführliches schriftliches Material, inklusive eines kompletten Klartraum-Lehrganges von Stephen LaBerge (nach der in Punkt 1 beschriebenen MILD-Technik).

Kommen wir nunmehr zu Punkt 3, also der „sanften Tour". Hier sind Sie richtig, wenn Sie es im Leben eher ruhig angehen lassen, wenn Sie bereit sind anzuerkennen, daß bestimmte Entwicklungen im Leben ihre Zeit brauchen, daß man im Grunde nichts mit Gewalt erzwingen kann. Siehe Abba: „... *when I know the time is right for me, I cross the stream, I have a dream.*"

Egal, welcher Hilfsmittel Sie sich bedienen – Sie werden bald erkennen, daß Sie Klarträume ohnehin erst dann erreichen werden, wenn Sie auch innerlich dazu bereit sind.

Selbstverständlich schließen die hier vorgestellten Wege einander nicht aus. Auch wenn Sie nachts zum Beispiel mit dem iPod arbeiten, können Sie ohne weiteres die an dieser Stelle vorgeschlagenen Übungen mitmachen.

Es geht uns jetzt um eher geistige Techniken – das Klarträumen selbst ist ja auch ein geistiger Vorgang. Das Problem ist, wie wir wissen, nur, daß es sich dabei um einen veränderten Bewußtseinszustand handelt, der weder dem normalen Wachsein noch dem normalen Traum ähnelt. Im herkömmlichen REM-Traumschlaf treten die typischen schnellen Augenbewegungen auf, die es im Wachzustand nicht gibt. Die Muskulatur ist vollkommen erschlafft. Das kritische Bewußtsein ist weitgehend heruntergefahren. Anstelle der normalerweise tagsüber dominierenden linken Großhirnhälfte, die uns logisch-lineares Denken erlaubt, ist im Schlaf vor allem die bildhaft-ganzheitlich arbeitende rechte Hemisphäre aktiv.

Im Wachzustand dagegen sind unsere Augen zwar auch nicht in Ruhe, bewegen sich aber weitaus weniger als im REM-Schlaf. In der Regel fixieren wir immer einen Punkt, den wir betrachten, und wandern dann nach einiger Zeit zum nächsten weiter. Unser wacher Verstand mag zwar durchaus nicht immer kritikfähig sein, unterscheidet sich aber dennoch sehr klar von den assoziativ-emotionalen und dabei recht passiven Denkvorgängen des Unterbewußtseins.

Wer jemals einen Klartraum erlebt hat, der weiß, daß das ein Gefühl ist, das weder dem einen noch dem anderen beschriebenen Zustand ähnelt. Man ist weder vollkommen wach, noch schläft man gänzlich. Es ist eher ein seltsamer Zustand des Sowohl-als-auch, den man selbst erlebt haben muß, um ihn beschreiben zu können.

Der Klartraum enthält Elemente des Traums als auch des Wachseins. Die Szenerie ist traumartig-flexibel, die Naturgesetze scheinen außer Kraft zu sein. Wie man durch Messungen feststellen konnte, treten ebenfalls die schnellen Augenbewegungen des REM-Schlafes auf, die Muskulatur ist schlaff. Gleichzeitig jedoch kommt es zu einem außerordentlich klaren und rationalen Bewußtseinszustand, der nicht nur mit dem Wachzustand vergleichbar ist, sondern sogar über diesen hinausgeht.

Im Zustand des Klartraums sind also einige körperliche und geistige Aspekte miteinander verknüpft, die sonst nicht gleichzeitig auftreten. Durch bewußtes Nachvollziehen derartiger Verknüpfungen in Form spezieller Übungen läßt sich der Prozeß des Klartraum-Trainings beschleunigen.

Traumübungen mit den Augen

Beginnen wir mit den Augen. Wir haben bereits erklärt, wie sich das Verhalten der Augen im Wachzustand vom REM-Schlaf grundlegend unterscheidet.
Es gibt nun zwei Möglichkeiten:

1. Wir üben im Traum die Augenbewegungen des Wachzustandes, indem wir einen Punkt fixieren. Dies ist eine sehr wichtige Technik, mit der man sehr schnell ein kontrolliertes Erwachen erreichen kann.
2. Wir üben im Wachzustand die Augenbewegungen des Traums, was für Sie im Moment noch einfacher ist. Dadurch gewöhnen wir unser Unterbewußtsein daran, im Traumzustand das wache Bewußtsein „dabei zu haben". Dieser Technik wollen wir uns nun zuwenden.

Setzen Sie sich bequem hin und entspannen Sie sich. Bewegen Sie die Augen langsam nach oben links, dann nach oben rechts, nach unten links, nach unten rechts usw. Beginnen Sie mit langsamen Bewegungen, denn Sie werden schnell feststellen, daß die meisten von uns eine solche Art von Gymnastik überhaupt nicht gewohnt sind. Die Augenmuskeln werden sehr schnell ermüden oder gar zu schmerzen beginnen. Beenden Sie dann die Übung und schließen Sie die Augen für einige Minuten. Erlauben Sie ihnen, sich zu entspannen.
Bei dieser Übung wird Ihnen vermutlich noch einiges mehr auffallen, denn es wird nicht ausbleiben, daß auch einige andere Muskelpartien im Gesicht, speziell auf der Stirn, sich verspannen. Es kann sogar zu Kopfschmerzen kommen. Dies ist im Grunde unbedenklich und zeigt nur, daß dieser Teil der Muskulatur bei den meisten von uns ungeübt oder sogar verkrampft ist. Überfordern Sie sich nur nicht und hören Sie beim ersten Anzeichen von Schmerzen auf, denn wir wollen ja das Gegenteil erreichen, daß sich diese Muskelgruppen entwickeln

und lockern - und daß wir sie mit der Zeit unter bewußte Kontrolle bekommen.
Wenn Sie in der Lage sind, nach einiger Zeit der Übung Ihre Augen- und Gesichtsmuskeln locker und frei zu bewegen, dann beschleunigen Sie die Bewegungen allmählich, bis Sie tatsächlich die Augenbewegungsmuster des Traumschlafes nachahmen.
Wenn Sie auch dies geschafft haben, so haben wir noch eine weitere Steigerung für Sie parat. Lassen Sie Ihre Augen langsam kreisen. Auch hier werden Anzeichen von Verspannung zu Anfang nicht ausbleiben. Fordern Sie sich nicht zu viel ab, und vergessen Sie bei den Übungen das Atmen nicht!
Auch hier können Sie mit der Zeit die Rotationsgeschwindigkeit erhöhen und die Kreise vergrößern. Vielleicht haben Sie ja inzwischen längst Ihren ersten Klartraum erlebt?
Für diejenigen, die sich mit der Bioenergie und der indischen Chakrenlehre auskennen: diese Übung hilft, das sechste Chakra, auch *drittes Auge* genannt, zu öffnen. Dieses Energiezentrum steht in enger Beziehung zur *Zirbeldrüse*. Sie wird in der indischen Tradition als Tor zur Seele und damit auch zur inneren Bilderwelt gesehen.[33]

Nichts sehen, wo nichts ist

Für die nächste Übung nehmen Sie bitte ein weißes Blatt Papier (im Din A4-Format) zur Hand. Es wäre vorteilhaft, wenn es bei dieser Übung nicht zu hell im Zimmer wäre. Das Licht sollte indirekt sein, d. h. von hinten kommen.
Schauen Sie einige Minuten lang auf das leere Blatt. Gehen Sie mit der Gewißheit an die Übung, daß auf diesem Blatt absolut nichts zu sehen ist. Das dürfte für Sie nicht schwer sein, denn es ist ja auch nichts da.
Nehmen Sie sich auch nicht vor, irgend etwas sehen zu wollen. Gehen Sie statt dessen nach der Devise vor:
Nichts wollen, nichts wünschen und nichts erwarten – ganz einfach geschehen lassen.
Schauen Sie einfach auf das leere Blatt Papier, und beobachten Sie, was geschieht.

(Machen Sie hierzu bitte eine fünfminütige Lesepause, um die Übung durchzuführen)

Ok – Ihre fünf Minuten sind um. Wenn Sie glauben, daß wir Ihnen jetzt sagen, was bei dieser Übung geschehen sollte, dann haben Sie sich geirrt. Hierfür haben wir mehrere Gründe:
Erstens erlebt jeder Mensch bei dieser Übung individuell etwas anderes.
Zweitens gibt es immer einige Oberschlaumeier, die vor der Übung etwas vorauslesen, um zu sehen, was Sie da sehen sollen, um dann natürlich genau das zu sehen, was wir ihnen suggeriert haben – oder um sich aus Protest dagegen zu sperren und dann erst recht etwas anderes zu sehen.
All dies entspricht nicht dem Zweck der Übung. Was Sie während Ihrer Übung erlebt haben, ist nur für Sie selbst bestimmt. Was Sie erkennen sollen, ist aber für alle gemeinsam, nämlich, was sich im Bewußtsein abspielt, wenn es sich in einer flexiblen Realität befindet, in der keine starren Richtlinien vorgegeben sind.
Im Wachzustand müssen wir uns an allerlei Gesetze und Vorschriften halten, was unsere Kreativität einengt. Im normalen Traum entfallen diese Beschränkungen, doch wir sind zu passiv, um damit etwas anzufangen. Einzig der Klartraum ermöglicht es, mit Hilfe der Kraft unseres Bewußtseins ganze Welten zu erschaffen, und genau diese schöpferischen Kräfte können Sie mit der Übung trainieren.
Sehr wichtig ist es aber auch, gründlich zu üben, mit unserer Tagesrealität kritischer als normal umzugehen. Oft nämlich geschehen uns am Tag auch Dinge, die merkwürdig sind oder die wir zumindest nicht erwartet haben.

WENN SIE JETZT NICHT GEPRÜFT HABEN OB SIE WACH SIND ODER TRÄUMEN DANN HABEN WIR SIE REINGELEGT

Sei es, daß in einer Zeitung oder einem Buch ein Text plötzlich auf dem Kopf steht, sei es daß wir auf der Straße einem Menschen begegnen, der unserem verstorbenen Großvater zum Verwechseln ähnlich sieht – wenn wir schon in unserem Wachzustand in solchen Momenten nicht stutzig werden, warum sollten wir es im Traum tun?
Machen Sie es sich also zur eisernen Gewohnheit, immer – und das heißt wirklich immer, selbst wenn Sie absolut sicher zu sein glauben, daß sie nicht träumen – in solch merkwürdigen Situationen eine kleine Realitätskontrolle durchzuführen. Dazu können Sie natürlich dann auch ihre Dreamcard benutzen.
Dieser kritisch-distanzierte Bewußtseinszustand Ihrer Umwelt gegenüber muß Ihnen absolut in Fleisch und Blut übergehen, dann wird Sie auch im Traum keiner mehr so schnell hereinlegen.
Etwas schwieriger gestaltet sich der Versuch, den bewußten Wachzustand an den normalen Traumzustand zu ankern, wie man sagt, da wir den Bewußtseinszustand des Traumes am Tage nicht originalgetreu nachahmen können, so wie es etwa bei den Augenbewegungen der Fall war.

Selbsthypnose-Übung

Es gibt aber eine Übung, die wir für unsere Leser entwickelt haben und die Ihnen zumindest helfen kann, den andersartigen Ablauf der Zeit im Traum und das veränderte Körpergefühl kennenzulernen und diese Gefühle an unseren Wachzustand zu ankern. Die Übung versucht, einen nächtlichen Traum im Wachzustand so weit wie möglich zu simulieren.
Ein Zustand, der dem Traum ähnlich ist und in dem das Bewußtsein dennoch wach ist, ist der hypnotische Trance-Zustand. Wir laden Sie deshalb zu einer Übung in Selbsthypnose ein. Der Trance-Zustand, der hier angestrebt wird, sollte recht tief sein, was vielen von Ihnen vielleicht erst nach einiger Zeit geduldigen Übens gelingen wird. Um diese Übung durchzuführen, benötigen Sie eine CD, die Sie unter dem Titel „Spektrum der Nacht – Übungs-CD" über unsere Internetseite www.fosar-bludorf.com erhalten können.
Führen Sie bitte diese Übung nur dann durch, wenn Sie körperlich und psychisch gesund sind. Auf keinen Fall sollten Sie eine Selbsthypnose an sich erproben, wenn Sie herzkrank sind oder an Epilepsie, endogenen Depressionen oder Psychosen leiden.

Selbst wenn Sie mit Hilfe dieser Übung einen tiefen Trance-Zustand erreichen, dann ist dies natürlich noch kein Klartraum Der nächtliche Schlafzustand unterscheidet sich in vielerlei Hinsicht erheblich vom Trance-Zustand. Dennoch kann man auf diese Weise lernen, Klarträume in kürzerer Zeit zu erreichen. Zum einen ist es erwiesen, daß man in hypnotischer Trance das Träumen üben und auch nächtliche Träume vorbereiten kann (zum Beispiel, um Alpträume zu überwinden). Zum zweiten sorgt die Beschäftigung mit der ganzen Thematik im Trance-Zustand für einen Gewöhnungseffekt, so daß Sie auch die kritischen Fragen während des Tages weniger und weniger vergessen werden.

Klartraum-Meditation

Im zweiten Titel auf der Übungs-CD führt Grazyna Sie bei Nacht während des Einschlafens direkt in den Klartraum. Es ist wichtig, sich diesen Text erst am Tag bei vollem Bewußtsein anzuhören, damit man weiß, worum es geht. Die ganze Übung ist mit sehr leiser Stimme aufgenommen, und wenn Sie die Übung praktizieren, sollten Sie zum Ende der Übung die Stimme kaum noch hören, weil Sie längst im Klartraum sind.

Schließlich noch ein paar Worte zum vierten Weg: damit wollen wir Ihnen sagen, daß es keinen vorgezeichneten „Königsweg" zum Klartraum gibt. Alle Übungen, die wir Ihnen in diesem Buch vorstellen, sind Angebote und kein Zwang. Wenn Sie für sich der Meinung sind, daß Sie Klarträume am besten mit Hilfe von Yoga, Reiki, Marathonlauf oder einer speziellen Karottendiät erreichen können, dann ist es vollkommen legitim für Sie, es auf diese Art und Weise zu versuchen. Die von uns vorgestellten Methoden haben sich hundert-, wenn nicht tausendfach bewährt, aber Sie sind ein einzigartiger und unwiederholbarer Mensch und haben ein Recht auf Ihren eigenen Weg zur Bewußtseinsentwicklung.
Im Gegenteil – es wäre für uns sehr interessant, wenn Sie Ihre Erfahrungen mit uns teilen würden.[34]

Zeo – Personal Sleep Coach

Zeo gibt Ihnen die Möglichkeit, Ihr eigenes kleines persönliches Schlaflabor zu Hause zu installieren. Es erlaubt, sowohl qualitativ als auch quantitativ die Qualität Ihres Schlafes zu untersuchen. Im Set befinden sich eine Zentralstation (die auch die Funktion eines Weckers hat) sowie ein Headset, das mit EEG-Sensoren ausgerüstet ist. Dieses Headset setzen Sie auf, bevor Sie einschlafen, und es sammelt dann während der ganzen Nacht Daten über Ihr Gehirn. Die Daten werden kabellos an die Zentralstation übertragen und dort auf einem SD-Speicherchip gespeichert. Am Morgen dann können Sie auf Ihrem Computerbildschirm Ihr persönliches EEG-Spektrum Ihres Schlafs betrachten. Darin sind die einzelnen Schlafphasen (inklusive der REM-Phasen) vermerkt.

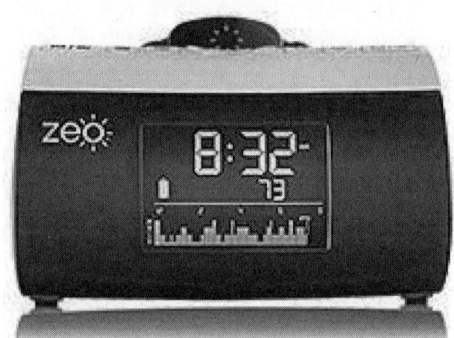

Abb. 11: Das Schlaflabor im eigenen Heim: Der Personal Sleep Coach Zeo mißt während der Nacht Ihre Schlafdaten, die dann am nächsten Tag auf einem PC ausgewertet werden können.

Zeo kann auch Ihren persönlichen ZQ-Faktor ausrechnen. Dieser Faktor besagt, welche Schlafqualität im Vergleich zum Durchschnitt bei Menschen Ihres Alters Sie haben. Ihr nächtlicher Begleiter kann auch Vergleiche der nächtlichen Ruhe von Nacht zu Nacht ziehen. Für alle, die sich für den schlauen Nachtexperten interessieren, geben wir hier eine Webadresse, unter der Sie mehr darüber erfahren können: myzeo.com.

Die Quantenwelt der Träume

Woran kann man eigentlich objektiv erkennen, ob ein Mensch schläft?
Diese Frage mag Ihnen überraschend erscheinen, zumal wir uns ja nun auch in diesem Buch schon geraume Zeit mit den Themen Schlaf und Traum beschäftigt haben. Aber versuchen Sie doch einmal, diese Frage zu beantworten, auch auf der Basis dessen, was Sie bislang in diesem Buch erfahren haben!
Natürlich gibt es physiologische Anzeichen für den Schlafzustand, die sich im EEG, in den Augenbewegungen etc. zeigen. Doch woher wissen wir, ob ein Mensch, bei dem wir diese Anzeichen messen, wirklich zwangsläufig schläft, wenn wir nicht einmal genau wissen, was Schlaf eigentlich ist?
Wie können wir da entscheiden, ob ein Klarträumer während des Klartraumes schläft oder nicht doch kurzzeitig wach ist?
Ein mögliches Kriterium für Schlaf könnte das Nichtvorhandensein äußerer Sinneswahrnehmungen sein. Stephen LaBerge konnte feststellen, daß sich seine Klarträumer während ihrer Träume durchaus der Tatsache bewußt waren, daß sie sich in Wahrheit im Schlaflabor befanden, doch das war ein Wissen, das sich auf Erinnerung gründete, nicht auf äußere Wahrnehmungen.
Andererseits gibt es auch Beispiele, daß Menschen im Wachzustand ihre Umwelt nicht mehr wahrnehmen, wenn sie zum Beispiel einem Tagtraum nachhängen oder einen spannenden Film im Fernsehen verfolgen.
Wir sehen schon, daß diese Frage im Grunde unbeantwortbar ist. Als einen Kompromiß zog LaBerge die Methode heran, die auch von *Hobson*, dem Begründer des Aktivierungs-Synthesis-Modells (s. auch S. 107ff.) vertreten wird: er sieht eine Aussage über einen Schlafzustand oder Traum als objektiv nachweisbar an, *wenn die subjektiven Aussagen des Schläfers bzw. Träumers mit den gemessenen physiologischen Werten in Einklang stehen.* Berichtet ein Mensch also, er glaube, in diesem oder jenem Moment geschlafen und geträumt zu

haben, und sagen die EEG-Aufzeichnungen und sonstigen Messungen nichts Gegenteiliges aus, so geht man davon aus, daß er sich in diesem Moment wirklich im Schlaf befunden hatte.

Das nächste Problem war es, herauszufinden, ob ein Mensch einen Klartraum hatte, und zwar *noch während er schlief,* denn ein nachträglicher Bericht reicht als Beweis nicht aus. Da man aber Klarträume (noch) nicht ohne weiteres mit dem EEG oder einem anderen Meßgerät nachweisen kann, mußte Stephen LaBerge einen Weg finden, mit dem Träumer während des Schlafes in Kontakt zu treten, mit dem einzigen Menschen also, der in diesem Moment sagen konnte: „Ich habe jetzt einen Klartraum." (oder auch nicht).

Kommunikation mit Schlafenden

Ist Kommunikation mit Schlafenden wirklich möglich? Diesen Fragenkomplex wollen wir zunächst mit einer humorvollen Anekdote beginnen.

Vor einigen Jahren hatte uns unser Freund *Rainer Holbe* eingeladen, zusammen mit ihm und *Paul Tholey* ein Ferienseminar in der Bretagne abzuhalten. Eine Woche lang fuhren wir gemeinsam mit den Teilnehmern in zwei Booten über die Flüsse und Kanäle Nordfrankreichs – eine Mischung aus Urlaub und Gesprächen über Gott und die Welt. Eines Tages saßen wir alle gemeinsam im Kreis auf einer Wiese am Rande eines bizarren Felsen. An diesem Tag war Rainer an der Reihe, er sprach über Zukunftsperspektiven der Menschheit und las dabei einige Passagen aus einem seiner Bücher vor.

Die Nacht davor war lang gewesen, da wir noch sehr spät bei einem guten Glas Wein zusammengesessen hatten, und so streckte sich Paul gemütlich im Gras aus und begann schon nach wenigen Minuten laut zu schnarchen. Die Teilnehmer und wir schauten erst auf ihn und dann auf Rainer, gespannt, wie er auf die Sache reagieren würde.

Rainer lugte argwöhnisch über den Rand seiner Lesebrille zu dem schnarchenden Paul hinüber, holte dann mit dem Arm aus und schlug mit voller Kraft mit der Faust gegen sein angewinkeltes Knie.

Wer geglaubt hatte, daß Paul jetzt aus dem Schlaf hochschrecken würde, sah sich getäuscht. Er blinzelte nur durch die jetzt halb geschlossenen Augen.

„Was fällt dir ein, Paul, während meines Vortrags zu schlafen?", sagte Rainer, nicht ohne ein scherzhaftes Augenzwinkern.

„Aber Rainer," antwortete Paul mit ruhiger Stimme, „ich habe doch alles mitgekriegt, in meinem Unterbewußtsein."

Natürlich war das Ganze ein Scherz, aber im Grunde hatte er recht. Die Ohren des Menschen sind auch im Schlaf aktiv, sonst würde ja auch die Methode mit dem Wecker oder den Traumsuggestionen nicht funktionieren. Paul Tholey war ein erfahrener Klarträumer, und so kann man ohne weiteres davon ausgehen, daß er tatsächlich im Schlaf alles bewußt wahrgenommen hatte.

Mit einem Schlafenden Kontakt aufzunehmen, ist also durchaus möglich. Aber ist diese Kommunikation nicht eine Einbahnstraße? Oder kann ein schlafender Mensch dann auch antworten?

Stephen LaBerge fand heraus, daß auch das möglich ist. Natürlich nicht in der Art, daß die Testperson dann im Schlaf zu sprechen beginnt. Außerdem ist dafür eine Grundvoraussetzung, daß sich der Mensch in einem Klartraum befindet.

Man vermutet schon seit langem, daß die schnellen Augenbewegungen während des REM-Schlafes mit den visuellen Eindrücken korrespondieren, die der Träumer zu erleben glaubt. Also verabredete Stephen LaBerge mit seinen Test-Träumern im Schlaflabor, daß sie, sobald sie erkennen, daß sie träumen, im Traum mit ihren „Traumaugen" eine ganz charakteristische Bewegung ausführen sollten (zwei Mal hintereinander von links nach rechts). Wenn es ihnen gelingen würde, sich während des Traumes daran zu erinnern, dann müßte dies eigentlich für die beobachtenden Wissenschaftler mit einem Gerät zum Registrieren der Augenbewegungen, einem sogenannten Elektro-Okulographen, meßbar sein.

Gleichzeitig wurden die Personen noch an ein EEG zur Messung der Gehirnwellen und an ein Elektromyogramm (EMG) zur Messung der Muskelspannung angeschlossen.

Dadurch konnte man, zumindest auf dem Stand heutiger wissenschaftlicher Erkenntnis, überprüfen, ob die Personen zu der fraglichen Zeit wirklich schliefen.

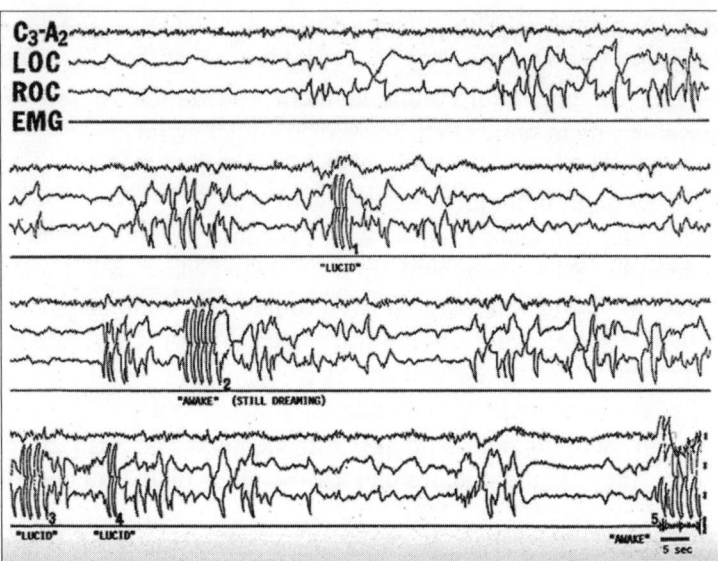

Abb. 12: Polygraphie eines Klartraums aus Stephen LaBerges Schlaflabor. Es wurden aufgezeichnet: das EEG (C_3-A_2), das EOG des linken und rechten Auges (LOC und ROC) sowie das EMG der Gesichtsmuskulatur.

Das Protokoll einer solchen Traumsitzung zeigt Abb. 12. In dem Moment, da der Träumer im Traum die Klarheit erreichte, vollführte er das verabredete Augensignal, das im Meßprotokoll einwandfrei ablesbar war (in der zweiten Zeile als „Lucid" bezeichnet). Kurze Zeit später glaubte der Proband zu erwachen und machte daher ein anderes vorher verabredetes Zeichen mit den Augen (vier Bewegungen hin und her). Dies war aber ein sogenanntes *falsches Erwachen*, d. h. der Träumer glaubte nur aufzuwachen, obwohl er weiterhin träumte (im Protokoll in Zeile 3 als „Awake, still dreaming" markiert). Das weiterhin flache Elektromyogramm (totale Muskelentspannung) sowie das EEG bewiesen den Forschern, daß er weiterhin schlief. Zu diesem Zeitpunkt hatte der Träumer, wie er später berichtete, die Klarheit des Bewußtseins schon wieder verloren. Während des gleichen REM-Traumzyklus erreichte er jedoch etwas später erneut das Stadium des Klartraums und signalisierte es wiederum mit den Augen (zu sehen in Zeile 4, links). Am Schluß erwachte er tat-

sächlich, denn gleichzeitig zu seinem verabredeten Augenzeichen (Zeile 4, rechts) sind auch entsprechende Veränderungen im EEG und ein erhöhter Muskeltonus im EMG zu erkennen.
Die Kommunikation mit den Träumern funktionierte also hervorragend. Doch waren sie in diesen Momenten wirklich bei klarem Bewußtsein? Oder kam das Augensignal vom Unbewußten automatisch aufgrund der vorherigen Verabredung? Diese Frage kann man natürlich nicht mit Hilfe der Meßkurven beantworten. Hier konnte nur das spätere Interview mit den Probanden Klarheit erbringen, die stets versicherten, zu den bewußten Momenten tatsächlich im Traum klar gewesen zu sein.
Durch eine Vielzahl ganz ähnlicher Tests konnte Stephen LaBerge also den Beweis erbringen, daß Klarträume tatsächlich existieren.[35]
Doch LaBerge gab sich mit diesen Ergebnissen noch nicht zufrieden. Mit seiner Methode der Kommunikation mit Klarträumern während des Traumes hatte er ein unschätzbar wertvolles Verfahren entwickelt, um auch anderen Geheimnissen des Traumes auf die Spur zu kommen. Zum ersten Mal gab es eine echte Synthese aus subjektiven Berichten und objektiven Messungen.
So wandte er sich zum Beispiel einer anderen uralten Frage zu: *wie lange dauern unsere Träume eigentlich?*
Auch hier ging es ihm natürlich nicht um den subjektiven Eindruck eines Träumers, der sich nach dem Erwachen an einen Traum zu erinnern glaubt, sondern um objektive Messungen.
Viele von uns können aus eigener Erfahrung bestätigen, daß man selbst bei einem kurzen Nickerchen sehr umfangreiche und inhaltsreiche Träume erfahren kann. Besondere Berühmtheit erlangte allerdings ein Traum, den der französische Traumforscher *Alfred Maury*, der im 19. Jahrhundert lebte, im Jahre 1861 selbst einmal hatte.
Dieser Traum führte ihn in das Paris des Jahres 1793, als die Französische Revolution in vollem Gange war. Er wurde Augenzeuge mehrerer Morde und wurde schließlich am Ende selbst vor das Revolutionstribunal gestellt und zum Tode auf der Guillotine verurteilt. Auf einen Karren geschleift, fuhr man ihn mit anderen Delinquenten quer durch Paris, wobei die bedauernswerten Todeskandidaten noch von der johlenden Menge begafft wurden. In allen Einzelheiten sah er sich die Stufen zum Schafott hinaufsteigen, wo man ihm die Hände fesselte. Er

mußte seinen Kopf auf den schrecklichen Holzblock legen und spürte dann, wie das Fallbeil schon seinen Nacken berührte...
In heller Panik schreckte Maury aus dem Schlaf hoch und machte eine erstaunliche Entdeckung: der Baldachin seines Bettes hatte sich nämlich aus der Verankerung gelöst und war direkt in seinen Nacken gefallen!
War das nur ein unglaublicher Zufall, daß sich das Brett gerade in dem Moment löste und herabfiel, als Maury träumte, auf der Guillotine hingerichtet zu werden? Oder hatte sein Unterbewußtsein im Moment, da Maurys Nacken von dem Baldachin getroffen wurde, in Windeseile den ganzen, immerhin doch recht umfangreichen Traum „zusammengestrickt", um die Empfindung des Brettes im Nacken in eine Traumhandlung logisch einzubinden?
Obwohl es sich hierbei um einen, wenn auch spektakulären, Einzelfall handelt, geistert seitdem die Vorstellung durch die Welt der Schlaf- und Traumforscher, unsere Träume würden sich nur in Sekundenbruchteilen vor dem Erwachen abspielen. Immer wieder die gleiche Schwierigkeit: wenn man nur gewöhnliche Träume untersucht, die der Träumer hinterher erzählt, hat ein Wissenschaftler keine Chance zu beweisen, ob es sich so oder nicht doch anders verhielt.
Stephen LaBerge konnte dies hingegen mit seinen Klarträumern untersuchen. Er beauftragte sie, beim Erreichen des Klartraumzustandes zunächst das übliche Augensignal zu geben, dann einen Zeitraum von zehn Sekunden (im Traum) abzuschätzen, indem sie zum Beispiel langsam bis zehn zählten, und dann ein erneutes Augensignal folgen zu lassen.
Zahlreichen seiner Probanden gelang der Versuch, und fast immer ergab es sich, daß die Zeitdifferenz zwischen den beiden Augensignalen ziemlich genau den gewünschten zehn Sekunden entsprach. Zumindest hätte ein wacher Proband diese Zeit auch nicht besser abschätzen können.
In Abb. 13 kann man die Meßkurven für eine wache Person und eine Person im Klartraum miteinander vergleichen. Die 10-Sekunden-Schätzungen sind fast identisch. Die einzigen Unterschiede der beiden Meßkurven sind der höhere Muskeltonus beim wachen Menschen (EMG) und das typische unruhige Beta-Wellenbild im EEG.
Ist dann Alfred Maurys Traum ein einmaliger, sozusagen exotischer, Sonderfall? Das ist nicht eindeutig klar. Auch Stephen LaBerge räumt ein, daß diese Befunde nicht ausschließen, daß es unter besonderen Umständen auch zu Zeitanomalien im Traum kommen könnte.

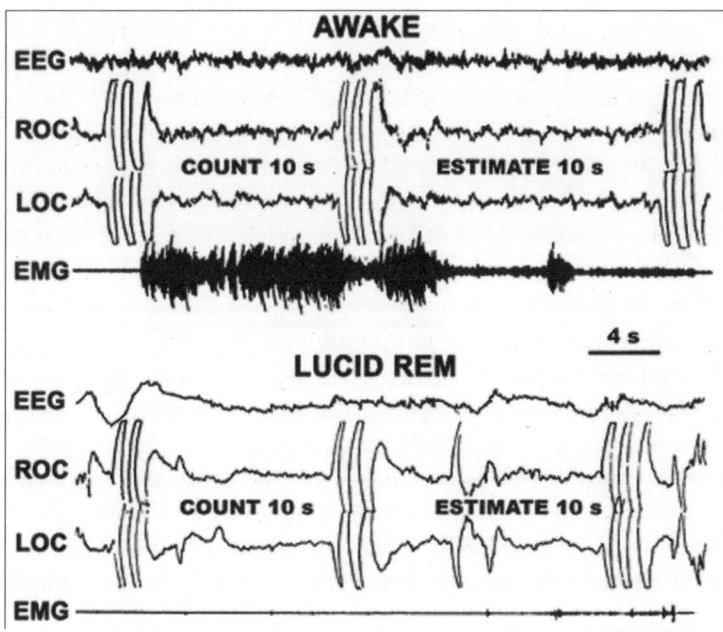

Abb. 13: Vergleich einer 10-Sekunden-Zeitabschätzung bei einer wachen (oben) und einer klarträumenden Testperson (unten)

Unserer Meinung nach kann man sogar noch mehr sagen: LaBerges Zeitmessungen beziehen sich nur auf den Spezialfall des Klartraumes, also auf einen speziellen Bewußtseinszustand, in dem das wache Bewußtsein im Traum präsent ist. Gerade für unseren Wachzustand ist jedoch ein lineares Zeitempfinden typisch, während das Unbewußte eher in einem raum-zeitfreien Kontinuum lebt. Möglicherweise ist eine Zeitsynchronisation, also eine Angleichung der Traumzeit an die Wachzeit, dann sogar eine Vorbedingung dafür, daß wir so etwas wie Klarträume überhaupt haben (und vor allem auch *ertragen*) können. Unser Wachbewußtsein hätte mit Sicherheit Probleme, müßte es sich mit Zeitanomalien auseinandersetzen. Was dagegen in gewöhnlichen Träumen geschieht, in denen das Wachbewußtsein gedämpft ist, bleibt völlig offen.

Die nächste interessante Frage war: *kann ein Mensch eigentlich im Traum denken?* Auch diese Frage, die uns vielleicht selbstverständlich erscheint, wird von den meisten Wissenschaftlern eher angezweifelt.

Es ist klar, daß wir in unseren Träumen sehr realistische Welten erleben können, in denen wir uns so bewegen, daß wir während des Traumes meist gar nicht merken, daß wir träumen. Dabei kommt es durchaus vor, daß wir auch über etwas nachzudenken scheinen, was im Traum geschieht, daß wir uns wundern oder eine bestimmte Handlung planen. Doch – und das ist hier die Frage: heißt das, daß wir an dieser Stelle wirklich im Traum diese Gedanken denken, oder läuft da nur ein Film ab, den wir passiv erleben?

Viele Forscher tendieren zur zweiten Deutung, was angesichts der heute gängigen Vorstellungen über die Entstehung der Träume nicht einmal verwunderlich ist. Wenn der Ursprung der Träume zum Beispiel in ungeordneten Signalen aus dem Stammhirn zu suchen sein sollte, wieso sollten darin dann kluge Gedanken zu finden sein, die ja angeblich in unserer Großhirnrinde entstehen sollen? Auch hier finden sich in der heutigen Wissenschaft oft mehr Spekulationen als Beweise.

Stephen LaBerge hat solche Beweise. Er beauftragte seine Klarträumer, nach Erreichen des Klartraumzustandes einmal im Traum bis zehn zu zählen, ein anderes Mal ein Lied zu singen. Würden diese Handlungen nicht nur passiv als Film ablaufen, sondern tatsächlich vom Träumer in diesem Moment aktiv vollzogen werden, so müßte dies daran erkennbar sein, daß die entsprechenden Hirnregionen aktiviert würden.

Tatsächlich ergab sich auch hier ein positiver Befund. Während des Zählens im Traum ergab sich eine Aktivierung der linken Großhirnhälfte, die ja im allgemeinen für mathematische Fähigkeiten verantwortlich gemacht wird, während beim Singen die eher musische rechte Gehirnhälfte aktiv wurde. So unbequem es auch für manchen orthodoxen Wissenschaftler sein mag – es sieht alles danach aus, daß wir im Traum zwar eine vollkommen virtuelle Welt bevölkern, daß wir aber dann in dieser Welt aktiv denken und handeln können.

So bestechend und überzeugend auch die Methode der Kommunikation mit den übertragenen Augensignalen sein mag – sehr reichhaltig ist sie sicherlich nicht. Der Träumer kann damit nicht viel mehr signalisieren, als daß er sich des Traumzustandes bewußt geworden ist. Ist es aber nicht vielleicht möglich, die Kommunikation mit einem Klarträumer zu erweitern, so daß er konkretere Informationen live und online aus seinem Traum zu uns nach draußen übermitteln könnte?

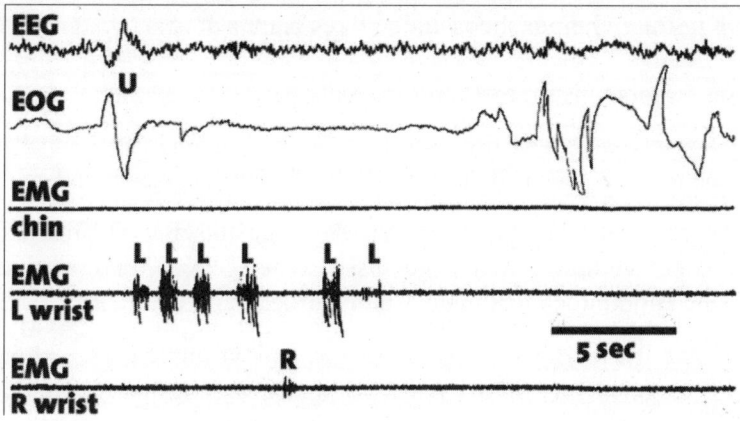

Abb. 14: Eine Testperson in Stephen LaBerge's Schlaflabor übermittelt aus dem Klartraum ihre Initialen „S-L" im Morsecode durch Ballen der linken und rechten „Traum-Faust".

Dieser Möglichkeit steht eine Schwierigkeit im Wege, nämlich der Umstand, daß Klarträume, wie Stephen LaBerge herausfand, fast ausschließlich im REM-Schlaf auftreten, in jenem Schlafzustand also, indem fast die gesamte Muskulatur unseres Körpers gelähmt ist (s. auch S. 39). Nur die Augen sind beweglich und natürlich unsere Atemmuskulatur, denn das Atmen muß ja auch im Schlaf weitergehen. LaBerge bat seine Probanden um den Versuch, im Klartraum Informationen nach draußen zu übermitteln, indem sie mit ihrer Traum-Hand eine Faust ballen sollten. Obwohl dies natürlich nicht dazu führte, daß die schlafende Person mit ihrer realen Hand ebenfalls eine Faust ballte, war dennoch im Elektro-Myogramm in solchen Momenten eine leichte Erhöhung des Muskeltonus erkennbar. Nicht stark genug natürlich für eine reale Bewegung, aber doch deutlich stärker als zum Beispiel bei einem wachen Menschen, der sich diese Bewegung nur innerlich vorstellt.

Auf diese Weise konnten LaBerge's Testpersonen tatsächlich auch komplexere Botschaften aus dem Traum übermitteln, indem sie etwa das Morsealphabet benutzten: linke Faust einmal ballen bedeutete einen Punkt, rechte Faust einmal ballen dagegen einen Strich. So übermittelte eine Testperson an die Forscher im Schlaflabor aus ihrem Klartraum heraus die Initialen ihres Namens: „S-L".

Dieses Ergebnis ist in mehrerer Hinsicht bemerkenswert:

➢ Es zeigt, daß ein Mensch aus dem Traum prinzipiell auch inhaltsreiche Informationen an die reale Welt „draußen" übermitteln kann.

➢ Viele Menschen glauben, daß das Bewußtsein im Traum den Körper verläßt. Diese Ergebnisse zeigen jedoch, daß zumindest eine Bindung an den materiellen Körper bestehen bleibt.

➢ Obwohl die Bewegung nur von einem virtuellen Traumkörper vollzogen wird und der reale Körper bewegungslos schlafend im Bett liegt, drücken sich diese virtuellen Bewegungen in Aktivitäten des Zentralnervensystems aus, die denen der realen Bewegung ähneln. Daher ist es tatsächlich möglich, Bewegungsabläufe (z. B. im Sport) während eines Klartraums einzuüben, ein Gebiet, dem Paul Tholey einen wesentlichen Teil seiner Forschungsarbeit gewidmet hatte.

Der Unterschied in der Intensität der Aktivierung des Nervensystems zeigt auch, daß Träume weder Realität noch Phantasie sind, sondern im Bereich dazwischen angesiedelt werden müssen.

Pauli und Jung in der Zwischenwelt

Dies sagt natürlich nichts aus über den Realitätsgehalt der *Informationen*, die ein Mensch aus einem Traum gewinnen kann. Die Möglichkeit, reale und stimmige Informationen in virtuellen Realitäten zu erhalten, ist im Grunde gar nicht so ungewöhnlich. Im Prinzip sind alle Entdeckungen und sonstigen Leistungen menschlicher Wissenschaft, Technik und Kultur zuerst in den virtuellen Gedankenwelten

einzelner Menschen entstanden. Viel interessanter ist die Frage, was eigentlich eine „Zwischenwelt" zwischen der materiellen Realität und der rein virtuellen Welt des Geistes ist und wie wir sie uns vorstellen sollen (Wer sagt eigentlich, daß wir das können?)
Der Quantenphysiker *Wolfgang Pauli*, ein langjähriger Freund und Mitarbeiter von *Niels Bohr*, *Werner Heisenberg* und anderen Wegbereitern der modernen Physik, hat sich über weite Strecken seines Lebens auch mit solchen Fragen auseinandergesetzt. Gerade die Quantenphysik führte ja den Naturwissenschaftlern einen ganz ähnlichen Dualismus zwischen der Materie und einer fast geistigen Welt der Schwingungen vor Augen. Interessanterweise stellte Pauli sich diese Fragen auch auf der unbewußten Ebene, in seinen Träumen. Einige dieser Träume sind der Nachwelt erhalten geblieben durch einen regen Briefwechsel, den er mit seinem Freund, dem Psychologen *Carl Gustav Jung*, und dessen Frau geführt hatte.
Einen seiner wichtigsten Träume – was die uns hier interessierende Frage betrifft – möchten wir Ihnen jetzt schildern.
In diesem Traum hatte Pauli die Gelegenheit, jenseits von Raum und Zeit Klavierunterricht zu nehmen, und zwar bei einer Frau, die er im normalen Leben überhaupt nicht kannte. Diese Frau schien einem „Meister" untergeordnet zu sein, dem sie gehorchte, ohne Fragen zu stellen. Während der Unterrichtsstunde diente die „Klavierlehrerin" als Mittler zwischen Wolfgang Pauli und dem geheimnisvollen Meister.
Das Klavier spielte dabei eine besondere Rolle. Pauli konnte an diesem Klavier erkennen, daß die Welt irgendwie gespalten ist. Wissenschaftler können zwar die Noten eines Musikstücks erkennen und einordnen, aber nicht die Musik an sich.
Die Klavierstunde endete folgendermaßen: *„... In diesem Augenblick zog die Dame einen Ring vom Finger, den ich noch nicht bemerkt hatte. Sie hielt ihn in die Luft und belehrte mich: ‚Ich vermute, Sie kennen den Ring von Ihrer Mathematikausbildung her. Es ist der Ring i.'*
Ich nickte und sprach die Worte: ‚Das i macht das Leere und Eine zu einem Paar. Zugleich ist es die Umdrehung um ein Viertel des ganzen Rings.'
Sie: ‚Es macht das Instinktive oder Impulsive, das Intellektuelle oder Rationale, das Geistige oder Übernatürliche, von dem Sie sprachen,

zu jenem einheitlichen oder monadischen Ganzen, das die Zahlen ohne das i nicht darstellen können.'
Ich: ‚Der Ring mit dem i ist die Einheit jenseits von Teilchen und Welle und zugleich der Vorgang, der jedes von ihnen hervorbringt.'
Sie: ‚Es ist das Atom, das Unsichtbare, auf Lateinisch...'
Bei diesen Worten schaute sie mich bedeutungsvoll an, aber es schien mir nicht nötig, Ciceros Wort für das Atom auszusprechen.
Ich: ‚Es verwandelt die Zeit in ein statisches Bild.'
Sie: ‚Es ist die Vermählung und zugleich das Reich der Mitte, das man niemals allein, sondern immer nur paarweise erreicht.'
Es entstand eine Pause, wir warteten auf etwas.
Dann sprach die Stimme des Meisters, aus der Mitte des Ringes zu der Dame: ‚Bleibe barmherzig.'
Nun wußte ich, daß ich den Raum verlassen und in die normale Zeit und den normalen Alltagsraum zurückkehren könnte.
Als ich draußen war, bemerkte ich, daß ich Mantel und Hut trug. Aus der Ferne hörte ich einen C-Dur-Akkord aus vier Tönen, CEGC, offensichtlich gespielt von der Dame, als sie wieder allein war."[36]

Hätte Wolfgang Pauli in diesem Moment gewußt, was ein Klartraum ist, und hätte er danach gehandelt, dann wären sowohl die Traum- und Bewußtseinsforschung als auch die Bestrebungen der Physik, eine vereinheitlichte Feldtheorie aufzustellen, heute vermutlich ein gutes Stück weiter.

Wir möchten jetzt versuchen, zusammen mit Ihnen den Traum zu interpretieren. Stellen Sie sich vor, wir zeichnen eine waagerechte Linie, die Ihre materielle Welt repräsentiert (s. Abb. 15). Auf ihr sind also Ihr Haus, Ihr Auto, Ihr Boot..., aber auch Ihr Körper, Ihre Familie, Bekannte usw. angesiedelt.

Fügen wir nun zu dieser Linie eine zweite, senkrechte Linie hinzu, die die erste schneidet. Den Schnittpunkt bezeichnen wir als Nullpunkt. Es könnte sich zum Beispiel um Ihren Geburtstag handeln.

Diese zweite Linie repräsentiert die Welt Ihres Bewußtseins, also Ihre Wünsche und Ängste, Ihr Wissen und Ihre Gefühle.

Wenn Sie sich die Zeichnung anschauen, dann sehen Sie, daß diese zwei Linien ein Achsenkreuz bilden, das eine ganze Ebene aufspannt. Was repräsentieren nun die Punkte dieser Ebene? Sie repräsentieren Ereignisse Ihres Lebens, d. h. Momente, zu denen Sie an bestimmten Orten und mit bestimmten Personen zusammen waren und dabei ganz bestimmte Gedanken und Gefühle hatten. Die ganze Vielfalt unseres Lebens befindet sich also weder auf der rein materiellen noch auf der rein geistigen Achse, sondern in den grenzenlosen Bereichen dazwischen.

Nehmen wir jetzt an, wir würden die beiden Achsen nicht mit Symbolen wie in Abb. 15 bezeichnen, sondern wie üblich mit Zahlen, so sehen wir, daß zur Beschreibung eines Ereignisses in unserem Leben eine einzige Zahl nicht ausreicht, sondern daß wir zwei voneinander unabhängige Zahlen benötigen – eine, die die materiellen Umstände beschreibt, und eine andere, die den Zustand unseres Geistes, unseres Bewußtseins, in diesem Moment angibt.

Dieses – zugegebenermaßen etwas vereinfachende – Beispiel hilft uns jetzt, den Traum Paulis besser zu verstehen.

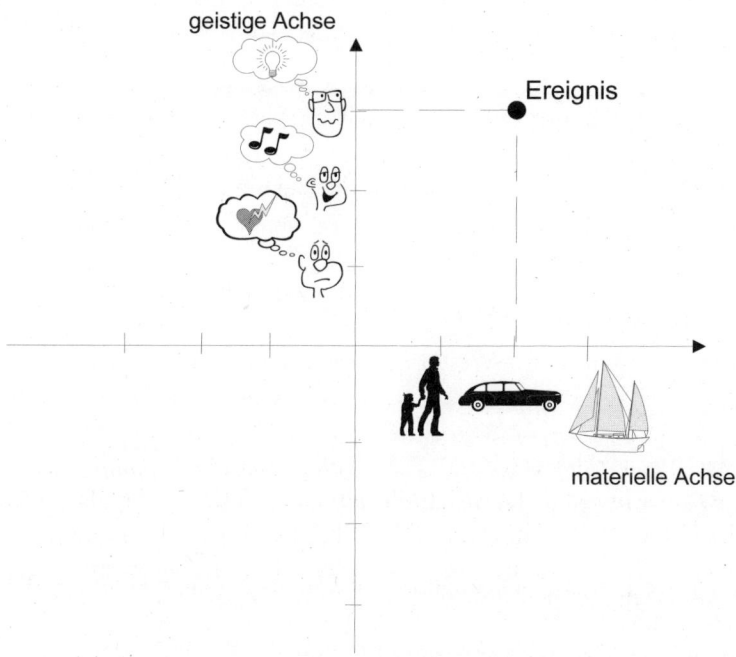

Abb. 15: In der Ereignisebene werden Ereignisse als Kombination von materiellen Objekten und Gedanken der Menschen dargestellt.

Die Quantenphysiker des 20. Jahrhunderts mußten nämlich erkennen, daß man zur Beschreibung von Objekten, etwa Atomen und Elementarteilchen, nicht mehr auf klassische Begriffe wie Position oder Impuls zurückgreifen kann, sondern sogenannte Wellenfunktionen benötigt, aus denen man nur die Wahrscheinlichkeit berechnen kann, wo ein Teilchen anzutreffen ist und welche Geschwindigkeit es hat.
Diese Wellenfunktionen haben allerdings die Besonderheit, daß es nicht ausreicht, sie nur auf den aus unserer Alltagserfahrung bekannten Zahlen (den sogenannten „reellen Zahlen") operieren zu lassen.

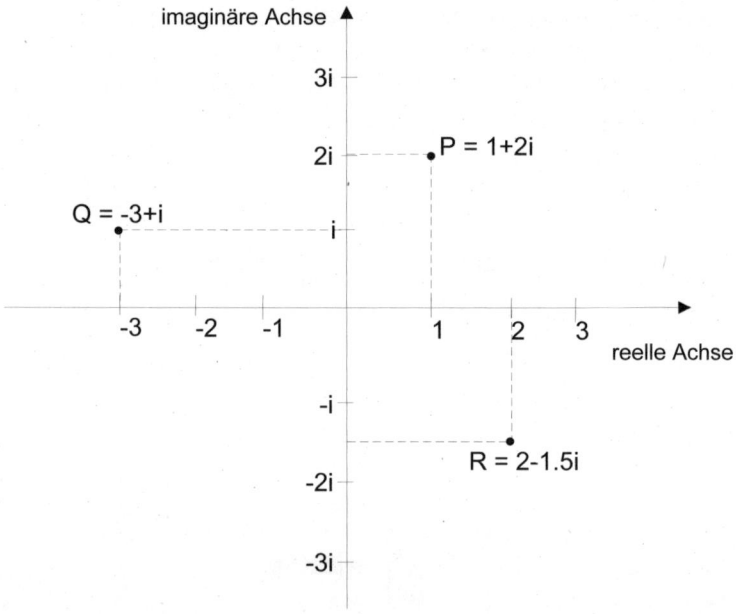

Abb. 16: Komplexe Zahlen werden in einer Ebene als Kombination je einer reellen und einer imaginären Zahl dargestellt.

Statt dessen werden auch sogenannte „imaginäre Zahlen" benötigt, die man mathematisch nicht als 1, 2, 3... bezeichnet, sondern mit dem Buchstaben i, der also als Abkürzung für „imaginär" zu verstehen ist.
Die imaginären Zahlen müssen auf einer zusätzlichen Achse angeordnet werden, die auf der herkömmlichen reellen Zahlenachse

senkrecht steht (vgl. Abb. 16). Beide Achsen schneiden sich in ihrem Nullpunkt und definieren zusammen eine zweidimensionale Zahlenebene, die auch als Ebene der komplexen Zahlen bezeichnet wird. Eine komplexe Zahl aus dieser Ebene wird also beschrieben durch einen reellen und einen imaginären Anteil, genau wie man einen Ort auf einer Landkarte oder einem Stadtplan durch Angabe eines Planquadrats, also einer Zahl und einem Buchstaben, bezeichnen kann.
Natürlich lassen sich nur Objekte entlang der reellen Achse wirklich physikalisch beobachten. Die Quantenphysik lehrt uns also, daß hinter dieser für uns beobachtbaren materiellen Realität eine höherdimensionale Realität existiert, von der wir nur eine Projektion wahrnehmen. Anders ausgedrückt: die Welt der Materie wird durch die horizontale Achse der uns allen vertrauten reellen Zahlen beschrieben.
Viele Physiker vermuten heute, daß die imaginäre Zahlenachse, die in den quantenphysikalischen Wellenfunktionen auch vorkommt, etwas mit der Welt des Geistes zu tun hat, mit der sich die Naturwissenschaft ja seit Jahrhunderten schwer tut.
Wenn wir nun aber die gesamte Zahlenebene aus Abb. 16 betrachten, so sehen wir, daß der weitaus größte Teil der Punkte dieser Ebene sich weder auf der reellen noch auf der imaginären Achse befindet, sondern irgendwo dazwischen (so z. B. die Punkte P, Q und R). Das heißt, die meisten Objekte unserer Realität sind weder rein geistig noch rein materiell, sondern tragen beide Aspekte in sich. Je näher sie an der reellen Achse liegen, desto grobstofflich-materieller sind sie, je mehr sie sich hingegen der imaginären Achse nähern, desto mehr ist bei ihnen der feinstofflich-geistige Aspekt ausgeprägt.
Kommen wir nun zu Paulis Traum und dem „Ring i". Wenn man um den Nullpunkt des Achsenkreuzes in Abb. 16 einen Kreis mit dem Radius 1 beschribt, so schneidet er die imaginäre Achse gerade bei der Zahl i (und später noch einmal unten bei der Zahl -i). Vollführt man nun entlang dieses Kreises eine Kreisbewegung, so beobachten wir davon in unserer materiellen Realität nur die Projektion auf die horizontale reelle Achse.
Durch diese Projektion können wir die ursprüngliche Kreisbewegung nicht mehr erkennen. Statt dessen sehen wir nur, daß die Größe des reellen Anteils immer kleiner wird, je näher wir der (für uns nicht

beobachtbaren) imaginären Achse kommen, und umgekehrt. Was wir also sehen, ist nur noch eine Pendelbewegung, und zwar zwischen den Punkten −1 und +1 hin und her.

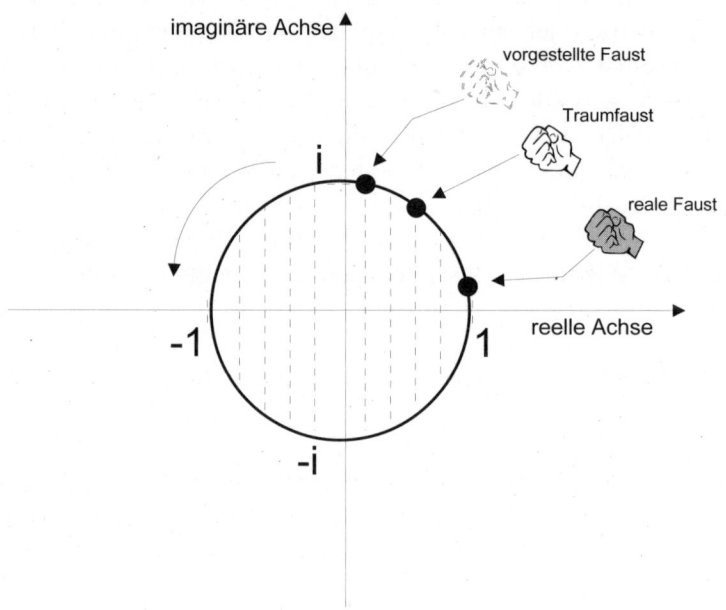

Abb. 17: *Kreisbewegungen in der komplexen Zahlenebene spiegeln sich in der materiellen Realität als Schwingungen wider. Die gestrichelten Linien zeigen, wie die reellen Anteile bei größerer Annäherung an die imaginäre Achse immer kleiner werden.*

Das Wissen, daß alles in unserer Welt Schwingung ist, ist also nur Ausdruck ganz anders gearteter Bewegungen in der eigentlich realen höherdimensionalen Realität, in der der Dualismus zwischen Welle und Teilchen, d. h. zwischen Schwingung und Materie, sich aufhebt. Wie wir gesehen haben, vereinen ja die Punkte der Ebene stets beide Aspekte in sich.

Wenn wir nun zu LaBerges Traumforschung zurückkehren, können wir anhand dieses Bildes auch seine Ergebnisse besser verstehen. Ein materiell-reales Ballen der Faust wird – aus dem Blickwinkel der

Zahlenebene – nahe der horizontalen, reellen Achse angesiedelt sein. Bei dieser physischen Bewegung steht der materielle Aspekt eindeutig im Vordergrund, und damit ist auch der reelle Zahlenanteil relativ groß. Im Labor wird eine hohe Zunahme der Muskelspannung gemessen.

Bei einer nur vorgestellten Bewegung hingegen befinden wir uns auf „Paulis Ring" eher etwas weiter oben, in der Nähe der imaginären Achse mit der Zahl i. Diese ist, wie wir wissen, für unsere Meßgeräte nicht beobachtbar, wir sehen nur den reellen Anteil, der nun aber gegenüber der echten Bewegung wesentlich kleiner auf den Meßgeräten angezeigt wird.

Daß im Traum, speziell im Klartraum, das Ballen der Faust des Traumkörpers einen Meßwert dazwischen liefert, ist nun im Grunde nicht mehr schwer zu verstehen: unsere Traumrealität ist eben weder rein geistig noch rein materiell, sondern befindet sich auf „Paulis Ring" irgendwo dazwischen in der Ebene. Im Klartraum sind Sie ein echter Quantenmensch, der mit seinem Quantenkörper seine Quantenfaust ballen kann.

Was ist am Tage? Sind wir da auch Quantenmenschen? Nehmen wir an, es wäre nicht so, dann wäre unser Körper im Wachzustand zu 100 % materiell, d. h. vollkommen geistlos. Das wollen wir Ihnen doch wohl nicht nachsagen!!!

Gleichermaßen sind unsere Gedanken und Phantasien niemals rein geistig, ohne jede materielle Komponente, sondern sie wirken, wenn auch zumeist schwach, auf unseren Körper und unsere Umwelt ein.

Wie sich die Quantenträume in unserer Realität umsetzen können (was nicht möglich wäre, wenn unsere materielle Realität nicht auch quantenhaft wäre), zeigt folgender Traum einer jungen Frau namens Alexia:

Sie hatte sich vor kurzer Zeit von ihrem Freund getrennt und war ziemlich deprimiert. Während dieser Zeit hatte sie eines Nachts einen Klartraum erreicht. In diesem Traum konstruierte sie sich ganz spielerisch „den" Mann, der am besten zu ihr passen würde. Zuerst konstruierte sie den Körper, seine Figur, die Augenfarbe, die Haarfarbe, allgemein das Aussehen. Als der Körper schon fertig war, wünschte sie sich noch für ihn bestimmte Charaktereigenschaften und Persönlichkeitsmerkmale. Noch dazu wünschte sie sich, daß er

irgendwo in ihrer Nähe wohnen möge, damit sie ihn treffen und kennen lernen konnte.
Nach etwa zwei Monaten traf sie tatsächlich den „Mann ihrer Träume" durch Zufall, und es ergab sich, daß er nur 30 Kilometer von ihr entfernt wohnte. Seit einem Jahr wohnen die beiden zusammen.
Selbst wenn diese Geschichte klingt wie aus einem Regenbogen-Magazin entnommen – sie hat sich tatsächlich so ereignet.

Stephen Hawkings Zeitmodell

Wolfgang Pauli starb 1958, und jeder von uns kann ermessen, wie sehr sich die Welt seit jenen Tagen verändert hat. Einer der besten Lieferanten bizarrer Ideen unserer heutigen Zeit ist zweifellos *Stephen Hawking*. Um einige bislang unerklärbare physikalische Effekte besser in den Griff zu bekommen, zog er im Grunde die gleiche Nummer durch wie Pauli und seine Kollegen – er führte eine zusätzliche imaginäre Zahlenachse ein. Diesmal allerdings nicht für die Zustände von Atomen und Elementarteilchen, sondern *für die Zeit selbst*.[37]

Im neuen Zeitmodell von Stephen Hawking[38] hat also auch die Zeit zwei Dimensionen, wobei nur die reelle Zeit von uns erlebbar ist und von unseren Uhren angezeigt wird.

Durch die neue Dimension der *imaginären Zeit* erhält die Realität mehrere Alternativen. Es kommt zur Möglichkeit paralleler Welten, die sich nur durch unterschiedliche Zeitwerte auf der imaginären Zeitachse voneinander unterscheiden. Räumlich und im Sinne unserer realen Zeit gesehen, können sie sich zur gleichen Zeit am gleichen Ort befinden. Nur eine dieser Realitäten jedoch wird von unserem Bewußtsein normalerweise erlebt.

Wären diese Welten aber vollständig und für alle Zeiten voneinander getrennt, so wäre es für uns als Bewohner einer dieser Welten auch für immer unmöglich, die Existenz der anderen nachzuweisen. Mehr noch – gäbe es nicht bei uns beobachtbare Anomalien, die auf mögliche Wechselwirkungen mit parallelen Realitäten hindeuten, dann wäre auch ein so genialer Kopf wie Stephen Hawking wohl kaum auf

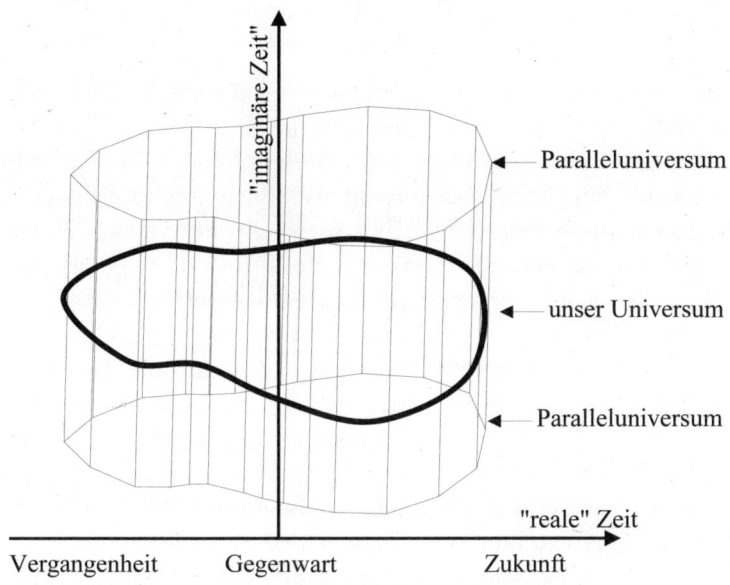

Abb. 18: Modell der Zeit nach Stephen Hawking. Danach ist Zeit nicht mehr nur als eine gerade Linie aufzufassen, die von der Vergangenheit in die Zukunft führt, sondern als eine zweidimensionale Ebene. Durch die zweite, »imaginäre« Zeitachse entstehen mehrere parallele Universen (gleichzeitig ablaufende unterschiedliche Erlebnisebenen). Normalerweise sind diese parallelen Universen voneinander getrennt, d. h. wir erleben nur eine dieser Ebenen mit einer scheinbar linearen Zeit. Gelingt es jedoch dem Bewußtsein, die ganzheitliche Zeitebene zu erreichen, so wie es bei der Hyperkommunikation geschieht, dann kann das Bewußtsein zwischen den unterschiedlichen Erlebnisebenen hin- und herspringen. Die Vergangenheit ist dann nicht mehr eindeutig.

die Idee gekommen, sich mit ihnen überhaupt zu beschäftigen.
Wir müssen also davon ausgehen, daß die Grenzen zwischen diesen parallelen Welten entlang der imaginären Zeitachse zuweilen durchlässig sind, und das vermutlich nicht nur in unseren Träumen...
Jetzt wird es auch „klar", wieso Wolfgang Pauli in seinem Traum beim Verlassen der Klavierstunde plötzlich Hut und Mantel trug – er wird nämlich jetzt noch etwas auf den Hut bekommen!
Die Tatsache, daß mehrere Dinge nach dem neuen Zeitmodell von

Hawking zur selben Zeit am selben Ort existieren können, widerspricht dem sogenannten Ausschließungsprinzip, wonach zwei Teilchen niemals im gleichen Quantenzustand sein können. Dieses Prinzip hatte seinerzeit aber kein Geringerer als Wolfgang Pauli formuliert! Sorry, Herr Pauli, aber erstens haben nicht wir diese neuen Theorien aufgestellt, sondern ein Mr. Hawking aus England, zweitens ist die Wissenschaft nun einmal weitergegangen seit Ihrer Zeit, und drittens sieht die Sache eigentlich gar nicht so schlimm aus für Sie:
Selbst wenn zwei Dinge sich zur gleichen Zeit am gleichen Ort befinden sollten, so bezieht sich dies nur auf die beobachtbare reelle Zeit und den reellen Raum, nicht aber auf die imaginäre Zeit, die natürlich bei beiden verschieden sein muß. Wenn Sie also heute noch dabei wären, wäre es für Sie ein Leichtes, diese Fakten in Ihr Ausschließungsprinzip zu integrieren und es neu zu formulieren.
Auch weitere bizarre Auswirkungen werden durch das neue Zeitmodell Hawkings möglich, zum Beispiel, daß ein Mensch zur gleichen Zeit an zwei oder mehreren verschiedenen Orten sein kann. Zumindest sein Bewußtsein kann auf mehreren unterschiedlichen (oder sogar einander widersprechenden) Ebenen gleichzeitig operieren.[39]
Ein Beispiel für solch eine seltsame multidimensionale Erfahrung schilderte uns ein Mann mit Namen Georg:
"Ich saß mit meiner Frau und einer Bekannten im Restaurant. Während wir auf das Essen warteten, unterhielt sich meine Frau mit der Bekannten, und ich hing einigen Gedanken nach. Ich dachte über außerkörperliche Erfahrungen nach und darüber, wie es sich wohl anfühlen würde, wenn ich jetzt in diesem Moment den Körper verlassen würde.
In diesem Moment wurde um mich herum alles dunkel, und ich verspürte ein sehr merkwürdiges Gefühl. Instinktiv wußte ich, daß mein Bewußtsein tatsächlich den Körper verlassen hatte, und eine innere Stimme wiederholte immerzu das Wort ‚Sterben'.
Ich sagte zu mir selbst, daß ich jetzt keine Angst haben dürfe, da ich mir jetzt sicher war, daß ich während des Restaurantbesuchs eingeschlafen war und träumte.
Sofort klärte sich das Bild, und ich sah eine große Mauer, deren Eingangstor verschlossen war. Jemand sagte zu mir, daß ich da ohne Hilfe nicht hineinkäme. Ich stieg auf die Mauer und wollte auf der anderen Seite herunterspringen. Da ich mich im Klartraum befand,

war dies ja ohne Risiko möglich. Doch die Stimme riet mir eindringlich davon ab und sagte, es würde so nicht funktionieren.
Schließlich gelang es mir irgendwie doch hineinzukommen, und ich sah jetzt meinen Begleiter. Es war eine graue Gestalt, die mich zu einem jungen Mann führte, den er mir als ‚Akor' vorstellte, der für mich ‚zuständig' sei.
Ich fragte, ob ich auf diese Weise öfter an diesen Ort kommen solle, doch der Graue antwortete: ‚Nein, nur dieses eine Mal. Es ist zu gefährlich.'
Akor fügte hinzu, er sehe, daß im Restaurant inzwischen die Feuerwehr eingetroffen sei und sich um meinen Körper bemühe, der offenbar bewußtlos zusammengebrochen war. Ein Feuerwehrmann würde sich gerade über mich beugen. Da wußte ich, daß ich zurück mußte.
Im gleichen Moment verschwand die Mauer, so daß ich hindurch konnte, und zurückblickend sah ich, wie die fremden Gestalten, die ich an diesem Ort getroffen hatte, sich im Kreis aufstellten und seltsame, unverständliche Laute rezitierten, durch die sich die Mauer wieder neu aufbaute. Ich jedoch schwebte jetzt über eine wunderschöne Landschaft dahin und kam dann in einem Moment wieder in meinem Körper im Restaurant zu Bewußtsein.
Als ich aufschaute, sah ich, wie ein Arzt sich über mich beugte. Er hatte ein Medikament in der Hand, das er mir wohl gerade verabreichen wollte (vermutlich Nitroglyzerin-Tabletten). Als er sah, daß ich wieder zu mir kam, sagte er jedenfalls: ‚Na, die brauche ich jetzt nicht mehr.', und steckte die Medikamente wieder in seinen Arztkoffer. Er führte noch ein paar körperliche Untersuchungen an mir durch. Dann erwachte ich zu Hause in meinem Bett."
Der eigentliche Knalleffekt an dieser Geschichte ist also, daß die ganze Szenerie im Restaurant auch ein Traum war. Der Mann träumte also, innerhalb eines normalen Traums einzuschlafen. Dieser „Traum im Traum" wurde dabei sogar zu einem Klartraum, wobei dem Mann interessanterweise trotzdem nicht klar wurde, daß das Restaurant ebenfalls nicht real war.
Vor allem ist jedoch bedeutungsvoll, daß hier nicht einfach ein für Träume üblicher Raum-Zeit-Sprung vorlag, sozusagen vom Restaurant zur Mauer, denn während der ganzen Zeit des „Traums im Traum" schien der Restaurant-Traum auf einer parallelen Ebene weiterzugehen. Diese Ereignisse wurden von Georgs Traum-

Bewußtsein zwar nicht wahrgenommen, solange er sich jenseits der Mauer befand, doch sie wurden offenbar von einem anderen Persönlichkeitsanteil von ihm, die sich „Akor" nannte, beobachtet und berichtet. Konsequenterweise erwacht Georg dann auch erst einmal wieder im Restaurant, wo tatsächlich die Ereignisse in der Zwischenzeit eine logische Fortsetzung gefunden zu haben scheinen. Dann erst erwachte er in seinem Bett. Dies muß wohl dann doch sein normaler Wachzustand gewesen sein, denn auf dieser Realitätsebene hat er uns den Traum erzählt. Wenn wir also selbst nicht nur Geträumte sind....
Das Beispiel zeigt sehr schön die multidimensionale Realitätsstruktur, wie sie nach Hawkings Modell entlang der imaginären Zeitachse angeordnet ist. Georg war in jener Nacht hier ein wenig „quer Beet" gegangen, allerdings nicht in chaotischer Weise, sondern jeder Schritt wurde in der umgekehrten Weise bis zum Aufwachen wieder rückgängig gemacht.
Durch diese klare und logische Struktur würde es wohl auch einem sehr erfahrenen Klarträumer schwer gefallen sein, die Restaurant-Szene als Traum zu erkennen.
„Träume im Traum" an sich sind sicherlich nicht so selten, doch kaum jemals hört man von einem so konsistenten Aufbau wie in Georgs Traum.
Das bekannteste Beispiel eines Traums im Traum findet sich in der romantischen Literatur. Wir meinen „Die blaue Blume" aus *Novalis'* Roman *„Heinrich von Ofterdingen":*
„Der Jüngling verlohr sich allmählich in süßen Fantasien und entschlummerte. Da träumte ihm erst von unabsehlichen Fernen, und wilden, unbekannten Gegenden. Er wanderte über Meere mit unbegreiflicher Leichtigkeit; wunderliche Thiere sah er; er lebte mit mannichfaltigen Menschen, bald im Kriege, in wildem Getümmel, in stillen Hütten. Er gerieth in Gefangenschaft und die schmählichste Noth. Alle Empfindungen stiegen bis zu einer niegekannten Höhe in ihm. Er durchlebte ein unendlich buntes Leben; starb und kam wieder, liebte bis zur höchsten Leidenschaft, und war dann wieder auf ewig von seiner Geliebten getrennt. Endlich gegen Morgen, wie draußen die Dämmerung anbrach, wurde es stiller in seiner Seele, klarer und bleibender wurden die Bilder. Es kam ihm vor, als ginge er in einem dunkeln Walde allein. Nur selten schimmerte der Tag

durch das grüne Netz. Bald kam er vor eine Felsenschlucht, die bergan stieg. Er mußte über bemooste Steine klettern, die ein ehemaliger Strom herunter gerissen hatte. Je höher er kam, desto lichter wurde der Wald. Endlich gelangte er zu einer kleinen Wiese, die am Hange des Berges lag. Hinter der Wiese erhob sich eine hohe Klippe, an deren Fuß er eine Oefnung erblickte, die der Anfang eines in den Felsen gehauenen Ganges zu seyn schien. Der Gang führte ihn gemächlich eine Zeitlang eben fort, bis zu einer großen Weitung, aus der ihm schon von fern ein helles Licht entgegen glänzte. Wie er hineintrat, ward er einen mächtigen Strahl gewahr, der wie aus einem Springquell bis an die Decke des Gewölbes stieg, und oben in unzählige Funken zerstäubte, die sich unten in einem großen Becken sammelten; der Strahl glänzte wie entzündetes Gold; nicht das mindeste Geräusch war zu hören, eine heilige Stille umgab das herrliche Schauspiel. Er näherte sich dem Becken, das mit unendlichen Farben wogte und zitterte. Die Wände der Höhle waren mit dieser Flüssigkeit überzogen, die nicht heiß, sondern kühl war, und an den Wänden nur ein mattes, bläuliches Licht von sich warf. Er tauchte seine Hand in das Becken und benetzte seine Lippen. Es war, als durchdränge ihn ein geistiger Hauch, und er fühlte sich innigst gestärkt und erfrischt. Ein unwiderstehliches Verlangen ergriff ihn sich zu baden, er entkleidete sich und stieg in das Becken. Es dünkte ihn, als umflösse ihn eine Wolke des Abendroths; eine himmlische Empfindung überströmte sein Inneres; mit inniger Wollust strebten unzählbare Gedanken in ihm sich zu vermischen; neue, niegesehene Bilder entstanden, die auch in einander flossen und zu sichtbaren Wesen um ihn wurden, und jede Welle des lieblichen Elements schmiegte sich wie ein zarter Busen an ihn. Die Flut schien eine Auflösung reizender Mädchen, die an dem Jünglinge sich augenblicklich verkörperten.

Berauscht von Entzücken und doch jedes Eindrucks bewußt, schwamm er gemach dem leuchtenden Strome nach, der aus dem Becken in den Felsen hineinfloß. Eine Art von süßem Schlummer befiel ihn, in welchem er unbeschreibliche Begebenheiten träumte, und woraus ihn eine andere Erleuchtung weckte. Er fand sich auf einem weichen Rasen am Rande einer Quelle, die in die Luft hinausquoll und sich darin zu verzehren schien. Dunkelblaue Felsen mit bunten Adern erhoben sich in einiger Entfernung; das Tageslicht, das ihn umgab, war heller und milder als das gewöhnliche, der Himmel war schwarzblau und völlig rein. Was ihn aber mit voller Macht anzog, war eine hohe lichtblaue Blume, die zunächst an der Quelle stand, und ihn mit ihren breiten, glänzenden Blättern berührte. Rund um sie her standen unzählige Blumen von allen Farben, und der köstlichste Geruch erfüllte die Luft. Er sah nichts als die blaue Blume, und betrachtete sie lange mit unnennbarer Zärtlichkeit. Endlich wollte er sich ihr nähern, als sie auf einmal sich zu bewegen und zu verändern anfing; die Blätter wurden glänzender und schmiegten sich an den wachsenden Stengel, die Blume neigte sich nach ihm zu, und die Blüthenblätter zeigten einen blauen ausgebreiteten Kragen, in welchem ein zartes Gesicht schwebte. Sein süßes Staunen wuchs mit der sonderbaren Verwandlung, als ihn plötzlich die Stimme seiner Mutter weckte, und er sich in der elterlichen Stube fand, die schon die Morgensonne vergoldete."

Dieser Traum zeigt schon alle wesentlichen Elemente eines direkten Erlebens imaginärer Zeit: die Realitäten gehen außerordentlich fließend ineinander über und lösen sich wieder auf, wobei eine Reihe ausgesprochen archetypischer Bilder erscheint, die auf einen Vorgang der Hyperkommunikation hindeuten (z. B. der Lichtstrahl). Die Szenerie stabilisiert sich erst ein wenig, als Heinrich innerhalb dieses Traumes einschläft und dann den berühmten Traum von der blauen Blume erlebt, wenngleich auch in diesem Traum die Realität flexibel und wandelbar erscheint. Man hat zeitweise als Leser Mühe nachzuvollziehen, auf welcher Traumebene sich der Träumer eigentlich befindet, und am Ende fragt man sich nicht ganz zu Unrecht, auf welcher Realitätsebene sich eigentlich die Mutter befand, die ihn weckte. War das die Realität, oder war es wieder nur ein Traum? Wie kann man das eine oder andere beweisen?

Traumkulturen

Auf unserer Suche nach Anzeichen für Realität oder Irrealität der Klarträume sind wir zu dem Schluß gekommen, daß es zwar zweifelsfrei und wissenschaftlich nachweisbar Klarträume gibt, daß wir aber im Grunde keine endgültige Aussage darüber machen können, wie real eigentlich die Welt ist, die wir im Klartraum erleben, da sie sich im Zwischenreich befindet.

Man weiß, daß Kinder im Verlauf ihrer Entwicklung drei unterschiedliche Stadien in der Bewertung ihrer Träume durchmachen. Kleine Kinder glauben, ihre Träume spielten sich auf der gleichen Realitätsebene ab wie das Tageserleben (Stadium 1). Es folgt ein zweites Stadium, in dem eine etwas widersprüchliche Mischung zwischen materieller und mentaler Interpretation der Träume vorliegt, bis die Kinder dann das Stadium 3 erreichen, in dem sie glauben, daß Träume vorrangig innere Vorgänge sind, so wie es auch Erwachsene tun.

Aber dies bezieht sich allerdings nur auf die Interpretation von Träumen, solange wir wach sind! Während des Traums sind auch Erwachsene, wie Stephen LaBerge hervorhebt, größtenteils in Stadium 1. Während wir träumen, halten die meisten von uns die Träume für Realität.

LaBerge folgert, daß der eigentlich angemessene Traumzustand eines erwachsenen Menschen der Klartraum sein sollte, der Stadium 3 entspricht. Nur im Klartraum ist der Träumer sich der Tatsache bewußt, daß er sich in einer virtuellen, mentalen Welt befindet. In diesem Punkt sind wir allerdings nicht einer Meinung mit Stephen LaBerge. Wie dieses Kapitel gezeigt hat, kann man auf der Basis der Quantenphysik auch nicht mehr von einer ausschließlich geistigen Natur der Träume sprechen.

Wenn Klarträume im Grunde „erwachsene Träume" sind, dann ist es seltsam, daß wir so selten Klarträume haben. Dies, so LaBerge, ist darauf zurückzuführen, daß es in unserer Kultur nicht zum normalen Prozeß der Erziehung gehört, das Träumen zu erlernen. Schließlich würden auch viele Menschen nicht sprechen oder schreiben können, wenn es ihnen nicht irgendwann einmal jemand beigebracht hätte!

Es gab und gibt Kulturen auf der Erde, in denen dem Träumen ein höherer Stellenwert beigemessen wird als in unserer abendländisch-christlichen Welt. Die Senoi, eine traditionelle Kultur in Malaysia zum Beispiel, lehren ihre Kinder von klein auf das Klarträumen. Auch im Erwachsenenleben spielen Träume für diese Menschen eine zentrale Rolle. Täglich stellt der Schamane des Dorfes den Bewoh-

nern bestimmte Aufgaben, die diese in ihren Träumen bewältigen sollen, z. B. sich mit einem Mitbewohner auszusöhnen oder sich mutig einem Feind oder wilden Tier zu stellen. Am nächsten Tag berichtet jeder den anderen dann über seine Erfolge.
Sind die Senoi also „erwachsener" als wir Europäer? Auf jeden Fall heißt es, daß dieser Stamm niemals Kriege führen soll...
Klarträume sind – wie wir sehen – viel älter als unsere moderne Wissenschaft. Im Klartraum betreten wir Welten, die weder als real im materialistischen Sinne, noch als Phantasie aufzufassen sind. Sie liegen irgendwo im Grenzbereich dazwischen. Im Klartraum hat der Mensch daher Zugang zu realen Informationen und kann Handlungen vollziehen, die seinen realen, materiellen Körper beeinflussen, und das, obwohl die Bühne, der Traum selbst, rein virtuell ist.
Menschen haben zu allen Zeiten diesen Weg genutzt, um zu lernen und ihre Entwicklung voranzubringen, und das in vergangenen Zeiten vielleicht sogar noch mehr als heute, wo uns Fernseher, Zeitungen und Computer zur Verfügung stehen. Da sie natürlich auch keine modernen Trainingsmethoden für Klarträume benutzen konnten, entwickelten sie andere Wege, um Eingang in die geheimnisvollen Welten jenseits des Tagesgeschehens zu finden.
Einige dieser Methoden sind bis heute überliefert und werden von vielen Menschen immer noch angewandt.

Besuche in der Zwischenwelt

Der gezielte Umgang mit veränderten Bewußtseinszuständen ist so alt wie die Menschheit selbst. In allen Zeitaltern und Kulturen haben Menschen versucht, durch bestimmte Praktiken in andere Dimensionen des Bewußtseins vorzudringen, um auf diese Weise zu Erkenntnissen zu gelangen. Dazu gehört auch der bewußte Umgang mit Träumen.
In früheren Zeiten waren derartige Techniken sogar viel bedeutsamer als heute, da die Menschen damals über keine unserer heutigen Zeit vergleichbaren Informationssysteme verfügten. Wie wir bereits in unserem Buch „Vernetzte Intelligenz" darlegten, schöpfte die Menschheit noch bis etwa zum 8. Jahrhundert vor Christus ihr Wissen hauptsächlich aus der *Hyperkommunikation*, d. h. der Kommunikation mit transpersonalen Bewußtseinsebenen, die damals zumeist als „Götter" personifiziert wurden.
Heutzutage, da viele Menschen sich auf einer neuen Sinnsuche befinden, sind viele der traditionell überlieferten Systeme und Methoden zur Bewußtseinsveränderung und -erweiterung wieder „modern" geworden. Allenthalben werden Seminare zur „schamanischen Ausbildung" oder über „magische Rituale" und Ähnliches angeboten. Nach Jahrhunderten der Verteufelung und Verfolgung durch die Kirche lernt man heute wieder die Wertschätzung für altüberliefertes Wissen.
Daran ist im Grunde nichts auszusetzen, doch wir sollten einen anderen grundlegenden Unterschied zwischen uns und den Menschen aus früheren Kulturen nicht außer acht lassen: die Leute damals hatten Zeit! Sie waren noch nicht wie wir heute einer Schnellebigkeit ausgesetzt, die zuweilen schwindelerregend sein kann, und sie verfügten auch über ein Gefühl für notwendige Entwicklungen, für ein allmähliches Heranreifen. In den Schulen der Pythagoreer studierte man etwa 10-12 Jahre, eine Druidenausbildung bei den Kelten dauerte sogar bis zu 30 Jahre. Wer ist schon heute noch bereit, so viel Zeit zu investieren?
Was heutzutage nicht sofort Resultate bringt, wird dagegen meist schnell wieder fallengelassen, und so meint man, an einem Wochenende bestimmte nützliche Rituale erlernen zu können. Und wenn das

auch nicht hilft, kann man sich schlimmstenfalls alles beim Universum bestellen. Die Folgen können verheerend sein.
Noch gefährlicher wird es, wenn man den schnellen Weg zur Bewußtseinserweiterung über Drogen wählt. Es stimmt, die alten Völker benutzten für ihre schamanischen Praktiken auch vielerlei Kräuter, Pilze und andere Substanzen. Doch sie wurden praktisch niemals süchtig davon. Meist wurde ein Mensch in solch einer Kultur von Kindheit an mit dem Gebrauch solcher Substanzen vertraut gemacht, indem man mit ganz kleinen Dosen anfing und sie so langsam steigerte, daß der erwachsene Mensch gefahrlos die Dosis zu sich nehmen konnte, die das gewünschte Resultat lieferte. Als Beispiel hierfür kann der Gebrauch des bekannten Peyote-Kaktus bei den Indianern Mexikos dienen.[40] Für Europäer und Nordamerikaner hingegen, die meist völlig unvorbereitet nach Mexiko reisen, um diese Drogen zu konsumieren, besteht höchste Gefahr.
Wenn wir also in diesem Kapitel einige Bemerkungen zu bewußtseinsverändernden Kräutern anfügen, dann in den meisten Fällen vor allem deshalb, um dringend vor derartigen Praktiken zu warnen.
Für unser Thema, Klarträume zu erreichen, sind die meisten derartigen Substanzen ohnehin irrelevant, da Drogen in der Regel lediglich eine halluzinogene Wirkung haben. Es ist jedoch aus einigen Kulturen auch Wissen über bestimmte Pflanzen überliefert, deren Gebrauch beim Erreichen des Klartraumzustandes helfen kann.

Die Mondvision

Fangen wir mit den harmloseren unter diesen Pflanzen an. Aus der Tradition der keltischen Druiden sind bekanntlich nur wenige schriftliche Zeugnisse erhalten, da die Druiden ihr Wissen in der Regel nur mündlich weitergaben. Der Grund war nicht einmal eine Geheimhaltung, sondern eher die Überzeugung, daß das Wissen durch Niederschreiben verfestigt würde, was ihrer Auffassung einer flexiblen Realität widersprach. Das wenige, was von der Weisheit der Druiden überliefert ist, ist Bestandteil einiger Bücher aus dem Mittelalter (sogenannter Grimoires), die natürlich nur noch ein schwaches Abbild wahren Druidenwissens widerspiegeln.[41]

Dennoch finden sich in diesen Grimoires einige Hinweise auf Kräuter zur Verbesserung des Traumlebens. Das *Book of Pheryllt* zum Beispiel beschreibt als Teil der Druidenausbildung eine Technik, die unserem Begriff des Klartraums entspricht. Sie heißt *Gwelaeth y Lleuad (Mondvision)*. Bei diesen Übungen mußte der Schüler Kontrolle über seinen Traum ausüben und bewußt auf die Suche nach einem Gegenstand gehen, den sein Lehrer in der Traumwelt versteckt hatte. Zur Kontrolle mußte er am nächsten Tag diesen Gegenstand benennen. Bei der „Mondvision" kam es häufig auch dazu, daß der Lehrer den Traum des Schülers betrat, um gemeinsam mit ihm die Traumwelt zu erkunden. Auf dieses sogenannte *Dreamscaping* werden wir noch später zurückkommen.
Wie in den meisten traditionellen Kulturen wurden Klarträume auch bei den Kelten anders geübt als wir es bislang in diesem Buch vorgestellt haben. Die Klarträume, die wir bislang kennen gelernt haben, begannen allesamt als gewöhnliche Träume, und erst während eines solchen Traumes erkennt der Mensch, daß er träumt.
Der andere Weg, der auch bei den Kelten beschritten wurde, ist es, beim Einschlafen zu verhindern, daß man das klare Bewußtsein überhaupt erst verliert. Während des Einschlafvorganges treten ja oft schon erste Traumbilder auf. Der Mensch muß dann versuchen, in diese entstehende Traumszenerie einzusteigen, ohne das Wachbewußtsein zu verlieren. Diese grundlegende Technik ist eine auch heute noch bekannte ernstzunehmende Alternative. Stephen LaBerge nennt solche Träume *wake induced lucid dreams* (wachinduzierte Klarträume), im Gegensatz zu den uns schon bekannten *dream induced lucid dreams* (trauminduzierte Klarträume). Wir werden auf die Technik des wachinduzierten Klartraums in diesem Kapitel noch ausführlich zu sprechen kommen.
Zwei Schlüsselpflanzen nennt das keltische Book of Pheryllt zur Erreichung des Klartraums. Eine davon ist die *Baldrianwurzel*, die ja auch in unserer heutigen Medizin als harmloses Beruhigungsmittel bekannt ist. Hier heißt es jedoch, wenn man Baldrian in höherer Dosierung als normal vor dem Schlafengehen einnehme, würde man häufig Flugträume haben. Es ist nicht gesichert, auf welchen Grundlagen dies funktionieren soll, doch kann es sicher jeder gefahrlos ausprobieren, wenn er möchte. Wenn es wirklich klappen sollte – im Traum zu flie-

gen, ist nicht nur ein sehr tiefgreifendes Erlebnis, sondern auch eine hervorragende Gelegenheit, um zu erkennen, daß man träumt.

Die zweite genannte Pflanze ist für das Erreichen wachinduzierter Klarträume sicherlich interessanter. Es handelt sich um die *Weidenrinde*. Auch diese Pflanze ist nicht nur in unserer heutigen Naturheilkunde wohlbekannt, sondern auch in der klassischen Pharmakologie, denn der arzneilich wirksame Bestandteil der Weidenrinde ist die *Acetylsalizylsäure* (ASS), also unser heutiges *Aspirin*, das natürlich mittlerweile synthetisch hergestellt wird.

Was hat ein Schmerz- und Fiebermittel wie Aspirin mit Klarträumen zu tun, so werden Sie vielleicht fragen. Hierzu muß man sich die therapeutische Wirkung von Aspirin genauer ansehen.

Dieses Medikament wirkt vor allem entzündungshemmend, indem es als Blocker für *Prostaglandin* wirkt, eine hormonähnliche körpereigene Substanz, die immunstimulierend wirkt und eine wichtige Rolle bei Entzündungen und der Entstehung des Fiebers spielt. Passiert Prostaglandin jedoch die Blut-Hirn-Schranke und tritt in die Nervenflüssigkeit (Liquor) über, so wirkt es schlaffördernd.

Acetylsalizylsäure ist damit auch ein Medikament, das dem Einschlafen entgegenwirken kann. Eventuell wurde bei den Kelten die Einnahme in Kombination mit Baldrian empfohlen, damit der Mensch nicht vollkommen wach bleibt, sondern in einen Schwebezustand zwischen Wachen und Schlafen gerät.

Da in der heutigen Zeit Wirkungen und Nebenwirkungen von Aspirin gut dokumentiert sind, kann man unter Wahrung bestimmter Vorsichtsmaßnahmen sicher auch hiermit Versuche anstellen. Allerdings wäre es empfehlenswert, kein synthetisches Aspirin einzunehmen, sondern sich aus getrockneter Weidenrinde (aus dem Kräuterladen), angesetzt mit der doppelten Menge Wodka, eine Tinktur selbst herzustellen. Sie ist nach etwa 14 Tagen gebrauchsfertig und kann dann durch ein Sieb abgegossen und in eine Tropfflasche gefüllt werden. Mit diesem natürlichen Pflanzenauszug dürfte eine bessere Wirkung erreichbar sein als mit einem synthetischen Medikament.

Dabei sollte man allerdings die gleichen Vorsorgemaßnahmen nicht außer acht lassen wie bei der Medikation mit dem kommerziell hergestellten Aspirin. Bei zu hoher Dosierung kann es zum Beispiel zu inneren Blutungen kommen, was speziell bei Personen zu beachten ist, die

aufgrund ärztlicher Verordnung Aspirin täglich einnehmen müssen (um etwa der Arteriosklerose entgegenzuwirken). Besprechen Sie Ihre Pläne bitte im Zweifelsfall mit Ihrem Arzt oder Heilpraktiker.
Die richtige Dosierung der Tinktur ist individuell anpaßbar. Als Faustregel gilt: zwei Tropfen pro zehn Kilogramm Körpergewicht.

Traumfänger

Auch zur Verbesserung der Traumerinnerung hatten traditionelle Kulturen einige Methoden vorgesehen. In England stellte man spezielle Traumkissen her, die mit bestimmten Kräutern gefüllt und neben das Kopfkissen gelegt wurden. Hier sollten offenbar Düfte die Erinnerung an Träume erleichtern. Bekannt sind auch die indianischen Traumfänger, kunstvolle, spinnennetzähnliche Gebilde, die nach Ansicht der Indianer den Traum am Entweichen hindern sollten. Nach heutiger Auffassung dürften sie vor allem einen Bewußtseinsanker, also eine Konzentrationshilfe darstellen.
Die moderne Naturheilkunde kennt ein sehr viel wirkungsvolleres Mittel, das jeder gefahrlos einsetzen kann. Man weiß nämlich, daß auch *Vitamin B6* die Traumerinnerung erheblich steigern kann.
Voraussetzung ist allerdings, daß man das Vitamin hochdosiert einnimmt. In der naturheilkundlichen Disziplin der *Orthomolekulartherapie* hat man herausgefunden, daß Vitamine und Mineralstoffe eine ganz andere therapeutische Wirkung haben, wenn man sie wesentlich höher dosiert als es der normalen Erhaltungsdosis als Nahrungsergänzung entspricht.
Im Falle des Vitamins B6 liegt die lebensnotwendige Tagesdosis bei 50 mg. Für den Einsatz in der orthomolekularen Therapie kann die Dosis bis auf das Zehnfache erhöht werden. Neben der Verbesserung der Traumerinnerung verringert Vitamin B6 dann auch das Auftreten von Alpträumen, verbessert die Konzentrationsleistungen bei Tage und wirkt Schlafstörungen und Unruhezuständen entgegen.
Eine Gefahr schädlicher Nebenwirkungen durch Überdosierung besteht bei vernünftigem Gebrauch nicht. Vitamin B6 ist wie alle B-Vitamine wasserlöslich und kann daher nicht vom Körper gespeichert werden.

Nach unseren Erfahrungen ist eine Tagesdosis von etwa 300 mg (= 3 Dragees à 100 mg) zur Verbesserung der Traumerinnerung ausreichend. Es ist in der Regel genug, dies im Rahmen einer kurzen Kur (bis die Packung verbraucht ist) anzuwenden.
Lassen Sie sich jedoch keinesfalls ein Vitamin-Komplexpräparat aufschwatzen! Dieses mag als normale Nahrungsergänzung sehr gut sein, eignet sich jedoch nicht für hohe Dosierungen, wie wir sie hier benötigen. Wenn es zum Beispiel fettlösliche Vitamine wie A oder D enthält, ist eine Überdosierung sogar gefährlich. Es gibt nach wie vor einige Pharmahersteller, die Einzelvitamine in Drageeform herstellen. Fragen Sie Ihren Apotheker, und er wird gern solch ein Präparat für Sie bestellen.
Die Unterstützung der Traumarbeit mit hochdosiertem Vitamin B6 ist ein echter Geheimtip, der im Grunde nur unter Insidern bekannt ist und den wir Ihnen wirklich empfehlen können.

Walpurgisnacht

Ganz anders sieht es mit einigen anderen Kräutern aus, die aus früheren Zeiten überliefert sind und deren Gebrauch nach heutigem Kenntnisstand jedoch gefährlich bis lebensbedrohlich sein kann.
In der Tradition der mitteleuropäischen Hexen zum Beispiel waren Praktiken des nächtlichen Hexenfluges bekannt (hieraus entstand das bekannte Bild der Hexe, die auf einem Besen reitet). Zur Unterstützung solcher Bewußtseinszustände, die irgendwo an der Schwelle zwischen Klarträumen und außerkörperlichen Erfahrungen angesiedelt sein mochten, diente damals das *schwarze Bilsenkraut (Hyoscyamus niger)*.
Diese Pflanze trägt im Volksmund auch die Beinamen Schlafkraut oder Tollkraut, was auf ihre Wirkung schon unmittelbar hinweist. Sie ist heute als äußerst gefährliche Giftpflanze bekannt. Die enthaltenen Giftstoffe *L-Hyoscyamin* und *Scopolamin* gehören zur Gruppe der Alkaloide und wirken auf das zentrale Nervensystem gleichermaßen beruhigend und anregend. Die toxische Dosis liegt allerdings bereits bei etwa 5 mg, ab 14 mg ist Scopolamin sogar tödlich, und gerade bei Verwendung von

Pflanzenteilen ist eine genaue Dosierung praktisch unmöglich.
In der Medizin wird Scopolamin zur Behandlung von Psychosen sowie der Parkinsonschen Krankheit eingesetzt. Es hat eine lähmende Wirkung und erzeugt gleichzeitig Halluzinationen.
Gleichzeitig jedoch wirkt Scopolamin, genau wie die Acetylsalizylsäure, als Blocker für Prostaglandin, so daß ein zu tiefes Einschlafen verhindert werden kann. Dies dürfte ein Hauptgrund sein, daß das Bilsenkraut früher zur Unterstützung veränderter Bewußtseinszustände eingesetzt wurde. Heute muß von diesen Praktiken dringend abgeraten werden.
Nicht minder gefährlich ist ein anderes beliebtes „Klartraum-Kraut", die *syrische Steppenraute (Peganum harmala).* Ihre Wirkstoffe sind *β-Carboline, Harmin* und *Harmalin*. Sie wirken antidepressiv und phantasieanregend und sollen ebenfalls das Erreichen des Klartraumzustandes sehr stark erleichtern.
Der Wirkmechanismus ist allerdings hier ein anderer als bei den bisher genannten Substanzen. Die Steppenraute wirkt als ein sogenannter Monoaminoxydase-Hemmer (MAO-Hemmer), gehört also zu einer Gruppe pharmazeutischer Wirkstoffe, die auch aus der Psychiatrie bekannt sind. Wie wir bereits früher erwähnt haben (s. S. 108ff.), verhindern diese Substanzen den Abbau bestimmter Neurotransmitter wie Serotonin und Noradrenalin (die zur Gruppe der Monoamine gehören). Dadurch fördern sie nicht nur die Wachheit, sondern auch das Wachbewußtsein, d. h. die normalen linearen Gedankengänge am Tage. Eine Einnahme einer solchen Substanz vor dem Schlaf begünstigt dann natürlich, daß das Wachbewußtsein im Schlaf aktiv bleibt.
Allerdings haben MAO-Hemmer sehr schwere Nebenwirkungen, so daß sie auch in der Psychiatrie nur unter strenger ärztlicher Kontrolle eingesetzt werden dürfen. Doch das ist noch nicht einmal das Schlimmste: Die Monoaminoxydase, deren Wirkung durch MAO-Hemmer, aber auch eben durch Einnahme bestimmter Pflanzen wie der Steppenraute, gehemmt wird, ist auch für den Abbau anderer Substanzen im Körper zuständig, die auf Dauer giftig wirken können.
Kurz gesagt: während des Wirkzeitraums eines MAO-Hemmers (bei Harmin bis zu 24 Stunden) darf man eine ganze Reihe harmloser Lebensmittel wie Käse, Bananen, Ananas, Fisch, Leber, Kaffee, Tee, Kakao und vieles andere nicht essen, da diese Lebensmittel dann

tödlich giftig wirken können! Gleiches gilt für Alkohol, Nikotin und viele Medikamente. Wer also MAO-Hemmer ohne ärztliche Kontrolle einnimmt oder die ärztlichen Verhaltensmaßregeln mißachtet, *der spielt mit seinem Leben!*[42]

Da wir persönlich ohnehin den Gebrauch von Drogen zu jedem Zweck grundsätzlich ablehnen, würden wir normalerweise auf dieses Thema in unserem Buch gar nicht eingehen. Doch heutzutage, durch die massenweise Verbreitung von Informationen aller Art über das Internet, werden natürlich auch massenweise Rezepturen unkontrolliert unter das Volk gebracht, oft unkritisch und unter Verkennung der Gefahren. Die hier vorgestellte Liste halluzinogener und traumfördernder Substanzen ist keineswegs vollständig. Wir wollen es jedoch an dieser Stelle dabei belassen.

DNA und magische Orte

Doch Kräuter waren nicht die einzigen Methoden, die frühere Kulturen zum Erreichen bewußterer und inhaltsreicherer Träume einsetzten. Wir wissen, daß sie zu diesem Zweck auch zuweilen bestimmte Orte aufsuchten, an denen nach ihrer Erfahrung die Traumentstehung begünstigt war. Berühmt ist zum Beispiel der Tempelschlaf der alten Griechen, der dort zu Heilzwecken eingesetzt wurde.

Daß unsere Gesundheit und ein guter Schlaf davon abhängig sind, wo unser Bett steht, ist bekannt. Hat aber die Qualität des Schlafplatzes auch einen Einfluß auf unsere Träume?

Mit Sicherheit ja, obwohl betont werden muß, daß diese Zusammenhänge bis jetzt nur auf rein empirischer Basis erforscht wurden. Exakte wissenschaftliche Beweise gibt es zu dieser Thematik bislang – noch – nicht, nicht etwa, weil es sie nicht schon geben könnte, sondern, weil noch keine systematischen Untersuchungen in diesem Bereich durchgeführt worden sind.

Die theoretische Basis liefert dazu natürlich die *Wellengenetik*, die wir ausführlich in unseren Büchern „Vernetzte Intelligenz" und „Der Geist hat keine Firewall" abgehandelt haben. Sie besagt in kurzen Worten, daß unsere Erbsubstanz, die *DNA*, eine elektromagnetische

Antenne ist, die auf diese Weise die Energie, aber auch die Information von elektromagnetischen Wellen aufnehmen und speichern kann. Ein DNA-Molekül ist ständig von einer stabilen Lichtwelle, der sogenannten *Soliton-Welle*, umgeben, die als Informationsspeicher und -sender dient.

Darüber hinaus ist die DNA auch zur *Hyperkommunikation* befähigt, indem sie mikroskopische Raum-Zeit-Verwerfungen, sogenannte *Wurmlöcher*, an ihrer molekularen Struktur andocken läßt. Diese dienen ihr dann als Kommunikationskanäle zur Übertragung von Informationen über die Grenzen von Zeit und Raum hinaus.

Da auch Klarträume Hyperkommunikationserlebnisse sind, spielt auch bei ihnen die Qualität und Stabilität der DNA-Soliton-Welle eine wichtige Rolle. Wie wir wissen, ist diese Trägerfrequenz bei den Menschen individuell sehr unterschiedlich entwickelt. Es ist aber genau die Frequenz, die unserem Bewußtsein in Bereiche jenseits von Raum und Zeit aufzubrechen erlaubt.

Das aber bedeutet, daß die Wurmlöcher, die an unserer DNA angedockt sind, bei Klarträumen stärker aktiviert werden können und müssen.

Sie sind natürlich auch bei jedem normalen Traum, vor allem in der Tiefschlafphase, besonders aktiv. Die Übersetzung der ganzheitlichen Informationen aus dem Gruppenbewußtsein in unsere menschlichen Begriffe, die dann meistens in der anschließenden REM-Phase geschieht, wird auf diese Weise fließend und kontinuierlich.[43]

Im Klartraum dagegen, der bekanntlich im REM-Stadium stattfindet, muß diese Aktivierung dauerhaft während des REM-Traumes vorhanden sein. Nur so kann unser Bewußtsein an Informationen aus der *Network Intelligence* kommen[44], egal in welcher Form. Die Übersetzung der Informationen geschieht dabei simultan.

Die Qualität dieser Übersetzung funktioniert erfahrungsgemäß besonders gut an Orten, die bereits aus alter Zeit als *„Orte der Kraft"* bekannt sind oder auf bestimmten *„Kraftlinien" („Ley lines")* liegen. Dies ist nicht einmal verwunderlich, wenn man berücksichtigt, daß wir bereits früher die Hypothese aufgestellt haben, die „Kraft eines Ortes" würde von lokalen Schwankungen der Gravitation verursacht.[45]

Gönnen Sie sich also ruhig einmal das Abenteuer, während einiger Urlaubstage gezielt auf einer Kraftlinie zu schlafen. Damit meinen wir natürlich nicht unbedingt, in einem Zelt auf einem Berg ständig auf Klarträume zu lauern. Viel praktischer ist es, zuerst Informationen zu sammeln, wie und wo die Kraftlinien in einer Region verlaufen. Abhängig von Wetter und Jahreszeit können Sie dann selbst entscheiden, ob Sie ganz abenteuerlich in freier Natur schlafen wollen oder eher ein bequemes Zimmer in einem – meist sehr gemütlichen – Gasthaus bevorzugen. Fünf-Sterne-Hotels sind auf Kraftlinien allerdings kaum zu erwarten.

Es gibt in Europa einige wenige Plätze, die hinsichtlich unserer Träume wahre Wunder bewirken können. Drei von ihnen wollen wir Ihnen als „heißen Tip" empfehlen.

Da ist zunächst die Kraftlinie durch *Gößweinstein* nahe der Wallfahrtskirche (dort befindet sich der Gasthof „Zum Stern") in der Fränkischen Schweiz, etwa zwischen Bayreuth und Nürnberg.

Der nächste Geheimtip ist der Gipfel des *Mirnock* in Kärnten (etwa 2000 m hoch gelegen), wo sich ein Alpengasthof befindet. Der Mirnock liegt auf einer planetaren Kraftlinie quer durch Österreich, die über den nahe gelegenen Millstätter See bis zum Großglockner führt. Wir möchten allerdings darauf hinweisen, daß die immense Kraft dieses Ortes nicht unbedingt etwas für Einsteiger ist. Die dortigen Energien können bei unvorbereiteten Menschen auch zu Unruhe und Schlafstörungen führen.

Wir haben die Schwankungen der Gravitation am Mirnock durch Uhrenvergleiche selbst messen und nachweisen können. Innerhalb von nur einer Stunde geht eine Stoppuhr auf diesem Berg um mehrere Sekunden falsch. Wir haben allerdings keine Langzeitmessungen durchgeführt, um festzustellen, ob diese Schwankungen dort dauerhaft vorliegen. Sie können nach unserer Erfahrung auch zeitlich variieren. Aus Gesprächen mit den Inhabern des Alpengasthofs ergab sich jedoch, daß die Energien dort subjektiv dauerhaft spürbar sind.

Eine bekannte Gravitationsanomalie liegt auch in dem polnischen Kurort *Karpacz* am Fuße der Schneekoppe vor, die dort sogar so stark ist, daß sie Flaschen, Autos und andere Gegenstände bergauf rollen läßt.[46] Auch entlang dieser Straße gibt es einige Gästehäuser, in denen man sich für Klartraumversuche einquartieren kann. Die von uns ebenfalls dokumentierte Gravitationsanomalie entlang der Via dei Laghi in Italien hingegen verläuft unpraktischerweise gänzlich auf freiem Feld.

An solchen Kraftorten ändert sich zunächst einmal ganz gewaltig das Schlafprofil eines Menschen. Man ist meist in der Lage, etwa alle drei Stunden für ca. zwei Stunden einzuschlafen, was im Vergleich zum normalen Schlafrhythmus phantastische Möglichkeiten eröffnet. Zusätzlich günstig ist die geringere Schlaftiefe an diesen Orten.
Wenn Sie sich also einmal einige Urlaubstage an einem solchen Kraftort gönnen, werden Sie es mit Sicherheit nicht bereuen und wohl auch ihr Leben lang nicht mehr vergessen.
Solch eine natürliche geomantische Stütze kann Ihnen helfen, Klarträume zu erlernen – und zwar schnell, oder, wenn Sie schon Klarträumer sind, werden Sie an einer Kraftlinie Ihre Möglichkeiten voll ausschöpfen können.
Der Schlaf auf einer Kraftlinie bietet praktisch einen ununterbrochenen Zugang zum kosmischen Netz der Intelligenz. Sie werden also während des Träumens eine einmalige Klarheit des Bewußtseins erleben können. Dann werden Sie ganz deutlich merken, an eine intelligente Wissensquelle angeschlossen zu sein (ein Gefühl, das man nicht beschreiben kann), und Sie können, wenn Sie es wollen, diese Möglichkeiten beliebig ausleben.
Am Anfang empfehlen wir Ihnen, nach jedem Schlaf die Informationen, die Sie bewußt gefördert oder erhalten haben, mit einem Diktaphon aufzunehmen. Wie Sie diese Informationen später auswerten oder benutzen, ist Ihre Sache. In Ihren Träumen werden Sie sie als Bilder, akustisch hörbare Texte oder energetische Abenteuer erleben.
Aber wir warnen Sie – es lohnt sich nicht zu übertreiben. Sie müssen die Träume auf einer Kraftlinie mit Ihrem körperlich-psychischen Zustand synchronisieren und zuerst Ihrer DNA und Ihrem Bewußtsein nur kurze, leichte Dosen anbieten. Nur wahre Könner werden auf eigene Verantwortung das wagen zu erleben, wozu sie auch den Mut und das Bedürfnis haben.
An Kraftorten übt man allerdings Klarträume ein wenig anders, als wir es bislang kennen gelernt haben. Man benutzt nämlich vorzugsweise die Technik der wachinduzierten Klarträume, auf die wir bereits kurz eingegangen sind. Nur so kann man die energetischen Möglichkeiten des Ortes für die Träume voll nutzen. Wir möchten Ihnen jetzt genauer erklären, wie diese Technik funktioniert.

Bis jetzt kannten wir die Situation, daß wir einen normalen Traum hatten und es erreichen mußten, in diesem Traum klar zu werden.
Jetzt drehen wir den Spieß um, d. h. wir sind schon klar (bzw. noch wach) und müssen jetzt „nur noch" träumen.
Wie wir alle wissen, ist der Vorgang des Einschlafens ein Prozeß, der eine gewisse Zeitspanne in Anspruch nimmt. Nachdem wir uns zum Schlafen hingelegt und die Augen geschlossen haben, sind wir zunächst noch eine Zeitlang wach, unser Gehirn geht jedoch schon sehr bald in einen entspannten *Alpha-Zustand* über, in dem unsere rastlosen Gedanken des Tages zur Ruhe kommen.
In diesem Zustand erreichen uns häufig schon erste Traumfragmente, flüchtige Bildfetzen, die die Wissenschaft als *hypnagoge Bilder* bezeichnet. Wenn wir nicht durch äußere Reize gestört werden, geht dieser Zustand nach einiger Zeit in den normalen Schlaf über.
Bereits für die alten Kulturen war dieser Schwebezustand zwischen Wachen und Schlafen außerordentlich bedeutsam, und im Zuge einer Ausbildung im Träumen (wie z. B. bei der keltischen Mondvision) lernte der Schüler, in diesem Moment das wache Bewußtsein zu halten und so bereits bewußt in den Klartraum einzutreten. Sämtliche „kritischen Fragen" nach dem Realitätsgehalt der Traumszenerie sind bei dieser Technik überflüssig. Beim wachinduzierten Klartraum weiß der Träumer von vornherein, daß er träumt und daß er sich in einer Traumszenerie befindet.
Das heißt allerdings nicht, daß diese Klartraumtechnik etwa einfacher zu erlernen wäre. In der Regel ist das Gegenteil der Fall. Nach unserer Erfahrung lernen die meisten Menschen die früher beschriebenen trauminduzierten Klartraumtechniken schneller. Das *bewußte Einschlafen* hat aber dennoch als gleichberechtigte Technik große Bedeutung, denn

- es gibt Menschen, die ganz einfach für diese Technik eine natürliche Begabung mitbringen. Ob Sie auch zu diesen Menschen gehören, können Sie natürlich nur herausfinden, wenn Sie es ausprobieren.
- es gibt, wie gesehen, Hilfsmittel, die einem zu tiefen Einschlafen bzw. zu starken Dämpfen des Wachbewußtseins entgegenwirken können.

Die Hauptschwierigkeit beim bewußten Einschlafen besteht darin, die Balance zwischen Wachbewußtsein und sich entwickelnder Traumszenerie zu halten. Wenn Sie es ausprobieren, werden Sie es schnell feststellen: man darf zum Beispiel die hypnagogen Bilder vor dem inneren Auge nicht zu stark fixieren, sonst lösen sie sich einfach wieder auf. Zudem fördert jeder fixierende Blick das Erwachen, wie wir noch sehen werden.

Jede Form des Erzwingenwollens wird bei dieser Technik den Erfolg hundertprozentig verhindern. Dadurch erreicht man nur, ganz einfach wach zu bleiben (bis man nach einiger Zeit vermutlich so müde ist, daß man in den Tiefschlaf absackt).

Bewußt einzuschlafen bedeutet nicht, es willentlich zu tun (niemand weiß schließlich, wie man es macht), sondern nur, es geschehen zu lassen, in die sichtbar werdende Traumszenerie hineinzugehen und nach Möglichkeit mit ihr zu verschmelzen. Die einzige Aufgabe des Wachbewußtseins besteht darin, diese Vorgänge beobachtend zur Kenntnis zu nehmen und sich dabei ständig zu wiederholen: *„Das ist ein Traum."*

Zur Unterstützung dieser Einschlaftechnik haben wir eine spezielle Klartraum-Meditation entwickelt, die wir im Kapitel „Dream Control" schon beschrieben haben. Diese Meditation kann man abends am Bett laufen lassen und versuchen, dabei (bewußt) einzuschlafen. Den Text zu dieser Meditation verdanken wir übrigens einer Hyperkommunikationserfahrung im Klartraum!

Die Technik des bewußten Einschlafens eignet sich auch hervorragend für ein kleines Nickerchen am Nachmittag oder wenn man sich am Sonntagmorgen noch einmal auf die andere Seite dreht, bevor man aufsteht. Auf diese Weise kann man übrigens auch erlernen, den letzten Traum vor dem Erwachen bewußt fortzusetzen.

Die Tatsache, daß wir hier nahtlos aus dem Wachzustand in den Klartraum (und damit in den REM-Traum, ohne Umweg über die Tiefschlafphase) übergehen, kann zu einigen seltsamen Körperempfindungen führen, die bei den bisher bekannten trauminduzierten Klarträumen nicht auftraten.

Bekanntlich ist im REM-Schlaf die Muskulatur des Körpers mit Ausnahme der Augen und der Atemmuskulatur vollständig paraly-

siert. Beim bewußten Einschlafen muß man also damit rechnen, daß man dies noch zumindest teilweise im materiellen Körper bewußt spürt, während man beim trauminduzierten Klartraum im Moment der Klarheit bereits voll mit dem Traumkörper identifiziert ist.
Zu diesen möglichen Empfindungen gehören:

- ein Gefühl der Bewegungsunfähigkeit
- ein Schweregefühl auf der Brust
- Empfindungen von Elektrizität im Körper
- eventuell ist ein Summen oder ein anderes Geräusch zu hören
- ein Gefühl der Auflösung des Körpers oder sogar der Eindruck, den Körper zu verlassen

Alle diese Gefühle sind vollkommen ungefährlich und spiegeln nur normale physiologische Vorgänge beim Übergang in den REM-Schlaf wider. Ein unvorbereiteter Mensch kann sich jedoch dadurch erschrecken, was in der Regel zum Erwachen führt. Um also einmal wieder den guten alten *Lawrence von Arabien* zu zitieren: *„Der Trick ist, daß man sich nichts daraus macht."*
Selbst bei dieser Methode des bewußten Einschlafens muß man allerdings aufpassen, daß einen das Unterbewußtsein nicht austrickst. Es ist nämlich nicht immer zufrieden mit unserem Wunsch nach Klarheit im Traum, da es sich auch nicht in alle Karten schauen lassen möchte. Daher bedient es sich so mancher Finten, um uns in die Irre zu führen. Einige Beispiele haben wir schon in früheren Kapiteln angesprochen.
Wie das Unbewußte einen Naturwissenschaftler ins Bockshorn jagt, indem es genau seine Vorlieben und Interessen ausnutzt, zeigt dieses lustige Beispiel:
Franz gelang es eines Nachts, durch die Technik des bewußten Einschlafens in einen wachinduzierten Klartraum zu gelangen. Die eigentliche Traumhandlung tut hier nichts zur Sache, denn schon nach kurzer Zeit ertönte von rechts oben, offenbar aus einem Lautsprecher, eine laute Ansage: „Achtung, Achtung! Wir müssen jetzt den Klartraum verlassen, da wir in die nächste Tiefschlafphase gehen müssen."
Klartraum ade!

Grazyna ließ sich bei anderer Gelegenheit eher auf psychologischem Terrain austricksen. Sie träumte, mit einer Reisegruppe an einer Safari in einem tropischen Dschungel teilzunehmen. Plötzlich sahen sie aus dem Unterholz drei Tiger hervorkommen. Ein Mann neben ihr machte schon sein Gewehr schußbereit, da sagte Grazyna zu ihm: „Wenn Paul Tholey jetzt hier bei uns wäre, dann würde er den Tiger bestimmt fragen, wer er ist."
„Ja ja, ganz sicher.", antwortete der Mann schmunzelnd und legte das Gewehr zum Schuß an.
„Vielleicht schießen Sie lieber nicht auf den Tiger?", bat ihn Grazyna, „Vielleicht ist das ja doch irgend jemand."
Daraufhin ließ der Mann sein Gewehr wieder sinken. Der Rest des Traumes verlor sich im Dschungel des Unbewußten.
Über die Technik des bewußten Einschlafens läßt sich im Grunde nicht viel mehr sagen, denn die dabei auftretenden Empfindungen lassen sich nur schwer beschreiben, sondern können nur erfahren werden.
Wir können Ihnen – neben der bereits erwähnten Klartraum-Meditation – allerdings noch einige Übungen vorstellen, mit denen Sie das Erlernen dieser Technik sinnvoll unterstützen können.
Da es beim bewußten Einschlafen darauf ankommt, auftretende Bilder bei klarem Bewußtsein zu halten, ohne sie zu fixieren, sind vor allem Visualisierungsübungen zu empfehlen, die Sie bei Tage durchführen können.

Kerze – Apfel – Tasse – Stein

Beginnen Sie hierzu mit einer brennenden Kerze. Schauen Sie mit offenen Augen auf diese Kerze, bis Sie spüren, daß Ihre Augen ermüden. Schließen Sie dann die Augen. Sie werden sehen, daß auch bei geschlossenen Augen ein schwaches Abbild der Kerze erhalten bleibt. Dies ist zunächst einmal ein rein physiologischer Vorgang, ein sogenanntes *eidetisches Nachbild*, das dadurch entsteht, daß die lichtempfindlichen Rezeptoren in der Netzhaut des Auges eine gewisse Zeit brauchen, um aus einem Reizzustand wieder in den Ruhezustand überzugehen.
Diesen natürlichen Vorgang nutzen wir jetzt für unsere Visualisierungsübung aus, was den Vorteil hat, daß keiner behaupten kann, daß er das nicht kann!

Halten Sie die Augen so lange geschlossen, bis das Nachbild verschwindet, und öffnen Sie sie dann wieder und schauen Sie auf die Kerze. Diesen Vorgang wiederholen Sie anfangs insgesamt drei Mal. Nach und nach können Sie die Übung auch verlängern. Ziel der Übung ist es, ein Bild vor dem inneren Auge möglichst lange stabil zu halten, ohne dies bewußt zu erzwingen.

Wenn es mit der Kerze schon gut klappt, können Sie auch auf andere Gegenstände übergehen, die nicht selbstleuchtend sind, etwa einen Apfel, eine Tasse oder einen Stein.

Betrachten Sie Ihren gewählten Gegenstand etwa drei Minuten lang mit offenen Augen, ohne sich auf irgendein Detail zu konzentrieren, sondern versuchen Sie, das Bild in seiner Gesamtheit zu erfassen. Dann schließen Sie die Augen und betrachten das Nachbild, bis dieses wieder verschwindet, genau wie bei der Kerze.

In der dritten Stufe können wir die Übung auch noch etwas schwieriger machen. Nachdem Sie den Gegenstand Ihrer Konzentration einige Zeit betrachtet haben, schließen Sie die Augen nicht, sondern drehen nur den Kopf, so daß der Gegenstand aus dem Blickfeld rückt, und versuchen Sie, das Nachbild diesmal mit offenen Augen im Raum zu sehen, unabhängig davon, was sich sonst in Ihrem neuen Blickfeld befindet. Achten Sie dabei auch auf Ihre Gefühle und stellen Sie sich vor, daß das Objekt, dessen Bild Sie da im Raum hängen sehen, wirklich existiert, und zwar nur deshalb, weil Sie es so wollen.

In der vierten Stufe schließlich erzeugen Sie wieder ein virtuelles Nachbild bei geschlossenen Augen, versuchen aber diesmal, dieses Bild mit Hilfe Ihres Willens zu manipulieren. Rücken Sie es zum Beispiel im Raum hin und her, oder verlegen Sie es in einen Bereich Ihres Körpers, etwa in Ihr eigenes Halschakra, einen feinstofflichen energetischen Wirbel, der sich ungefähr auf Höhe Ihres Halsansatzes befindet.

Tibetanischer Traum-Yoga

Sobald Sie in diesen Visualisierungstechniken geübt sind, können Sie auch eine traditionell überlieferte Methode des bewußten Einschlafens üben: den *Tibetanischen Traum-Yoga*.

So einfach diese Methode aussehen mag – sie ist ein außerordentlich machtvolles Verfahren der tibetanischen Traummagie und hilft vermutlich dabei, die rechte Gehirnhälfte zu aktivieren, die ja bei der Traumentstehung eine wichtige Rolle spielt.

Aus den mystischen Traditionen Zentralasiens ist es überliefert, daß man veränderte Bewußtseinszustände auch dadurch erreichen kann, daß man sich auf bestimmte Körperregionen konzentriert.

1. Visualisieren Sie also zuerst das Bild einer Lotosblüte, in deren Zentrum eine Flamme brennt.
2. Wenn dieses Bild klar und deutlich vor Ihrem inneren Auge steht, bewegen Sie es in den Bereich Ihres Halschakras.
3. Konzentrieren Sie Ihr Bewußtsein auf die Spitze der Flamme.
4. Sobald das Bild plastisch und lebendig ist, lassen Sie es einfach existieren und beobachten Sie es nur rein passiv.
5. Mit der Zeit wird sich das Bild der Flamme in der Lotosblüte vermischen mit anderen Bildern, die vor Ihrem inneren Auge entstehen.
6. Lassen Sie sich von diesen Bildern nicht einfangen, sondern beobachten Sie nur, wie sie kommen und gehen.
7. Das Bild der Lotosblüte soll kontinuierlich im Bewußtsein bleiben.
8. Schließlich kommt der wichtigste Schritt (von ganz allein!!!): das Bewußtsein wird sich mit dem Bild vermischen, d. h. der Beobachter und das Bild werden eins.

Nach Aussagen der Tibeter wird in diesem Zustand das klare Bewußtsein im Traum so lange erhalten bleiben, wie das Bild des Lotos bleibt.

Damit haben wir Ihnen im Grunde eine breite Basis von Möglichkeiten zur Verfügung gestellt, wie Sie den Zustand des Klartraums erreichen können. Wählen Sie für sich aus der ganzen Vielfalt diejenigen Übungen und Techniken aus, die Ihnen am meisten liegen, oder seien Sie kreativ und erfinden Sie Ihre eigenen Methoden.

Wann bin ich?

„ICH TRÄUMTE, UND ICH WUSSTE, DASS ICH TRÄUMTE.
In dem großen Konferenzraum, in dem ich mich befand, war die Konferenz bereits mitten im Gange. Ich sah viele Männer an einem ovalen Tisch sitzen. Offiziere waren darunter, aber auch Zivilisten, offenbar Wissenschaftler und Regierungsbeamte.
Einer hatte gerade das Wort: ‚Ich war heute beim Präsidenten, und er hat mir noch einmal zu verstehen gegeben, daß wir Projekt Eden-2 jetzt konsequent durchziehen müssen, weil die das brauchen. Sie haben dem Präsidenten erläutert, daß diese Frequenzen in der Atmosphäre zur Stabilisierung ihrer Wahrnehmung unabdingbar sind.'
‚Und das soll keine Auswirkungen auf die Wahrnehmungsfunktionen der normalen Bevölkerung haben?', fragte ein Politiker.
‚Also, die meisten merken davon gar nichts.', antwortete ein Biophysiker, ‚Die Veränderungen sind viel zu subtil. Langfristig kommt es allerdings zu Änderungen des Frequenzmusters der menschlichen DNA. Seit wir die Wellengenetik haben, können wir diese Mechanismen ja nachvollziehen. Aber unsere Modellrechnungen haben gezeigt, daß langfristig keine ernsthaften Schäden zu befürchten sind. Bei den meisten Menschen wird sich die Erbsubstanz sogar verbessern. Im Grunde ist es eine nebenwirkungsfreie und harmlose genetische Veränderung. Die wird dann weiter vererbt, und so wird sich das langfristig stabilisieren.'
‚Die erbitterten Diskussionen in der Öffentlichkeit, etwa über das Klonen von Menschen, kommen da gerade recht.', fügte der Forschungsminister hinzu, ‚Die Leute wissen gar nicht, daß das für uns nur eine Nebensache ist, da sie von der solitonischen DNA-Struktur keine Ahnung haben.'
‚Allerdings verändern die Frequenzen auch menschliche Gehirnwellenstrukturen.', gab ein Neurophysiologe zu bedenken, ‚Und wir wissen ja, daß gerade von diesem erst kürzlich entdeckten Gamma-Band der Gehirnwellen wichtige Wahrnehmungsfunktionen gesteuert werden.'
‚Meine Herren,', unterbrach ihn der Präsidentenberater, ‚das haben wir doch alles schon hinter uns. Jetzt fehlt uns leider die Zeit für solche Grundsatzdebatten. Wir haben nur noch ein Jahr, um Eden-2 flächendeckend umzusetzen.'

‚Das ist aber verdammt kurzfristig.', meinte einer der Beamten.
‚Die Zeit reicht völlig aus.', beruhigte ihn ein Elektronik-Ingenieur, ‚die Zwischenmodule stehen ja schon überall, sie müssen nur noch synchronisiert werden. Das ist aber keine besonders komplizierte Technik.'
‚Was wird denn sonst noch für das Projekt benötigt?', hakte einer nach.
‚Ich habe die geheimen Spezifikationen vom Präsidenten bekommen. Es gibt noch einige andere kleinere Veränderungen in der Biosphäre.', erklärte der Präsidentenberater, ‚Die globale Temperatur muß nur geringfügig erhöht werden, und auch die Zusammensetzung der Atmosphäre muß leicht angepaßt werden. Aber das leistet ja im Grunde schon die Industrie für uns. Nicht für umsonst wurden bislang alle Beschlüsse von Klimakonferenzen erfolgreich abgeblockt.'
‚Was mir am meisten Sorgen macht:', meinte ein Arzt, ‚viele Menschen vertragen diese Frequenzen schon jetzt nicht. Sie fühlen sich belästigt, einige können sie sogar wahrnehmen, andere entwickeln unterschiedliche Krankheitssymptome. Was soll da erst werden, wenn Eden-2 im Vollausbau läuft?'
‚Das betrifft mit Sicherheit nur eine kleine Minderheit,', warf der Biophysiker ein, ‚vielleicht zwei bis maximal drei Prozent der Bevölkerung.'
‚Leider sind einige dieser Leute schon an die Öffentlichkeit gegangen.', bemerkte ein Politiker.
Jetzt meldete sich erstmals der General zu Wort, der am Kopf des Tisches saß: ‚Das kriegen wir in den Griff. Die Presse nimmt diese Leute sowieso nicht ernst, und wir haben über das ganze Projekt eine strenge Geheimhaltungsstufe verhängt. Jetzt bewährt es sich, daß wir schon frühzeitig einige ausgewählte Informationen an Filmproduzenten durchsickern ließen, die das dann zu Science-Fiction-Filmen verarbeitet haben. Jeder, der sich zu diesen Symptomen bekennt, wird wohl für einen Spinner gehalten werden, der zu viel fernsieht.'
All diese Aussagen erschütterten mich, und gleichzeitig fragte ich mich in diesem Moment, was ich eigentlich auf dieser Konferenz zu suchen hatte. Doch ich bemerkte zu meiner Beruhigung, daß mich ganz offenbar niemand wahrnahm. Ich träumte, und nur mein Bewußtsein war als unsichtbarer Beobachter anwesend.
Ich hatte schon viele Klarträume erlebt, aber dieser hier war anders.

Ich fühlte deutlich, hier nicht einfach eine selbsterschaffene Traumwelt zu beobachten, sondern irgendwie Zugang zu realen Informationen erhalten zu haben. Die ganze Szenerie wirkte nicht nur unheimlich, sondern beinahe erschreckend real.
Leider hatte ich mich etwas zu spät in die Szenerie eingeklinkt und so den Anfang der Diskussion verpaßt. Daher wußte ich nicht hundertprozentig, um welche Art Projekt es sich bei ‚Eden-2' genau handelte und wer ‚die' waren, die diese Frequenzen angeblich brauchten.
Aber ich träumte ja, und so beschloß ich, es herauszufinden.
Kaum hatte dieser Gedanke in mir Gestalt angenommen, da verschwand auch schon der Konferenzraum, und ich befand mich in einer künstlich beleuchteten, offenbar unterirdischen Anlage. Ich sah Menschen geschäftig durch endlose Gänge laufen und Büros oder Labors betreten.
Langsam glitt ich schwebend durch den Hauptkorridor, in der Hoffnung, irgendwo ins Herz der Anlage vorzudringen. Es war ein prima Gefühl zu wissen, daß für mich in diesem Moment keine Geheimhaltungsstufe existierte. Niemand bemerkte mich, und für mein Bewußtsein bildeten Wände oder Türen kein Hindernis.
Mittlerweile hatte ich schon fast eine große Flügeltür erreicht, die offenbar zu einem Kontrollraum führte, und wollte sie gerade durchdringen, da spürte ich plötzlich, daß hier etwas anders war als im Konferenzraum. Ich nahm Gesprächsfetzen wahr, konnte aber die Menschen, die die Worte sagten, nicht sehen. Die Informationen drangen nur seitlich von oben an mein Ohr.
‚Wir haben ihnen ein Jahr Zeit gegeben.', glaubte ich zu hören, ‚Sie denken, wir brauchen das für unsere Wahrnehmung, obwohl wir in ... Moment mal – da ist jemand!'
‚Ja, ich habe ihn hier auf meinem Display. Das ist wieder so ein Traumreisender, wie wir ihn schon öfter hier hatten. Du kümmerst dich darum?'
Ich erschrak zutiefst. Wo hatte ich mich hier hingewagt? Die, bei denen ich gelandet war, verfügten offenbar über eine Technologie, um die Anwesenheit meines Bewußtseins zu bemerken. Ich bekam Panik, und bevor ich noch etwas unternehmen konnte, wurde mein Blickfeld eingeengt wie bei einem Kameraobjektiv.
Im gleichen Moment begann die ganze Szenerie wellenartig zu ver-

schwimmen und wurde dabei blasser und blasser, bis ich mich unversehens in einem anderen Raum befand. Dort standen zahlreiche Monitore und Geräte, an denen Wissenschaftler und Techniker arbeiteten. Die Geräte wirkten futuristisch, dabei aber irgendwie unglaubwürdig, ja sogar lächerlich. Jetzt hatte ich wirklich das Gefühl, in einem schlechten Science-Fiction-Film gelandet zu sein. Die Szenerie war längst nicht mehr so real und plastisch wie zuvor.
Meine Angst war mir jetzt genommen, doch ich fühlte in mir eine starke Wut aufkommen. Diese Leute, die mein Eindringen bemerkt hatten, verfügten offenbar über Technologien zur Manipulation meiner Wahrnehmung und konnten so ihre Geheimnisse hinter einer virtuellen Scheinrealität verbergen, die auch ich als Klarträumer im Moment nicht ohne weiteres durchdringen konnte. Zumindest wußte ich nicht wie.
Sollte ich mir so etwas bieten lassen, mir eine billige Science-Fiction-Story vorzugaukeln? Da mir jedoch klar war, daß ich in diesem Traum nichts Wesentliches mehr erfahren konnte, zog ich mich zurück.
Wie aber sollte ich mich weiter verhalten? Ich hielt es für zu riskant, in einer anderen Realität einfach weiter zu träumen. Es gefiel mir nicht, daß sie mich dann vielleicht weiterhin auf ihren Monitoren haben würden. Also fixierte ich eine Zeitlang einen festen Punkt in der virtuellen Szene und wachte dadurch langsam in meinem Bett auf.
War das nun nur eine bizarre Phantasie oder der erste Schritt in die Wirklichkeit? Der Traum war ungewöhnlich klar, und ich hatte ein sehr starkes Gefühl, daß mir hier zumindest Wissen übermittelt wurde. Und plötzlich erschrak ich noch einmal. Wenn es das wirklich geben sollte, wer war dann für Projekt Eden-1 verantwortlich?"

Die klassische Psychologie geht davon aus, daß sich Träume ausschließlich im Innern dessen, der träumt, abspielen. Sie steht damit in krassem Gegensatz zu vielen traditionellen, vor allem schamanischen Kulturen, in denen die Vorstellung vorherrscht, der Mensch verlasse im Schlaf seinen Körper und wandere durch andere Sphären des Bewußtseins, wobei ihm dann auch andere Menschen, die ebenfalls träumen, oder sonstige Wesen begegnen können.
Lange Zeit hat unsere westliche Wissenschaft derartige Vorstellungen als „primitiv" abgetan. Heute muß man jedoch die Sache etwas

differenzierter sehen. Natürlich – die meisten Figuren, die in unseren Träumen auftreten, sind Schöpfungen unseres eigenen Unbewußten. Wäre dies nicht so, dann könnte man sie nicht in andere Figuren verwandeln, und sie würden auch nicht ganz bestimmte Probleme repräsentieren, die der Träumer in sich trägt.

Dennoch zeigen schon die Experimente mit Klarträumern im Schlaflabor, daß Träume sich in einer Zwischenwelt zwischen Geist und Materie abspielen. Die Quantenphysik erlaubt es ohnehin nicht mehr, zwischen beiden Polen kategorisch zu trennen. Könnten wir dann nicht vielleicht doch im Traum auch Kontakt zu realen Personen, Wesen oder Wissensquellen aufnehmen?

Daß im Traum, speziell im Klartraum, Wissen verfügbar werden kann, das den persönlichen Wissensschatz des Träumers übersteigt, dürfte unstrittig sein. Zu viele Entdeckungen wurden im Traum schon gemacht, zu viele Menschen berichten über Erkenntnisse im Traum, mit denen sie nichts anfangen können, die sich im nachhinein aber als richtig herausstellen.[47] Wie dieser Vorgang der *Hyperkommunikation*[48], also der raum-zeitübergreifenden Kommunikation auf der Basis unserer DNA, allerdings zu erklären ist, ob es dabei zu realen Kontakten mit anderen Bewußtseinsformen oder lediglich zum Anzapfen eines kollektiven Wissensspeichers kommt, ist momentan noch strittig.

Traumtelepathie auf roten Socken

Empirische Resultate lassen allerdings auch den Schluß zu, daß es im Traum, vor allem im Klartraum, zu ganz konkreter Kommunikation zwischen Menschen kommen kann, bis hin zu gemeinsamen Träumen. Die elementarste Form dieser Kommunikation ist sicher die *Traumtelepathie*, die schon mehrfach durch Experimente in Schlaflaboren nachgewiesen werden konnte, erstmals z. B. in den sechziger Jahren durch *Montague Ullman, Stanley Krippner* und *Sol Feldstein* vom *Maimonides Medical Center* in Brooklyn.[49] Sobald die Testperson sich im REM-Schlaf befindet, konzentriert sich ein Experimentator auf ein bestimmtes Bild, etwa eine Postkarte mit einem Landschaftsmotiv oder ein Gemälde. Nach einigen Minuten wird die Testperson geweckt

und gefragt, was sie geträumt hat. In sehr vielen Fällen beschrieben die Probanden genau das Motiv, das das Bild zeigte.
So eindrucksvoll derartige Studien im Labor auch sein mögen, die Erlebnisse von Menschen aus dem richtigen Leben sind immer noch die interessantesten. An einem unserer Klartraum-Intensivtrainingskurse nahm einmal eine junge Frau namens Martina teil, die mit den Klarträumen erhebliche Schwierigkeiten hatte. Sie konnte sich zwar immer an ihre Träume sehr gut erinnern, bemerkte jedoch nur selten, daß sie träumte, und wenn es ihr doch einmal gelang, dann verlor sie meist die Klarheit nach kurzer Zeit wieder.
Anhand ihrer Traumschilderungen erkannten wir jedoch bald, daß sie offenbar für Traumtelepathie sehr begabt war.
Walter, ein anderer Kursteilnehmer, war passionierter Bergsteiger und stand kurz davor, zu einer Expedition in die Anden nach Peru aufzubrechen. So kamen wir gemeinsam auf die Idee, daß die beiden während dieser Reise ein Experiment durchführen konnten.
Durch die sechsstündige Zeitverschiebung war es in Peru noch später Nachmittag, während Martina in Deutschland schon schlief. Walter erhielt daher die Aufgabe, jeden Tag zu einer festgelegten Zeit eine Information an Martina zu senden, und sie sollte täglich ihre Träume notieren.
Einige Zeit später trafen wir die beiden wieder, um die Ergebnisse zu besprechen. Tatsächlich gab es hin und wieder einige bemerkenswerte Übereinstimmungen zwischen den gesendeten Informationen und den Trauminhalten, während es an anderen Tagen nicht so gut geklappt hatte.
Bemerkenswert war jedoch ein Ereignis: Eines Nachts träumte Martina, nur Walters Füße zu sehen. Sie beobachtete, wie er die Schuhe auszog und sich ein Paar frische rote Socken anzog, da er vom Wandern große Blasen an den Füßen hatte. Walter hatte in seinem Tagebuch notiert, daß er an jenem Tag zur verabredeten Zeit leider keine Nachricht an Martina schicken konnte. Sie können es sich sicher schon denken – er hatte vom Wandern Blasen bekommen und mußte sich zur besagten Zeit darauf konzentrieren, seine Blasen zu behandeln und die Socken zu wechseln, um die Wanderung fortsetzen zu können...

Dreamscaping

Egal, was die klassische Wissenschaft darüber denken mag – wagen wir uns nun etwas tiefer in die Welt bizarrer Traumerlebnisse.

Wenn wir im Traum einen Traumkörper haben und unser Bewußtsein während eines Klartraumes frei und unabhängig von Raum und Zeit bewegen können, so stellt sich natürlich die logische Frage, ob man sich auch in den Traum eines anderen Menschen bewußt projizieren kann. Sozusagen einen *Traumsprung* zu machen, bei dem man eine ausgewählte Person in ihrem Traum besucht.[50]

Es mag vielleicht nach Science fiction klingen, aber es ist tatsächlich möglich. Ein *Dreamscaper*, zu Deutsch also ein „Traumspringer", ist auf keinen Fall ein Magier oder ein Unmensch, der andere Personen ausnutzen will. Das nur vorab, um die ethische Komponente der Sache zu klären.

Wenn man diese Stufe der Klarträume erreicht hat, verliert man die Lust an niedrigen Triebbefriedigungen automatisch, weil sie ab einem bestimmten Punkt einfach nicht mehr interessant sind. Ein Dreamscaper handelt bewußt und weiß, wie er es machen darf. Natürlich wird er sich nicht zu einer beliebigen Person im Traum bewegen, sondern immer zu jemandem gehen, mit dem er eine Zusammenarbeit vorher verabredet hat. Daß diese Person auch ein Klarträumer sein muß, ist selbstverständlich.

Jeder schlafende Mensch kann einen Dreamscaper entweder „empfangen" oder „abwehren", je nachdem, ob er die Verbindung in diesem Moment akzeptiert oder nicht. Es ist nämlich ohne weiteres möglich, eine solche reale Person, die in den Traum kommt, von normalen Traumfiguren aus dem Unbewußten zu unterscheiden.

Im Fall einer Abwehrreaktion spürt der Dreamscaper eine Art energetischer Barriere, die ihm nicht erlaubt, weiter in den Traum einer Person zu gehen. Er zieht sich zurück.

Wenn eine solche „Barriere" nicht vorhanden ist, kommt es zu einem gemeinsamen Traum, der natürlich ein Klartraum sein sollte.

Beim unvorbereiteten Menschen, der überraschend „Besuch" im Traum bekommt, geschieht diese energetische Abwehr ganz automatisch aus dem tiefsten Unbewußten heraus. Es ist eine Art Selbstschutzmechanismus, der deshalb auch nicht erklärt oder erlernt werden müßte.

Der Sinn des Dreamscaping ist es, die persönlichen multidimensionalen Daten beider Seiten zu überprüfen, zu korrelieren oder sogar zu synchronisieren. Natürlich geschieht eine solche Prozedur nicht in jeder Nacht und bleibt zwischen den beiden Eingeweihten auch geheim. Sie ist jedoch sehr praktisch, besonders zwischen Menschen, die voneinander wissen, was für Lebensaufgaben sie auf der Erde haben, und die sich bei ihrer Arbeit gegenseitig bewußt unterstützen wollen.
Meistens reden Dreamscaper sogar nicht über ihre nächtlichen Treffen, und so bleibt diese verborgene Verbindung für die Außenwelt weder sichtbar noch nachvollziehbar.
Eine direkte Bewußtseinsverbindung ist im Klartraum eine relativ selten praktizierte Kommunikationsform zwischen zwei Menschen. Sie eröffnet jedoch für die beiden die Möglichkeit emotionalen, intellektuellen und geistigen Austauschs, der in Nullzeit stattfindet und Bereiche umfaßt, die einem sprachlichen Austausch nicht zugänglich sind, weil unserer menschlichen Sprache die Worte dafür fehlen.
Wir erzählen hier ein wenig davon, das übrige muß aber unausgesprochen bleiben...
Eine verwandte Technik, die zu etwas anderen Zwecken dient, beschreibt *Carlos Castaneda*.[51] Bei seinen Praktiken des „Zusammen-Träumens" scheint diese Technik sehr stark an den Traumkörper gebunden zu sein, was sogar durch bestimmte Griffe am Unterarm des Träumers unterstützt wird, während das von uns beschriebene Dreamscaping eher eine reine Bewußtseinstechnik ist.
Castaneda beschreibt eine empirische Einteilung der Träume in *vier Stadien der Aufmerksamkeit*:

1. die *ruhige Wachsamkeit*, ein erstes bewußtes Traumstadium, bei dem hauptsächlich Lichteindrücke auftreten
2. die *dynamische Wachsamkeit*, bei der sich erste, noch statische Traumszenerien aufbauen
3. das *passive Beobachten*, bei dem bereits Ereignisse im Traum geschehen
4. die *dynamische Initiative*, bei der der Träumer sich zum Handeln gedrängt sieht.

Im Rahmen dieser Klassifizierung findet nach Castanedas Erfahrungen das Treffen der beiden Träumer in der Regel zwischen den Stadien 2 und 3 statt.

Nach seinen Erkenntnissen soll das beste Mittel zum Erreichen von Klarträumen darin bestehen, sich vor dem Einschlafen auf bestimmte Körperregionen zu konzentrieren. Bei Frauen ist dies generell der Bereich des Uterus. Bei Männern sind zwei Regionen wichtig: zum Erreichen der Aufmerksamkeit im Traum die Magengrube unterhalb des Brustbeins, und um die Energie zum Fortbewegen im Traum zu erhalten, die Region unterhalb des Bauchnabels.

Wir wissen nicht, ob Sie sich nach der Lektüre unseres Buches entscheiden werden, einen Weg zu beschreiten, der Sie eines Tages zum Klarträumer machen kann, oder ob Sie vielleicht sogar beim Lesen schon damit angefangen haben. Aber selbst, wenn Sie weiterhin nur normale Träume haben werden, so wird Ihre Beschäftigung mit der Quantenwelt der Träume bestimmte Konsequenzen haben. Ihre Einstellung zu unserer Realität wird sich etwas relativieren, etwas subjektiver werden. Das führt automatisch auch zu mehr Toleranz, denn je weniger eiserne Gesetze es im Leben gibt, desto eher ist man auch bereit, den Weg des Anderen anzuerkennen.

Sie können auch für sich selbst mehr Freiheit gewinnen, eigene Erfahrungen zu kreieren und zu korrigieren, die eigenen Emotionen besser zu beobachten und zu kontrollieren, mit Ihren Ängsten besser umzugehen. Dadurch erreichen Sie eine bessere Synchronisierung zwischen Intellekt und Intuition, was natürlich auch Konsequenzen für Ihren Lebenserfolg haben kann.

Ihre Lebensstrategie kann auf eine solche Synchronisierung keinesfalls verzichten. Die Konsequenzen sind für die Intuitive Logik von immenser Bedeutung.

Lügen und Emotionen

Im Laufe unseres Lebens entwickeln wir unterschiedliche Strategien, wie wir mit unseren Mitmenschen umgehen. Es gibt Methoden, die funktionieren, und andere die eher weniger geeignet sind.
Das meiste ist in der Regel Erfahrungssache.
Natürlich kann man hier und da auch spontan sein und spontan reagieren. Am besten ist eine gesunde Mischung. Menschen, die immer und ausschließlich spontan sind, gehören erfahrungsgemäß zu denen, die am schwersten zu ertragen sind.
Bestimmt ist es Ihnen auch schon passiert, daß Sie einen wichtigen Gesprächstermin oder ein First Date vor sich hatten und dachten: „Ach, könnte ich nur wissen, was er/sie wirklich über mich denkt!"
In bestimmten Kreisen hat man zu diesem Zweck sogar spezielle Angestellte. Zum Beispiel ist beim Hofstaat der britischen Königin Elizabeth II. eine Hofdame beschäftigt, deren einzige Aufgabe es ist, „in den Gedanken Ihrer Majestät lesen zu können." Es geht hier keinesfalls darum, daß diese Frau eine Hellseherin oder Wahrsagerin sein müßte. Ihre Aufgabe ist es vielmehr, anhand des Verhaltens, der Körpersprache, der Mimik, der Stimme etc. zu erkennen, was die Königin wirklich denkt oder fühlt (ohne daß ihr selbst das vielleicht bewußt ist), und sie dementsprechend diskret zu beraten.
Wir möchten Ihnen eine solche Lebensstrategie auch vorschlagen, und dazu müssen Sie nicht einmal zu den „palast- und appartementmäßigen Damen" gehören, wie die Hofdamen einst am kaiserlichen Hof in Wien genannt wurden.
Sie brauchen auch niemanden zu beraten – außer vielleicht sich selbst.

Mikroausdrücke

In der Kommunikation mit anderen Menschen ist es schließlich sehr wichtig, nicht nur die Worte zu hören, die gesprochen werden, sondern auch zu erkennen, ob sie „echt" sind oder was die wahren Ab-

sichten des Gesprächspartners sind. Jeder von uns kann das „Lesen der Gesichter" erlernen, und das ist der erste Schritt, um unsere Mitmenschen besser einschätzen zu können.
Es geht darum, „Mikroausdrücke" zu erkennen.
Wann immer ein Mensch versucht, eine Emotion bewußt zu verbergen (oder unbewußt zu unterdrücken), kommt es auf seinem Gesicht zu unwillkürlichen Muskelzuckungen, die als Mikroausdrücke bezeichnet werden. Solche Muskelzuckungen können sehr kurz sein, sie dauern oft nur 1/25 bis 1/15 Sekunde. Das führt dazu, daß diese winzigen Gefühlsregungen der Aufmerksamkeit der meisten Menschen entgehen. Man kann es aber üben, darauf zu achten.
Es gibt sieben Grundemotionen, die allen menschlichen Kulturen gemeinsam sind und deren mimischer Ausdruck weltweit von allen Völkern verstanden wird. In den nun folgenden Beispielen zeigen die einzelnen Personen diese sieben Gefühlstypen in ihren Gesichtern relativ offen. Die gleiche Mimik kann aber auch als ultrakurzer Mikroausdruck auftreten – dann steckt ein verborgenes Gefühl dahinter.

Abb. 19

Freude
Obwohl viele Kabarettisten das Gegenteil behaupten, zeigt dieses Bild, daß *Angela Merkel* sich durchaus freuen kann. Woran erkennt man das? Ihre Stirn und Augenbrauen sind entspannt. In den Augenwinkeln bilden sich Lachfältchen, die Wangen sind angehoben, die Mundwinkel nach oben gezogen.

Abb. 20

Überraschung

Hillary Clinton mußte, wie wir alle wissen, in ihrem Leben etliche unangenehme Überraschungen erfahren. Hier sehen wir sie aber einmal positiv überrascht. Ihre Augenbrauen sind hochgezogen, die Augen weit aufgerissen, der Mund geöffnet, die Wangen entspannt.

Abb. 21

Angst

Hätten Sie gedacht, daß auch *Dick Cheney* Angst haben kann? Die meisten von uns hatten doch wohl eher Angst vor ihm. Dieses Foto des früheren US-Vizepräsidenten ist berühmt geworden, denn hier zeigt er tatsächlich Angst. Die Oberlider der Augen sind weit nach oben gezogen, die Unterlider angespannt, die Augenbrauen angehoben und zusammengezogen, der Mund geöffnet, die Lippen seitlich auseinandergezogen.

Zorn

Tja, da regiert man den schönen Staat Alaska, wo sich u. a. auch die bekannten HAARP-Antennen befinden, die eigene hochschwangere Tochter hilft im Wahlkampf zur Vizepräsidentschaft 2008, und am Ende hat es doch nicht geklappt. Dieses Bild zeigt *Sarah Palin* ziemlich verärgert. Ihre Augenbrauen zeigen nach unten und sind zusammengezogen (teilweise durch die Haare verdeckt), die Nasenflügel geweitet („wutschnaubend"), die Lippen verkniffen.

Abb. 22

Trauer

Am gleichen Tag, als Sarah Palin sich so ärgerte, war bei den Obamas natürlich Partytime, aber es gibt im Leben jedes Menschen auch andere Tage. Auf diesem Bild scheint *Barack Obama* eher auszudrücken: „No, we can't." Er konnte aber natürlich auch ganz persönliche Gründe haben, öffentlich Trauer zu zeigen. Bei dieser Emotion sind die Mundwinkel nach unten gezogen, die Augen scheinen unfokussiert ins Leere zu schauen.

Abb. 23

Abb. 24

Ekel

Sieh da, sieh da! Vor wem oder was ekelt sich *Joschka Fischer* hier eigentlich? Gehen die Geschäfte bei RWE etwa nicht gut? Oder läuft im persönlichen Leben schon wieder etwas schief? Sein Gesichtsausdruck ist jedenfalls unmißverständlich. Die Nase ist gerümpft, die Oberlippe angehoben. In den Augenwinkeln sind tiefe „Krähenfüße" zu sehen.

Abb. 25

Verachtung

Wetten, daß... dies der häufigste Gesichtsausdruck bei Mitgliedern des Skull&Bones-Ordens ist? Voller Verachtung und Arroganz auf uns andere Menschen herabzusehen? Bei *George W. Bush* jedenfalls gehörte eine solche Mimik schon fast zum Alltag. Das Gesicht ist bei dieser Emotion besonders unsymmetrisch. Der Mundwinkel ist einseitig angehoben, die Lippen sind geschlossen und die Wangen leicht nach oben gezogen. Er scheint zu lächeln, aber dieses Lächeln ist unecht, es drückt eher blanken Zynismus aus. Vielleicht konnte Bush lange Zeit viele seiner Wähler auf diese Art täuschen, uns kann er jetzt jedenfalls nichts mehr vormachen.

Wie wäre es, wenn Sie üben würden, diese sieben Mikroausdrücke von verborgenen Emotionen von jetzt an auch im täglichen Leben zu entdecken? Anschauungsmaterial gibt es genug: In Spielfilmen, Nachrichtensendungen und Diskussionsprogrammen, später dann aber auch bei ganz realen Begegnungen mit anderen Menschen. Mikroausdrücke zu erkennen, ist nicht nur eine sehr wichtige und wirkungsvolle Mentalstrategie – es macht auch ganz einfach Spaß.
Eins ist aber dabei wichtig zu beachten: Mikroausdrücke zeigen zwar zweifelsfrei und klar erkennbar verborgene Emotionen an. Sie besagen jedoch noch nichts über die Motive eines Menschen. Worüber freut er sich? Über etwas Nettes, oder weil es ihm gelungen ist, andere zu belügen? Warum trauert er? Über einen persönlichen Schicksalsschlag, oder weil er bei einer nicht ganz sauberen Aktion ertappt wurde? Es ist nicht einmal klar, ob der Mensch die Emotion absichtlich nicht zeigen will oder ob sie ganz einfach verdrängt, also auch ihm selbst nicht bewußt ist. In beiden Fällen sehen die Mikroausdrücke identisch aus.
Wenn Sie daher im Gespräch mit einem anderen Menschen einen Mikroausdruck erkennen, so wissen Sie lediglich, was in dem anderen emotional vorgeht. Alles Weitere müssen Sie erst noch herausfinden. Sie können Ihre Kenntnis der Situation benutzen, um z. B. dem Menschen geeignete Fragen zu stellen, mit deren Hilfe Sie seine emotionale Stimmung klären können.

Die Methode, Mikroausdrücke zu entschlüsseln und daraus Rückschlüsse auf emotionale Zustände zu ziehen, wird als *Facial Action Coding System (FACS)* bezeichnet. Entdecker ist der bedeutende amerikanische Psychologe *Paul Ekman*. Er studierte und arbeitete an den Universitäten von Chicago, New York und San Francisco und war auch mehrere Jahre lang als leitender Militärpsychologe für die US-Armee tätig. Sein System umfaßt 43 Grundbewegungen des menschlichen Gesichts, sogenannte Aktionseinheiten. Die sieben

Grundemotionen und ihre Mikroausdrücke, die wir Ihnen anhand von Beispielen vorgestellt haben, sind davon die wichtigsten.

Die Masken-Strategie

Falls Sie irgendwann an einem esoterischen Seminar teilgenommen haben, werden Sie bestimmt nie das Gefühl der Liebe und Harmonie vergessen, das dort vorhanden war. Die Teilnehmer lächelten pausenlos, und sie umarmten sich, selbst wenn sie einander noch nie zuvor im Leben begegnet waren. Bestimmt waren Sie froh, als das Seminar zu Ende war. So viel Unechtheit in so kondensierter Form ist nicht immer einfach zu ertragen. *„Lächeln ist sozial erwünscht.",* erklärt Paul Ekman: *„Es wird am häufigsten eingesetzt, um die echten Gefühle zu verstecken..."*
Also lassen Sie sich nicht täuschen. Mit der Methode der Mikroausdrücke können Sie authentische Gefühle von vorgespielter Höflichkeit unterscheiden. Das Hauptindiz, das Ihnen hier helfen kann, ist die ganzheitliche Wahrnehmung des gesamten Gesichtsausdrucks. Künstliche Gesichtsausdrücke sind asymmetrischer als echte. Wenn z. B. eine Augenbraue also etwas höher gezogen ist als die andere, wenn nur ein Mundwinkel angehoben ist, dann sollten Sie mißtrauisch werden. Wenn Sie zu dem Schluß kommen, daß das ganze Gesicht einen etwas schiefen Eindruck hat, dann waren die Gefühle nicht echt.
Bei künstlichen Gesichtsausdrücken fehlen in der Regel auch die unwillkürlichen Muskelbewegungen. Sie sind meist etwas starr, wie eine Maske. Ein extremes Beispiel ist der russische Ministerpräsident *Wladimir Putin*. Er trägt, zumindest bei offiziellen Anlässen, eigentlich immer ein „Pokerface". Als ehemaliger Chef des KGB ist er in der Kunst geschult, nicht erkennen zu lassen, was hinter seiner Stirn vorgeht. Ein Kameramann oder sonst ein Mensch, der ihn dabei erwischt, daß er eine Emotion zeigt, verdient eine Prämie.
Masken sind dennoch nach Ansicht von

Abb. 26: „Pokerface Putin"

Paul Ekman kein wirksames Mittel, um echte Emotionen zu verstekken. Wenn man nur genau genug hinsieht, erkennt man praktisch immer eine der sieben Grundemotionen, wodurch sich der Mensch verrät.
Insofern ist das offensichtliche Fehlen von Emotionen genauso wichtig wie ihr Vorhandensein.
Und wie ist das mit den Lügen? Wie bereits gesagt, ist das Verbergen von Emotionen noch kein Beweis dafür, daß jemand lügt. Gleichzeitig ist Lügen auch eine Art von Maske. Sie soll allerdings nicht nur Emotionen maskieren, sondern auch die Wahrheit über irgendeinen Zusammenhang.
Eine Lüge zu erkennen, ist nicht ganz so einfach, aber mit Hilfe von Mikroausdrücken dennoch möglich. Wir dürfen jedoch nicht vergessen, daß das Lügen keine Emotion ist. Es ist eine Handlung, und welche Emotionen ein Mensch beim Lügen empfindet, kann höchst unterschiedlich sein. Es mag dabei ein kurzes Signal der Freude aufblitzen, als Zeichen eines innerlich empfundenen Triumphs, daß die Lüge erfolgreich war. Es kann aber auch die Angst durchschimmern, ertappt zu werden. Gewohnheitsmäßige Lügner drücken häufig Verachtung aus.
Man sollte auf jeden Fall immer argwöhnisch werden, wenn ein Mensch in einer Gesprächssituation sehr oft und unmotiviert den Gesichtsausdruck wechselt. Charakteristisch für einen Lügner ist ferner ein relativ starrer Blick. Er sucht häufig geradezu den Augenkontakt, um die Kontrolle über sein Gegenüber zu behalten. Wenn ein Mensch auf echte Erinnerungen aus seinem Gedächtnis zugreift, bewegen sich seine Augen meist unwillkürlich nach links. Bleibt der Blick hingegen starr nach vorn gerichtet, während ein Mensch seine Geschichte erzählt, dann ist die Wahrscheinlichkeit hoch, daß es eine erfundene Geschichte ist.
In solch einem Fall sollte man nachhaken und sich die ganze Geschichte noch einmal rückwärts erzählen lassen: *„Also, Sie sind um 23.00 Uhr nach Hause gekommen. Wo kamen Sie her?"* usw. Wenn die Geschichte, die Ihnen der Mensch erzählt hat, erlogen ist, also nicht auf realen Erinnerungen beruht, wird er sich in der Regel beim Rückwärtserzählen verhaspeln. Zumindest wird die Rückwärts-Geschichte von der ersten, vorwärts erzählten Version abweichen. Empfehlenswert für Ehefrauen/Ehemänner.

Viele Menschen neigen auch zu mechanischen Wiederholungen, wenn sie nicht die Wahrheit sagen. Antwortet jemand auf die Frage: *„Warst du am Samstag bei Nicole zu Besuch?"* umständlich mit dem Satz: *„Ja, ich war am Samstag bei Nicole zu Besuch."*, so ist diese Antwort auf jeden Fall weniger glaubwürdig als ein kurzes Ja oder Nein.

Es muß aber auch klar sein, daß uns mit dem Entschlüsseln von Mikroausdrücken kein hundertprozentig sicherer Lügendetektor zur Verfügung steht. Die Mikroausdrücke sind unmißverständlich, nicht jedoch die Motive dahinter. Selbst Experten wie Paul Ekman liegen zuweilen einmal mit einer Lügenbewertung vollkommen daneben, und er steht auch ganz offen dazu. Ja, er begrüßt es sogar, daß es nicht möglich ist, einen Menschen, mit welcher Methode auch immer, vollkommen transparent zu machen. Ein Rest von Privatsphäre sollte immer bleiben.

Nachdem wir diese – beruhigende – Tatsache zur Kenntnis genommen haben, können wir uns daran machen, unsere Fähigkeit zum Erkennen von Lügen zu verfeinern. Und da reicht jetzt das Gesicht allein nicht mehr aus. Es ist uns allen bekannt, daß Menschen oft im Gespräch auch allerhand mit ihren Händen machen. Viele dieser Gesten sind sogenannte *Illustratoren*. Der Mensch erzählt seine Geschichte sozusagen „mit den Händen". Solche Gesten sind authentisch und verleihen seiner Aussage Glaubwürdigkeit. Andere unbewußte Handbewegungen dagegen gelten als *Manipulatoren* und verraten – da ist jemand nicht ganz ehrlich mit uns!

Abb. 27: Was ist es, das Verteidigungsminister Karl-Theodor zu Guttenberg uns hier eigentlich lieber nicht sagen würde?

Wenn jemand zum Beispiel beim Reden unwillkürlich seinen Zeigefinger über den Mund legt (manchmal sogar die ganze Faust, Abb. 27), so ist das eine Mitteilung seines Unbewußten, daß es ihm in diesem Moment lieber den Mund verbieten würde.

Etwas weniger dick aufgetragen, aber ebenso verräterisch ist es, wenn der Mensch sich an der Nase kratzt. In der Nase befinden sich Schwellkörper, und nach Paul Ekmans Erfahrungen beginnen diese zu jucken, wenn man etwas zu verbergen hat. Zuckt der Mensch dagegen

Abb. 28: Was verbirgt Hollywood-Star George Clooney hier vor uns, daß er sich so verlegen an der Nase kratzt?

einseitig mit nur einer Schulter, macht er also seine ganze Körperhaltung asymmetrisch, so drückt dies aus, daß er selbst nicht glaubt, was er sagt. Dies ist ja nicht selbstverständlich. Viele Lügner lügen nicht bewußt, weil sie selbst an das glauben, was sie erzählen.
Faßt sich ein Mensch hingegen mit der Hand an die Stirn, so signalisiert dies Scham.

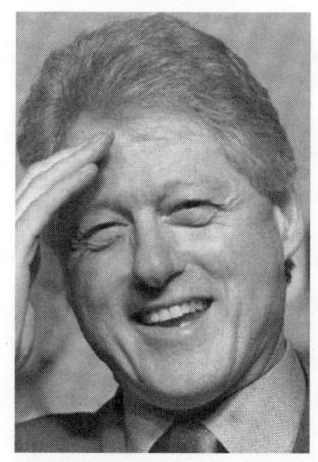

Abb. 29

Schauen wir uns hierzu das Bild von *Bill Clinton* an. Es entstand zu der Zeit, als er sich wegen der Begleitumstände seiner Affäre mit der Praktikantin Monica Lewinsky zu verantworten hatte. Auf den ersten Blick scheint Clinton sich auf diesem Bild zu freuen, er lacht freundlich. Doch bei genauerem Hinsehen erkennen wir die Asymmetrie im Gesichtsausdruck. Nur ein Mundwinkel ist nach oben gezogen. Die Augenlider sind verkniffen. Und seine Hand verrät seine wahre Emotion in diesem Moment: Er schämt sich. Das Lachen dagegen ist nicht echt. Es ist nur eine Maske.

Paul Ekman ist seit einigen Jahren emeritiert, doch zur Ruhe hat er sich auch mit über 75 Jahren noch lange nicht gesetzt. Inzwischen ist er Manager seiner eigenen Firma, der Paul Ekman Group, die Trainingsmethoden zum Erlernen des Facial Action Coding System anbietet, die jedermann zugänglich sind – auch über das Internet.[52] Ferner führt die

Paul Ekman Group die Forschungen auf dem Gebiet der nonverbalen Kommunikation weiter, auch im Interesse der nationalen Sicherheit.

Der Chef und sein „Avatar".

Abb. 30: Links der echte Paul Ekman.

Abb. 31: Rechts der britische Schauspieler Tim Roth in der Rolle des fiktiven Psychologen Dr. Cal Lightman aus der TV-Serie „Lie to Me".

So kann man Paul Ekman bis heute regelmäßig auf dem Flughafen von Boston antreffen – oder auch nicht treffen, denn er sitzt, unsichtbar für die ankommenden Fluggäste, diskret im Hintergrund in einem Raum vor einer gewaltigen Videowand, an der er ausgewählte Kamerapositionen der Videoüberwachungsanlage des Flughafens genauer unter die Lupe nehmen kann. Mit Hilfe seiner Spezialsoftware schaut sich Ekman die Gesichter von Personen, die ihm verdächtig erscheinen, in Zeitlupe an und sucht nach Mikroausdrücken. Einer älteren Frau aus Kolumbien wurde dies zum Verhängnis, denn sie zeigte beim Anblick der Zollbeamten eine kaum sichtbare Angstreaktion. Paul Ekman schlug vor, die Frau genauer zu kontrollieren. Sie hatte Kokain im Gepäck. In einem anderen Fall lag Ekman, wie er offen zugibt, daneben. Ein Mann, der ebenfalls eingehend kontrolliert wurde, da er Mikroausdrücke von Traurigkeit und Streß gezeigt hatte, erwies sich als völlig harmloser Flugpassagier. Er war lediglich auf dem Weg zur Beerdigung seines Bruders.

Paul Ekman und seine Firma lieferten übrigens das Vorbild für die US-Fernsehserie „Lie to me", die im Frühjahr 2010 auch im deutschen Fernsehen zu sehen war. Auch wenn es sich bei den einzelnen Episoden um Spielfilmhandlungen handelt, werden Ekmans Untersuchungsmethoden korrekt dargestellt. Der Wissenschaftler hatte den Machern der Serie persönlich beratend zur Seite gestanden.

Kleine Übungsaufgabe für Sie: Haben Sie auf dem Bild des echten Paul Ekman den Manipulator bemerkt? Auch er verbirgt etwas vor uns…

In ihren aktuellen Forschungsprojekten beschäftigt sich die Paul Ekman Group unter anderem mit der Entschlüsselung symbolischer Gesten, sogenannter *Embleme*. Im Gegensatz zu den Mikroausdrücken sind Embleme kulturspezifisch, werden also nur im Kontext einer bestimmten Kultur verstanden. Ein anderes Projekt heißt *D-Cube* (Dangerous Demeanor Detector). Ziel ist die automatische Erkennung gefährlicher Absichten bei einem Menschen. Es ist geplant, in großem Stil die Beobachtungen von Menschen zu sammeln, eine physische Attacke überlebt haben. Wie sah der Angreifer aus, als er seine Tat beging?

Die andere Seite der Medaille: Paul Ekman plant auch eine Studie mit Namen *Cultivating Emotional Balance (CEB),* in der untersucht werden soll, wie sich kontemplative und meditative Praktiken auf die emotionalen Fähigkeiten eines Menschen auswirkt. Den Anstoß zu dieser Studie gab eine Anfrage des Dalai Lama.

Vorsicht – Nervensäge!

In der zwischenmenschlichen Kommunikation kommt es nicht nur darauf an, verborgene Details zu erkennen, sondern man braucht manchmal auch gute Strategien, um diesem oder jenem Zeitgenossen zu entfliehen, wenn er zu sehr nervt. Kurz gesagt: Wir brauchen eine Anti-Nervensägen-Strategie. Dies richtet sich auch an uns selbst, denn im Grunde sind wir alle Nervensägen, jeder auf seine Art. Da ist es z. B. von Vorteil zu wissen, welche Nervensäge zu welcher anderen Nervensäge noch am ehesten paßt. Anschließend kann man nach dem Prinzip vorgehen: Herr Wolke verliebt sich in Frau Wolke, und sie regnen zusammen bis ans Ende ihrer Tage...
Die Psychologie kennt zahlreiche Möglichkeiten, um Nervensägen zu klassifizieren. Wir bieten Ihnen hier folgendes System mit vier Typen an:

1. Der Jammer-Softie

Der Jammer-Softie gibt sich nach außen hin zart und verletzlich. Egal, was geschieht, er ist immer das arme Opfer, das der Hilfe und Zuwendung bedarf. Meist klagt der Jammer-Softie in Gegenwart anderer Menschen lautstark über sein schweres Schicksal. Andere verhalten sich stiller, aber sie achten trotzdem peinlich darauf, daß sie die Aufmerksamkeit anderer Menschen auf sich ziehen, indem sie etwa leise seufzen oder stöhnen. So schwach und hilflos der Jammer-Softie auch wirkt, er ist einer der schlimmsten Machtmenschen überhaupt. Seine Strategie ist purer Energieraub. Er stärkt sich an der Zuwendung, die ihm zuteil wird, und nach einer derartigen Begegnung fühlt sich sein Gegenüber meist müde und ausgelaugt. Selbst bei den stärksten und selbstbewußtesten Menschen schafft der Jammer-Softie es, eine Schwachstelle auszumachen – das Gewissen. Wenn es dem Jammer-Softie so schlecht geht, dann muß ja irgend jemand daran schuld sein, und das ist natürlich niemals er selbst.

Wenn Sie auf sein Muster einsteigen, indem Sie ihn z. B. trösten, dann bekommt der Jammer-Softie genau das, was er will. In diesem Moment schalten Sie ihm eine energetische Standleitung zu sich frei, inklusive Flatrate. Von Trost und Bedauern kann er gar nicht genug bekommen, denn das bestätigt ihn in seinem Rollenverständnis. Die Energie liefern Sie ihm frei Haus. An wirklichen Lösungen seiner Probleme hingegen ist er meist gar nicht interessiert, denn das würde ihm ja die Möglichkeit abschneiden, weiter ein Jammer-Softie zu sein und bei anderen Menschen gratis Energie zu schnorren. Ratschläge schmettert er daher meist unmittelbar ab mit Bemerkungen wie: *„Das klappt sowieso nicht."* oder *„Das kann ich nicht."*

Typische Äußerungen eines Jammer-Softies: *„Ich weiß nicht, ob ich für diese Aufgabe überhaupt intelligent genug bin."* – *„Ich weiß, daß ich das nicht gut mache, aber ich schaffe es nicht, mich zu ändern."* – *„Ich gebe immer mein Bestes, aber keiner weiß das zu schätzen."* – *„Keiner hat mich lieb! Seufz! Schnief!"* Oder am schlimmsten: *„Es geht mir schlecht, und du bist daran schuld."* Oft hört man auch Bemerkungen, die in sich widersprüchlich sind: *„Es geht mir schlecht, aber du brauchst dir um mich keine Sorgen zu machen."* Die Reaktion darauf kann eigentlich nur sein: *„Definiere Sorgen."* Denn eines ist klar: Der zweite Teil der Aussage des Jammer-Softies ist auf keinen Fall echt. Er will natürlich, daß Sie sich um ihn sorgen.

2. Der Vulkan

Der Vulkan-Typ stammt zwar nicht vom Planeten Vulkan, er benimmt sich aber so. Auch er stellt sich immer in den Mittelpunkt des Interesses, doch seine Argumente sind nicht leises Weinen, sondern Lautstärke, Drohungen und unvorhersehbare Temperamentsausbrüche. Auf den Einwurf: *„Sie können mir nicht drohen."* wird er immer nur antworten: *„Und ich drohe Ihnen trotzdem."* Der Vulkan-Typ ist ein unverbesserlicher Egozentriker, der in seinen Ansichten meist vollkommen unflexibel ist. Seine Hauptstrategien sind lautes Poltern, Sarkasmus, Zynismus und autoritäres Gehabe. Der Vulkan-Typ bezieht seine Energie daher, daß er andere Menschen einschüchtert. Ob er wirklich recht hat, ist ihm ganz egal, wenn er nur laut genug brüllt.
Typische Äußerungen von Vulkan-Typen: *„Ich muß das allein schaffen."* – *„Wenn ich nicht bekomme, was ich haben will, dann gnade euch Gott."* – *„Ich bekomme es, ganz egal wie."* – *„Zuerst komme ich, dann eine ganze Weile gar nichts, dann irgendwann auch ihr anderen."* Letzteres sagt er natürlich nicht offen, aber er benimmt sich so.

3. Die Bohrmaschine

Der Typ Bohrmaschine, um den es hier geht, kommt leider nicht aus dem Baumarkt, sondern ist ein Mensch aus Fleisch und Blut. Ihm kann man nie etwas recht machen. Egal, was man tut, es ist falsch, weil der Bohrmaschinen-Typ es natürlich besser weiß. Er ist – a priori – allwissend, und wenn man seine Kompetenz anzweifelt, wird er fuchsteufelswild. Läßt man sich aber durch seine Kritik in eine Verteidigungsposition drängen, dann wird die Bohrmaschine erst richtig eingeschaltet. Jetzt ist die energetische Standleitung offen, und der Bohrer bohrt sich genüßlich immer tiefer in sein Opfer. Wenn wir letztendlich die Richtigkeit seiner Kritik anerkannt haben, und sei es auch nur, um der Klügere zu sein und nachzugeben, dann hat der Bohrmaschinen-Typ eine Handhabe, um uns endgültig zur Schnecke zu machen. Die berühmte Miranda-Formel, die wir alle aus amerikanischen Krimis kennen – *„Sie haben das Recht zu schweigen."* –, läßt er nicht gelten, allenfalls die Fortsetzung: *„Alles was Sie sagen, kann später gegen Sie verwendet werden."*

Meist verfügt der Bohrmaschinen-Typ über eine unschlagbare Logik, ein scheinbar unerschöpfliches Faktenwissen und über sarkastischen Witz, mit dem er sich über den als unzulänglich erkannten anderen Menschen lustig macht. Sätze von Bohrmaschinen-Typen haben meist die Form: *„Warum machst du nicht .... wie ich es gesagt habe?"* Die Bohrmaschine will auch immer alles genau wissen: *„Wohin gehst du? Was machst du? Was planst du?"* Natürlich nur, um dann die Antworten entsprechend zu kritisieren.

4. Mister Blackberry

Mr. Blackberry ist ein Typ, der nur schwer erreichbar ist, allenfalls über sein Mobiltelefon, und eine SMS muß man ja nicht unbedingt beantworten. „Er" kann natürlich auch eine Mrs. Blackberry sein. Mr. Blackberry lebt nach der Devise: *„Der gewünschte Teilnehmer ist im Augenblick nicht zu erreichen."*
Solche Menschen geben sich immer den Anschein, über den Dingen zu stehen, und verbreiten dadurch um sich eine Aura mystischer Würde. Ihre Energie beziehen Sie daraus, daß sie sich der Kommunikation entziehen. Was immer man über Mister Blackberry sagen kann – festnageln läßt er sich nicht. Er ist so unnahbar, daß er nichts an sich heranläßt. Ungelöste Fragen läßt er im Raum stehen. Vielleicht kocht er sogar innerlich vor Wut, aber er zeigt es nicht, und im Ernstfall geht er einfach hinaus.
Dieser Typ Mensch wirkt auf andere oft anziehend und interessant, vielleicht gerade deshalb, weil er so unergründlich und geheimnisvoll erscheint. Wenn er sich einer offenen Diskussion über irgendeinen Problembereich entzieht, dann sorgt er auf diese Weise dafür, daß er bei seinen Gesprächspartnern auch „in Abwesenheit anwesend" bleibt. Daraus bezieht Mr. Blackberry seine Energie.
Die typischste Äußerung eines Mister-Blackberry-Typs ist das Schweigen. Wenn er sich tatsächlich zu einer verbalen Äußerung hinreißen läßt, so kann man stoische Bemerkungen wie *„Ach geh!"* schon als Gefühlsausbruch interpretieren. Selbst während eines Telefonats schafft er es, augenblicklich zu verschwinden.

Sollten Sie sich oder einen Menschen, den Sie kennen, in mehr als einem dieser Typen wiedererkannt haben – es ist klar, daß Menschen im Laufe ihres Lebens die Strategien wechseln. Warum nicht auch mal für die Außenwelt eine andere Nervensäge sein? Trotzdem dürfte bei jedem Menschen ein gewisser Grundtyp vorherrschen.
Wie kommt man mit einer Nervensäge aus? Das hängt in entscheidender Weise davon ab, was für ein Typ Nervensäge man selbst ist.
Es dürfte klar sein, daß eine Beziehung zweier Vulkane oder zweier Bohrmaschinen höchstwahrscheinlich sehr schnell mit Mord und Totschlag oder zumindest vor dem Scheidungsrichter endet. Zwei Jammer-Softies findet man vermutlich im nächsten Frühjahr auf irgendeinem Alpengletscher, eng umschlungen, im Tode vereint. Für Mr. und Mrs. Blackberry gibt es überhaupt kein Problem, weil sie sich vermutlich nie kennenlernen.
Im Fall der Nervensägen gilt also der Grundsatz, daß sich Gegensätze anziehen. Es zeigt sich, daß eine Bohrmaschine nur dann eine etwas dauerhaftere Beziehung eingehen kann, wenn der Partner ein Mr. Blackberry ist, denn er hat als einziger eine einfache Strategie, um die ewige Besserwisserei zu ertragen. Einfach aufstehen und hinausgehen. Auf diese Weise bohrt die Bohrmaschine ins Leere, und ihre Gegenstrategie wird es sein, dem Mister Blackberry nachzulaufen, um ihre Projektionsfläche zurückzugewinnen. Da dies den beiderseitigen Energiefluß aufrechterhält, dürfte in dieser Beziehung zwar ständig „Leben in der Bude" sein, sie kann aber trotzdem von Dauer sein. Keiner raubt einseitig dem anderen seine Energie, sondern es bleibt ein Austausch auf Gegenseitigkeit.
Der Vulkan findet seinen Meister in einem Jammer-Softie, dem einzigen Typ Mensch, der den Vulkan zähmen kann, indem er ihm Schuldgefühle einredet, wenn es sich nicht gerade um einen ausgeprägten Psychopathen handelt.
Wenn auf diese Weise auch die beiden Konstellationen Bohrmaschine-Blackberry und Vulkan-Jammer-Softie eine gewisse Stabilität verheißen, so sind die hier angedeuteten Strategien, wie solche Paare miteinander umgehen, sicher alles andere als konstruktiv. Da stellt sich die Frage: Kann man aus diesen Rollenspielen herausfinden und die Beziehung auf eine etwas reifere Ebene heben?
Die Antwort lautet natürlich „Yes, we can!"

Wenn beide Partner genügend Reife und eine gefestigte Persönlichkeit besitzen, kann es gelingen, indem sich beide Partner ihres Typs und des Typs des anderen bewußt werden und darüber kommunizieren. Das hebt die Kommunikation der beiden auf eine höhere Meta-Ebene, wo weder Jammern noch Drohungen, weder ein Allwissen noch Empfangsstörungen eine Rolle spielen. Die Meta-Ebene ist erst einmal konfliktfrei, wenn jeder Partner seinen Grundtyp für sich akzeptiert hat. Daher ist dies die beste Ebene, um gemeinsam neue Strategien zu erarbeiten, wie man aus den festgefahrenen Rollenmustern herauskommt.

Wenn man sich erst einmal klargeworden ist, daß diese vier Strategien letztendlich auf Energieraub hinauslaufen, und das bei einem Menschen, an dem einem eigentlich etwas liegen sollte, dann führt diese Erkenntnis bei den meisten Menschen zu einer gewissen Betroffenheit. Niemand handelt ja aus Bosheit nach einem dieser Muster, sondern es sind elementare Überlebensstrategien, die entweder angeboren oder von den Eltern erlernt sind.

Erfahrungsgemäß kann eine Kommunikation über die beiderseitigen Grundmuster sogar viel Spaß bringen, insbesondere, wenn beide Partner Humor haben und bereit sind, ihre jeweiligen Typen karikativ etwas zu überzeichnen.

Es dürfte auch nur selten der Fall sein, daß beide Partner vollkommen zeitlich synchron in ihr Rollenmuster verfallen. Meist wird der eine beginnen und der andere erst als Reaktion in sein eigenes Schema einrasten. Wenn also der Vulkan anfängt zu poltern, wird der Jammer-Softie erst im zweiten Schritt über das Verhalten des Partners zu jammern beginnen. Bevor er das tut, hat er noch die Chance, das Muster zu unterbrechen, indem er z. B. ein vorher verabredetes Signal auslöst. Am besten sollte es etwas total Lustiges sein, wodurch sich die Atmosphäre augenblicklich entspannt, denn auch der Vulkan ist ja nur selten wirklich böse, sondern braucht nur ab und zu etwas Treibstoff. Ganz ähnlich lassen sich die Grundmuster von Bohrmaschine und Mr. Blackberry unterbrechen.

Wie gesagt: alle vier Muster sind im Grunde Energiebeschaffungsstrategien. Endgültig überwinden lassen sie sich erst dann, wenn die Menschen aus sich heraus oder aus anderen Quellen ihre Lebenskraft beziehen und sie daher nicht mehr ihrem Partner abzapfen müssen.

Unruhe im System

Hilfe – ich bin ein Meteo! Mit diesem Satz werden Heilpraktiker, Ärzte, Psychologen und andere Therapeuten mehr und mehr konfrontiert. Menschen, die empfindlich auf Wetterwechsel reagieren, nennt man heute Meteoropathen, und mit jedem Jahr werden es mehr. Neueste Untersuchungen zeigen, daß in Europa 58% der Bevölkerung Meteoropathen sind, zwei Drittel davon Frauen über Dreißig. Inzwischen sind drei verschiedene Typen der Meteoropathie bekannt: *Typ 1* repräsentieren Menschen, die nur sehr schlecht hohe Temperaturen vertragen können. *Typ 2* ist der Gegenpol und umfaßt besonders kälteempfindliche Menschen. Zu *Typ 3* gehören diejenigen, die auf jede Art des Wetterwechsels, insbesondere auf Schlechtwetterfronten, mit Schwäche, Schmerzen und anderen Symptomen reagieren. Diese Gruppe ist die größte.

Es ist natürlich wünschenswert, Strategien zu entwickeln, um mit den Wettereinflüssen besser klarzukommen. Hierzu ist es notwendig, die Zusammenhänge besser zu verstehen. Der Wetterstreß wird erst seit etwa 20 Jahren systematisch untersucht. Man weiß inzwischen, daß es einerseits unspezifische Beschwerden gibt, die durch Wettereinflüsse ausgelöst werden. Andererseits können aber auch bereits existierende Krankheitssymptome verstärkt werden. Am häufigsten sind erhöhter oder erniedrigter Blutdruck, Herzbeschwerden, Gelenkentzündungen, Allergien, Asthma, Magengeschwüre, Schlaflosigkeit, Kopfschmerzen, Müdigkeit, Depressionen, Migräne, Nervosität, Rückenschmerzen, erhöhte Schweißsekretion, Konzentrationsstörungen, Vergeßlichkeit, Erschöpfung, schlechte Laune, Appetitlosigkeit, Sehstörungen sowie Schmerzen in alten Narben und verheilten Knochenbrüchen.

Am sensibelsten auf das Wetter reagiert allerdings das Gehirn (hier vor allem der Hypothalamus und die Hirnanhangdrüse oder Hypophyse, was auch auf den Schlaf Auswirkungen hat) und das Nervensystem (vor allem der parasympathische Anteil).

Dabei kann man nicht pauschal ein Urteil abgeben, bei welcher Wetterlage welche Symptome auftreten. Jeder Mensch hat im Grunde „sein" Wetter, das ihm liegt bzw. nicht liegt.

Allgemein gilt jedoch, daß Körper und Seele in der Regel auf gleichbleibende Wetterlagen nicht „sauer" reagieren, egal, ob es nun sonnig oder regnerisch ist. Dagegen haben wir ein feines Sensorium entwickelt, das uns jede Form von Wetter*änderungen* spüren läßt.
Der Psychiater *Dr. Volker Faust* faßte es in folgendem Satz zusammen: *„Wetterfühligkeit ist keine Krankheit, sondern ein Indikator, der unseren Gesundheitszustand anzeigt."*
Joan ist selbst eine Ärztin. *„Ich leide unter sehr schwerem Wetterstreß."*, sagt sie. *„Meine Kopfschmerzen sind unerträglich, ich bin gereizt und verspannt. Es ist für mich schrecklich, daß ich nicht weiß, ob morgen eine gute oder eine schlechte Wetterlage herrschen wird."*
Bei vielen Menschen kommen, wie wir sehen, noch Angstzustände hinzu, die sich sogar im Vorfeld einer möglichen Wetteränderung schon äußern können. Vergessen wir auch nicht, daß die Erfahrungen der letzten Jahre den Begriff „Wetterstreß" erweitert haben. Hurricanes, Tornados – selbst in Mitteleuropa –, Flutkatastrophen, Vulkanaschewolken, wochenlange extreme Hitze und Dürre im Sommer setzen uns Wetterreizen aus, die Menschen in unseren Breiten niemals gewohnt waren.

Wetterstreß

Zu den einzelnen Wetterfaktoren, auf die unser Körper und unser Nervensystem so empfindlich reagieren können, gehören zunächst natürlich einmal die Grundreize wie Temperatur und Niederschläge, die von allen Menschen unmittelbar gespürt werden. Dann kommen die uns allen aus dem Wetterbericht bekannten Größen wie Luftdruck und Luftfeuchtigkeit hinzu.
Auch starker Wind ist ein Wetterstreßfaktor. Insbesondere gilt dies für warme, trockene Fallwinde, etwa den *Föhn* in den Alpen, den *Wiatr halny* der Hohen Tatra oder den *Scirocco* im Mittelmeerraum. Solche Winde erzeugen auch vermehrt positive Ionen (elektrisch geladene Teilchen), die ebenfalls dem Wohlbefinden abträglich sind.
Weitere Wettereinflüsse, die unser Körper registriert, sind zumeist elektromagnetischer Natur. Nicht nur unser Körper als Ganzes besitzt

ein eigenes Magnetfeld, sondern auch jedes unserer Organe hat seinen eigenen, organspezifischen Magnetismus. Darüber hinaus ist seit Neuestem bekannt, daß sogar das Erbmolekül, die DNA, in jeder unserer Körperzellen die Funktion einer elektromagnetischen Antenne ausübt.
Diese vielfältigen Kraftfelder und Antennen unseres Körpers stehen selbstverständlich mit natürlichem und technisch erzeugtem Elektromagnetismus in Wechselwirkung. Hierzu gehören das *Erdmagnetfeld* sowie die *elektromagnetischen Frequenzen*, die aufgrund der Wettervorgänge in unserer Atmosphäre entstehen (sogenannte *Schumann-Erdresonanzfrequenzen*).
Das *Erdmagnetfeld* unterliegt sowohl langfristig als auch im Tagesverlauf teilweise erheblichen Schwankungen, auf die unser Körper natürlich reagieren kann. Diese Schwankungen beruhen auf den langfristigen Magnetfeldzyklen der Erde (momentan nimmt das innere Dipolfeld der Erde ab, wir steuern sozusagen langfristig auf einen Polwechsel zu) sowie den mittelfristigen Änderungen wie der Westwärtsdrift (lokale Magnetfeldschwankungen wandern langsam von Ost nach West um unseren Globus).
Bei den *Schumann-Frequenzen* hingegen handelt es sich um extrem langwellige elektromagnetische Strahlung (sogenannte ELF-Wellen). Sie entstehen auf natürliche Weise immer dann, wenn ein Blitz irgendwo auf der Welt einschlägt und dadurch die hohe elektrische Spannung abbaut, die stets zwischen Erdboden und höheren Atmosphärenschichten herrscht.
Diese Schumann-Frequenzen sind aufgrund ihrer extrem großen Wellenlänge außerordentlich weitreichend und breiten sich so um den ganzen Erdball herum aus. Die unterste Erdresonanzfrequenz liegt derzeit im Durchschnitt bei knapp 8 Hertz, die nächst höheren etwa bei 14 Hertz, 21 Hertz usw. Solche Frequenzen werden auch vom menschlichen Gehirn produziert und sind im EEG meßbar. Sie gehören zum Theta- und Beta-Spektrum der Gehirnaktivitäten. Schwankungen der Schumann-Frequenzen können also wiederum Reizbarkeit auslösen. Abschirmen darf man sie aber auch nicht.
Schwankungen in der Intensität und Frequenz der Schumann-Wellen wirken auf das parasympathische Nervensystem ein und können auch die Gehirntätigkeit blockieren.
Die Zirbeldrüse reagiert auf Schwankungen des elektromagnetischen

Feldes (auch auf Gravitationsschwankungen) mit Veränderungen in der Melatonin- und Serotoninproduktion.

Ein weiteres wichtiges elektro-atmosphärisches Phänomen, das sich auf unsere Wetterfühligkeit auswirkt, sind die positiven und negativen Ionen, wobei paradoxerweise die negativen Ionen auf uns „positiv" wirken und umgekehrt.

Wir können uns den Einflüssen des Wetters und des atmosphärischen Elektromagnetismus nicht vollständig entziehen und sollen es im Grunde auch nicht. Hinzu kommt noch, daß wir in einer Zeit leben, in der das Wetter sogar vom Menschen manipuliert werden kann. Je mehr wir also über das Wetter und seine Wirkungen wissen, desto besser können wir unterscheiden, ob wir z. B. einen für uns typischen Wetterstreß empfinden oder ob wir etwas empfinden, was „gemacht" worden ist.

Hier ein Beispiel: Eine natürlich entstandene Wetterdepression ist verbunden mit Gefühlen der Unlust, Müdigkeit, Antriebslosigkeit, Traurigkeit usw. Dagegen kommen während einer Wettermanipulation bei sensiblen Menschen noch unterschiedliche Gedanken und Gefühle hinzu, die man eindeutig als nicht die eigenen bezeichnen kann. Oft kommt es zu hemmungslosen Weinkrämpfen, verbunden mit Durchfall. Sobald der Mensch die großräumige Region verläßt (und z. B. ins Ausland fährt), sind die Beschwerden wie weggeblasen. So geschehen z. B. 1997 im Raum Berlin-Brandenburg während des Jahrhunderthochwassers an der Oder. Nur wenige Monate später berichtete die Presseagentur PAP, der Vorsitzende des geopolitischen Komitees der russischen Staatsduma, Alexej Mitrofanow, habe gesagt, die katastrophalen Überschwemmungen seien „eine Folge der NATO-Osterweiterung" gewesen, vermutlich also eine Wettermanipulation als Strafaktion für den kurz zuvor erfolgten NATO-Beitritt Polens und Tschechiens.

Musik- und Kräuterstrategien

Gesundheit, Wohlbefinden und Lebenskraft sind direkt auf eine Fähigkeit zurückzuführen: Sich anzupassen. Wenn wir alle genannten Umweltfaktoren Revue passieren lassen, dann muß man zugeben – es ist schon allerhand, an was man sich da anpassen muß. Deshalb ist unbedingt bei besonders starkem Wetterstreß auch eine therapeutische Beratung notwendig. Ansonsten können wir hier einige Empfehlungen geben, die Sie in Abhängigkeit davon, welcher Typ von Meteoropath Sie sind, ausprobieren können.

Wir gehen natürlich davon aus, daß Sie die absolut notwendige Basis bereits haben, d. h. eine ausreichende Versorgung mit Vitaminen und Mineralstoffen.

Der erste Tip wirkt etwas ungewöhnlich. Unsere Leser sind mit Themen wie dem Einfluß von Frequenzen auf das menschliche Bewußtsein vertraut. In unserem Buch „Zaubergesang" dokumentierten wir z. B., daß ein Musikstück, der „Bolero" von Maurice Ravel, eine starke Wirkung auf die sexuelle Stimulation hat. Im Fall von Wetterstreß gibt es auch bestimmte Musikarten (Frequenzen), die hier günstig wirken können. So seltsam die Zusammenstellung klingt – es handelt sich dabei um die Songs der Sechziger-Jahre-Kultgruppe „The Doors" und um die Arien aus Giacomo Puccinis Oper „Tosca". Wenn Sie also tatsächlich Hilfe brauchen, sollten Sie Ihre Musik-Apotheke konsultieren, und wie wir sehen, ist für jeden Geschmack etwas dabei. Das ist kein Scherz, sondern ganz ernst gemeint.

Wissenschaftliche Untersuchungen haben auch gezeigt, daß das Hören der Werke von Wolfgang Amadeus Mozart den Blutdruck und den Herzrhythmus normalisieren und schmerzmildernd wirken kann. Barockmusik verursacht eine Senkung des Streßhormonspiegels um 20 Prozent. Bei Experimenten mit der Magnetresonanz des Gehirns stellte man fest, daß Beethovens 5. Sinfonie die Ausschüttung des Neurotransmitters Dopamin im Gehirn anregen kann. Dopamin ruft ein Gefühl des Wohlbefindens hervor. Besonders wirkungsvoll gegen Streß ist Musik in C-Dur.[53]

Eine sehr individuelle Basis für die sanfte Behandlung der Wetterfühligkeit bietet die Bachblütentherapie. Die konkrete Mischung für eine Person muß individuell bestimmt werden. Allerdings muß diese Bestimmung über einen Bezugstest (Blindtest) mit der menschlichen Aura erfolgen, so wie in unserem Buch „Niemand ist Nobody" beschrieben.[54] Dazu ist es am besten, mit einer Bioantenne zu arbeiten und verschiedene Schichten der Aura auszutesten, so weit es notwendig ist.

Unser dritter Vorschlag ist auch sehr originell. Ganz hoch oben in den eisigen Bergen Sibiriens wächst ein kleines blühendes Kraut. Es heißt *Rhodiola rosea*, auch unter dem Namen „Goldene Wurzel" bekannt. Sie gehört in eine einzigartige Kategorie von Kräutern, die als „Adaptogene" bezeichnet werden. Wenn es unserer Wirtschaft eines Tages gelingen würde, sich nicht nur an Großkonzernen wie Gazprom zu beteiligen, sondern auch einen Tee aus Rhodiola nach Deutschland zu bringen, würden wir die reichen Schätze Rußlands auch für Wetterstreß nutzen können. Rhodiola besitzt die Fähigkeit, den menschlichen Organismus flexibler, elastischer und anpassungsfähiger zu machen. Die Kosmetikindustrie hat die vielfältigen Heilwirkungen von Rhodiola bereits erkannt und verwendet die Wirkstoffe als Komponenten für zahlreiche Kosmetika.

Auch die uns allen bekannte heimische *Melisse*, als Tee oder Melissengeist eingenommen, hilft bei Wetterbeschwerden.

Bestimmte ätherische Öle können ebenfalls bei Wetterstreß wohltuend wirken. Für einen frischen Start in den Tag ist *Bergamotteöl* genau das Richtige. Es belebt Körper und Sinne und bringt sie in Schwung. In Asien werden *Ylang-Ylang-Blüten* nicht nur Brautleuten in der Hochzeitsnacht unter das Bett gestreut, sie wirken auch sonst anregend und harmonisierend auf Körper und Geist. Auch *Lavendelöl* bringt uns ins Gleichgewicht und hilft beim Einschlafen. Wenn es Ihnen ganz schlecht geht und Sie ein Gefühl haben, die Welt bricht über Ihnen zusammen, ist es sehr wirksam, ein Konzentrat aus *Basilikum*, *Pfefferminz* und *Eukalyptus* zu benutzen. Geben Sie einfach zwei Tropfen dieser erfrischenden Mischung auf Ihre Fingerspitzen und atmen Sie das Aroma bewußt ein.

Weitere Empfehlungen: *Avocadoöl*, *Wildrosenöl*, *Weizenkeimöl*, *Kamillenextrakt*, *Roßkastanienextrakt*, *Kaschmirextrakte*, *Honig*, *Aloe Vera* und *Kaviarextrakt* (wirkt stimulierend als Gel) sowie unterschiedliche *Kräuterkomplexe*.

Lecithin, *Gelee Royale* und *Traubenzucker* können ebenfalls zur Verbesserung des Wohlbefindens beitragen, auch das *Coenzym Q10*. Auch mit allem, was uns das Meer zur Verfügung stellt, kann man gute Effekte erzielen: *Meeres TIEFwasser*, *Algen-Extrakt* aus der Antarktis, *Glykoprotein* aus dem Südpolarmeer, *Muschelextrakt*, *Meeresplankton*, *Meersalz Milchbad*.

Eine kürzlich veröffentlichte Studie im *American Journal of Preventive Medicine* besagt, daß regelmäßige Aufenthalte in der Natur „*die Kraft zum Heilen haben ... Sie können den Menschen*

gesund halten und sein Wohlbefinden wieder herstellen." Statistisch gesehen, sind 66% der Meteoropathen Menschen, die in großen Städten leben. Der Kontakt mit der Natur lindert die Symptome, und die Bewohner ländlicher Regionen reagieren dadurch nicht so stark auf Wetterstreß. Alles, was der Entspannung dient, z. B. autogenes Training, Autosuggestion, Meditation, ist empfehlenswert.
Was auf keinen Fall hilft, ist, nur über das Wetter zu jammern und sich aus der Welt zurückzuziehen. Wenn die Kraft es erlaubt, raus aus dem Haus und unter Menschen gehen. Wer weiß, vielleicht ergibt sich die Gelegenheit, mit einem Menschen bei einem Glas Wein zu plaudern. Auch das kann helfen.

So schmeckt das Denken

Sind Sie jetzt auf den Geschmack gekommen? Der Geschmack ist einer der geheimnisvollsten menschlichen Sinne. Er dient nicht nur, und beim Essen und Trinken zu verwöhnen, er hat auch einen sehr großen Einfluß auf die Arbeit unseres Gehirns. Geschmackseindrücke formen unsere Art des Denkens und steuern unsere metabolischen Prozesse.
Zur Zeit kennt man sechs verschiedene Geschmacksqualitäten. Darunter sind vier Basisgeschmacksrichtungen: *Süß, salzig, sauer* und *bitter*. Im Jahre 2000 wurde *Umami* als fünfte Geschmacksrichtung offiziell anerkannt. Das japanische Wort kann in etwa als „würzig" übersetzt werden und bezeichnet einen Geschmackssensor für Glutaminsäure. Wir finden sie z. B. in Rindfleisch, Schimmelkäse, Pilzen, vor allem aber auch in vielen asiatischen Gerichten mit Soja und Fisch sowie in Gewürzmischungen.
Vor kurzem wurde dann auch die sechste Geschmacksqualität entdeckt. Sie reagiert auf *Fettsäuren*, also vor allem auf Fettgeschmack. Bis jetzt hat sich das Thema Geschmack hauptsächlich auf die Anatomie unserer Zunge konzentriert. Wie wir wissen, gibt es auf der Zunge sogenannte Geschmacksknospen, und jede von ihnen enthält 50-100 Rezeptoren, die bei Berührung mit Nahrung entsprechende Impulse an unser Gehirn aussenden.

Wenn Sie selbst feststellen möchten, wie viele Geschmacksknospen Sie haben, dann machen Sie sich einen Spaß und essen Sie eine ordentliche Portion Heidelbeerkompott oder ein Stück Blaubeerkuchen. Wie wir alle wissen, bekommt man davon eine blauschwarze Zunge. Die Geschmacksknospen jedoch färben sich dabei nicht ein, so daß sie in diesem Augenblick sichtbar werden. Wenn

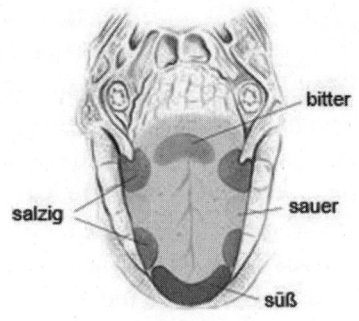

Abb. 32: Zunge mit Geschmackszonen

Sie dann in einen Spiegel schauen und sich selbst die Zunge herausstrecken: „Bäääh!", dann können Sie Ihre Geschmacksknospen beobachten.

Prof. *Dana Small* von der Yale University untersuchte mit Hilfe der magnetischen Resonanz, auf welchen Wegen die Nervenimpulse von unserer Zunge ins Gehirn weitergeleitet werden. Dabei zeigte sich, daß der Geschmackssinn entscheidenden Einfluß auf die Arbeit unserer Gehirnzentren hat. Er aktiviert Bereiche, die hauptsächlich mit Emotionen verbunden sind, er kann unsere Stimmung verbessern, aber auch ein Gefühl der Enttäuschung vertiefen. Er hat Einfluß auf unser Gedächtnis und auf die Art und Weise unseres Denkens.

Je stärker die Geschmacksimpulse ins Gehirn fließen, desto geringer wird unsere Neigung, vernünftig zu denken und zu handeln.

Viel weniger bekannt ist, daß der Geschmack nicht nur ein Privileg unserer Zunge ist. Wir fühlen und empfinden ihn mit unserem ganzen Körper. Geschmackszellen befinden sich auch im Magen, im Darm, in der Bauchspeicheldrüse, in der Leber und sogar in den Lungen. Die Geschmacksrezeptoren im Körper spielen aber eine andere Rolle als die auf der Zunge. Die Rezeptoren der Zunge führen eine Schnellanalyse durch, sie sind so etwas wie Qualitätskontrolleure, ob wir das essen oder lieber wieder ausspucken sollten. Die Rezeptoren im Innern des Körpers dagegen wirken wie Spezialdienste des Körpers und helfen bei der Steuerung der Verdauung und der Absorption dessen, was bereits im Magen angekommen ist. Abhängig von der Erkennung, welche Komponente in unserer Nahrung

vorhanden waren, können sie die Verdauungsprozesse beschleunigen oder verlangsamen. Im Notfall können sie auch Erbrechen auslösen.
Und jetzt zu unserer Strategie: Um unsere Befindlichkeit zu ändern, empfiehlt der bekannte amerikanische Neurologe *Daniel Amen* eine Veränderung dessen, was auf unseren Teller kommt. Logischerweise beeinflußt das dann auch die Arbeit unserer Gehirnzentren. Für eine gute Regulierung von Störungen im limbischen System, das für unsere emotionalen Reaktionen verantwortlich ist, empfiehlt Amen z. B., mehr Omega-3-Fettsäuren und Proteine zu sich zu nehmen. Für eine bessere Arbeit des Temporallappens und für ein besseres Gedächtnis empfiehlt er ein ausgewogenes Gleichgewicht von Eiweiß und Kohlehydraten in der Nahrung. In extremen Streßsituationen, auch bei Wetterstreß, können Sie versuchen, von diesen neuesten Erkenntnissen der Wissenschaft zu profitieren. Doch Achtung! Diese Ratschläge sind gut, solange Sie Ihre Ernährung selbst bestimmen. Schon jetzt planen Wissenschaftler, neue Mischungen von Substanzen in unserem Essen zu komponieren, die in die Arbeit unseres Gehirns eingreifen, allein durch den Geschmack. Sie überlegen schon jetzt, mit welchen Geschmacksmischungen sie während unserer Arbeit unser logisches Denken stärken können und mit welchem Geschmackscocktail sie uns während unseres Urlaubs ein Gefühl von Sorglosigkeit und Unbeschwertheit vermitteln und das vernünftige Denken nach Möglichkeit abschalten können.
Haben Sie vielleicht bemerkt, daß die meisten Fertiggerichte, die uns in den Supermärkten angeboten werden, in den letzten Jahren zunehmend nur noch „sahnig", „cremig" und „fruchtig" sein dürfen? Pikantes ist im Gegensatz zu früher kaum noch trendy. Sollte das vielleicht eine Vorstufe zum idealen Designer-Futter für jeden gewünschten Gefühlszustand sein?

Weiter oben und weiter draußen...

Die Faktoren, die unser Wohlbefinden steuern, sind jedoch nicht auf den unmittelbaren Bereich der Erdatmosphäre beschränkt. Es gibt auch Einflüsse aus dem Weltraum, die uns zu schaffen machen können. Die NOAA (US-Wetterbehörde) veröffentlicht auf ihren Internetseiten schon seit Jahren ständig aktualisierte Weltraum-Wetterberichte.

Fast jeder Mensch weiß, daß manche Befindlichkeitsstörungen durch den Mond ausgelöst werden können. Der Mond übt erhebliche Gravitationskräfte auf die Erde aus und damit natürlich auch auf uns. Die gleiche Kraft, die die Gezeiten der Meere mit Ebbe und Flut erzeugt, kann auch den Wasserhaushalt des Menschen ganz schön durcheinanderbringen, insbesondere bei Vollmond. Dies äußert sich vor allem durch Schlafstörungen, aber auch durch diverse psychische Probleme.

Aus Akten der Polizei und psychiatrischen Kliniken ist es signifikant belegbar, daß bei Vollmond und Neumond, wenn also auch in uns Menschen die „Säfte" spürbar stärker nach oben steigen, die Anzahl der Morde zunimmt. Ebenso steigen die Selbstmorde, Selbstmordversuche, Anfälle von Aggression und überhaupt die Einlieferungen in psychiatrische Kliniken stark an. Allerdings ist nicht jeder Mensch von diesen subtilen Einwirkungen betroffen. Es muß eine innere Bereitschaft (Disposition) vorhanden sein.

Das eigentliche Weltraumwetter, wie die NOAA es definiert, kommt jedoch von der Sonne. Die Sonne ist nämlich keineswegs nur unser Licht- und Wärmespender. Diese Energien stammen nur aus dem Anteil der elektromagnetischen Sonnenstrahlung, der im Bereich des sichtbaren, infraroten und ultravioletten Lichts liegt.

Doch die Sonne ist ein viele Millionen Grad heißer glühender Gasball, in dessen Innern gewaltige Kernfusionsreaktionen explosionsartig ablaufen, bei denen Wasserstoff in Helium verwandelt wird. Starke Temperaturunterschiede führen dabei zu immensen turbulenten Gasströmungen, die sich an der Oberfläche in riesigen dunklen Flecken oder gigantischen Ausbrüchen (Protuberanzen) äußern. In diesen riesigen Fackeln kommt mehrere Millionen Grad heiße Sonnenmaterie aus dem Innern an die Oberfläche und wird von dort aus ins Weltall geschleudert, auch in Richtung Erde.

Diese Materiestrahlung nennt man auch *Sonnenwind*. Würde uns dieser Sonnenwind ungeschützt treffen, wäre kein Leben auf der Erde möglich. Es ist eine harte radioaktive Strahlung (Alpha-Strahlung), die allerdings von unserem Erdmagnetfeld abgeschirmt und in zwei ringförmigen Zonen rund um die Erde, den sogenannten Van-Allen-Gürteln, eingefangen wird. Nur an den beiden Polen, wo die Feldlinien des Erdmagnetfeldes ins Erdinnere eintreten, kann der Sonnenwind vermehrt die Erdoberfläche erreichen und dort als Polarlicht sichtbar werden.

Bei sehr starken Sonnenstürmen jedoch kann die Materiestrahlung auch unsere Breiten erreichen. Sie enthält jede Menge radioaktiver Alphateilchen.

Der Sonnenwind stört nicht nur Funk- und Telekommunikationseinrichtungen ganz erheblich, sondern er beeinflußt nach *Alexander Leonidowitsch Tschishewski* auch uns Menschen. Danach besteht ein Zusammenhang zwischen dem Auftreten bestimmter Seuchen (Grippeepidemien, Typhus, Cholera) und dem elfjährigen Zyklus der Sonnenaktivitäten. Tschishewski schloß daraus, daß verstärkte Sonnenstürme die Virulenz (Ansteckungsfähigkeit) von Krankheitserregern fördern können.

Aber auch meßbare Veränderungen im Blutbild konnten bei verstärkter Sonnenaktivität einwandfrei nachgewiesen werden. Dies ist im Grunde nicht einmal überraschend, denn die roten Blutkörperchen sind ja als Träger des Blutfarbstoffs Hämoglobin stark eisenhaltig und reagieren damit besonders intensiv auf Elektromagnetismus jeder Art.

Die wichtigsten Veränderungen im Blutbild bei erhöhter Sonnenfleckenaktivität sind: Leukopenie (Verringerung der weißen Blutkörperchen), Anämie (Verringerung der roten Blutkörperchen) sowie eine schlechtere Blutgerinnung mit daraus resultierender Thrombosegefahr. Auf diese Weise erhöht sich dann auch das Risiko von Herzinfarkten und Schlaganfällen.

Sonnenaktivitäten und Szenario 2012

Speziell was die Sonne betrifft, und im Hinblick auf die uns bevorstehenden Sonnenaktivitäten der Jahre 2011/2012, ist ein wichtiger Bestandteil unserer Lebensstrategien eine gute und umfassende Information. Es ist anzunehmen, daß wir in den Massenmedien in den nächsten Jahren mit Meldungen konfrontiert werden über geomagnetische Stürme und Sonnenstürme. Sie werden sich nicht nur auf unsere Gesundheit und unser Wohlbefinden auswirken, sondern auch auf unser tägliches Leben insgesamt.

Warum? Ganz einfach, weil sie ganz mächtig in unsere Technologie eingreifen werden, von der wir alle so abhängig geworden sind.

Die wenigen Tage im April 2010, als wegen der Aschewolken des

isländischen Vulkans Eyjafjallajökull in fast ganz Europa kein Flugzeug starten und landen durfte, haben uns einen ersten Eindruck davon vermittelt, was uns bevorstehen könnte, wenn unsere elektrische und elektronische Infrastruktur aufgrund unbeeinflußbarer Faktoren zum Erliegen käme. Im Fall des Flugverbots kamen Reisende nicht nach Hause und an ihre Arbeitsplätze, die Zustellung der Post verzögerte sich, und selbst die internationale Politik mußte einen Gang zurückschalten. Für die zu Hause gebliebenen Normalbürger tat sich noch recht wenig. Allenfalls mußten sie ein paar Tage lang auf südafrikanische Erdbeeren und Rosen aus Indien verzichten. Atemwegsreizungen und Bronchitiserkrankungen wegen der Vulkanasche waren allerdings auch auf dem Vormarsch.
Versuchen wir uns vorsichtig, zunächst an die Thematik der Sonnenaktivitäten heranzutasten. Der neue Sonnenzyklus ist seit Anfang 2010 im Gange, und im Frühjahr gab es bereits die ersten geomagnetischen Stürme. Wir wollen uns mit Hilfe der Intuitiven Logik ein Szenario entwickeln, das verdeutlicht, was uns im Zuge eines starken Sonnenaktivitätszyklus so alles bevorstehen kann.

Stellen wir uns also z. B. den 6. Juli 2012 vor, und nehmen wir an, daß die NOAA eine Warnung vor einem Sonnensturm Klasse S5 herausgegeben hat. Was das genau bedeutet, darauf werden wir später noch eingehen. Eine solch starke Emission von Sonnenmaterie hat natürlich auch Auswirkungen auf das Erdmagnetfeld sowie auf die Übertragung von Radiosignalen in allen Frequenzbereichen. Es ist also anzunehmen, daß gleichzeitig ein geomagnetischer Sturm der obersten Kategorie G5 herrscht und Kommunikationsstörungen der Klasse R5 eintreten. Wir wissen nicht, wie Sie sich an einem solchen Tag fühlen werden, das ist individuell unterschiedlich, aber wir wissen, wie unsere Welt an einem solchen Tag aussehen wird.
Sie müssen davon ausgehen, daß an einem solchen Tag weiträumig, also möglicherweise auch an Ihrem Wohnort, der Strom ausfällt. Die Störung kann mehrere Stunden oder Tage anhalten. Da reicht es nicht, mit Kerzen versorgt zu sein. Wie kommt man eigentlich bei Stromausfall an sein Geld, wenn die meisten Banken keine Kasse mehr haben, sondern nur noch Geldautomaten? Und an den Kassenschaltern sind größere Bargeldbeträge durch elektronische Zeitschlösser gesichert.

Sollten Sie noch Bargeld dabei haben – wo können Sie dafür noch etwas kaufen? Supermärkte und Kaufhäuser werden geschlossen haben, weil ihre Registrierkassen nicht mehr funktionieren. Wenn die Störung länger anhält, dürfte das Warenangebot ohnehin knapp werden, denn seitdem die Satellitennavigation und der Funkverkehr ausgefallen sind, können Schiffe, Flugzeuge und Lastwagen nicht mehr vernünftig navigieren. Sollen wir uns also auf den fahrplanmäßigen Schienenverkehr verlassen? Wo gibt es bei uns noch Eisenbahnstrekken, die nicht elektrifiziert sind? Wie viele Dampf- oder Dieselloks sind eigentlich noch einsatzbereit? Im gesamten Waren- und Personenverkehr wird es also zu erheblichen Ausfällen kommen.

Wichtige Einrichtungen wie Krankenhäuser oder Flughäfen haben natürlich Notstromaggregate, doch der Flugverkehr ist ohnehin zum Erliegen gekommen. Ausfälle in der Funkkommunikation lassen keinen geordneten Flugbetrieb zu, und für Passagiere wäre es in größeren Flughöhen aufgrund der hohen Radioaktivität ohnehin zu gefährlich.

Sie haben Glück, daß die Störung nicht in der kalten Jahreszeit eintrat, denn sonst wäre die Frage, ob Ihre Wohnung beheizt sein wird, möglicherweise von Kleinigkeiten abhängig. Selbst Gasetagenheizungen können bei Stromausfall den Dienst versagen, wenn sie durch elektrische Thermostaten gezündet werden.

Wie viel Wasser tröpfelt eigentlich noch aus Ihrem Hahn? Natürlich arbeitet Ihr Wasserhahn nicht elektrisch, wohl aber die Pumpe beim Wasserwerk.

Wenn Sie noch in der Lage sind, per Auto ohne GPS ans Ziel zu kommen, können Sie möglicherweise auf diese Art noch mobil bleiben. Doch unsere modernen Autos sind heutzutage auch schon voller Elektronik, um uns das Fahren zu erleichtern. Elektronische Wegfahrsperren, Benzineinspritzungen, Zentralverriegelungen etc. reagieren schon auf herkömmlichen Elektrosmog höchst sensibel und fallen manchmal aus, wenn man nur „an einer falschen Frequenz" vorbeigefahren ist. Ob sie bei starkem Sonnensturm noch funktionieren, steht dahin. Und wohin wollen Sie fahren, wenn Sie nicht einmal starten können?

Haben Sie noch einen Telefon-Festnetzanschluß zu Hause? Wenn nein, dann sind Sie ziemlich von der Außenwelt abgeschnitten, denn Ihr Handy funktioniert schon längst nicht mehr. Selbst wenn die starke Teilchenstrahlung von der Sonne es nicht geschafft haben

sollte, den Apparat zu zerstören, so ist doch die Funkkommunikation weltweit unterbrochen. Laptop mit WLAN-Anschluß? Vergessen Sie es. Das gute alte Festnetz (auch für Internet) dürfte noch am längsten funktionieren. Ein DSL-Internet-Anschluß für Ihren Laptop (solange der Akku reicht) könnte im Grunde die letzte Anbindung an die Außenwelt für Sie sein, um Informationen zu erfahren, denn Radio- und Fernsehübertragungen sind natürlich längst ausgefallen.
Jetzt noch ein paar Einschränkungen: Die meisten Festnetztelefone brauchen heute auch schon einen Stromnetzanschluß, da sie auch Ladegeräte für Schnurlostelefone enthalten. Die funktionieren dann natürlich auch nicht mehr, sondern allenfalls alte, netzunabhängige Telefonapparate. Das Telefonnetz selbst ist nicht an das Stromnetz gekoppelt. Wenn Sie Glück haben, funktioniert es noch.

An diesem Beispiel können Sie gut erkennen, wozu im Bereich der Intuitiven Logik die Szenarien eigentlich dienen können. Sie müssen nicht unbedingt Details aus dem Privatleben jedes Menschen enthalten. Das Beispiel zeigt, wie ein kurz formuliertes Szenario dennoch wichtige Informationen sowohl aus dem globalen Bereich als auch aus dem privaten Bereich enthalten kann. Wir geben dieses Szenario nicht, um Sie zu verängstigen, sondern um Ihnen die Möglichkeit zu eröffnen, Strategien zu entwickeln, um sich auf einen solchen möglichen Fall rechtzeitig vorzubereiten. Und bitte tun Sie es jetzt! Niemand weiß, wann so eine Situation eintreten wird, und die Vorbereitung wird von Ihnen u. a. einige Einkäufe verlangen, die auch Zeit benötigen.

Im Anschluß daran geben wir Ihnen jetzt auch die exakte Auflistung der einzelnen Kategorien der geomagnetischen und Sonnenstürme, so wie sie die NOAA-Wissenschaftler definiert haben. Das soll Ihnen helfen, wenn in den Medien über einen geomagnetischen Sturm Stärke G3 o. ä. geredet wird. Dann wissen Sie sofort, was auf Sie zukommt. Außerdem können Sie auch erkennen, ob Sie mit Hilfe dieser Listen allein auch in der Lage gewesen wären, Ihre Vorsorgestrategie zu entwickeln, oder ob dazu nicht das Szenario der Intuitiven Logik die entscheidende Hilfe gewesen ist.
Unter einem *geomagnetischen Sturm* versteht man eine Störung des Erdmagnetfeldes, verursacht durch Schwankungen des Sonnenwindes.

Zur Klassifizierung gibt es eine fünfstufige G-Skala von G1 bis G5.

Geomagnetische Stürme:

Kategorie G1 - „Minor" (klein): Leichte Stromschwankungen, kleinere Auswirkungen auf Satelliten, Beeinflussung von Zugvögeln und anderen wandernden Tieren. Die Einflüsse auf den Menschen sind noch sehr gering.

Kategorie G2 - „Moderate" (mäßig): Möglichkeit von Alarmen in Kraftwerken, Schäden an Transformatoren, Korrekturen an der Ausrichtung von Satelliten können nötig sein, Empfangsstörungen bei Hochfrequenz-Radiowellen. Mit lokalen und kurzfristigen Stromausfällen und Kommunikationsproblemen (Mobilfunk) muß bereits gerechnet werden. Erste Unwohlseinsgefühle bei Menschen.

Kategorie G3 - „Strong" (stark): Spannungskorrekturen in Kraftwerken notwendig, elektrische Aufladung der Oberfläche von Satelliten, Störungen bei Satellitennavigation (GPS!) und beim Empfang von Niedrigfrequenz-Radiowellen. Unruhegefühle und ernstere Beschwerden bei Menschen. Wie wir sehen, können wir uns also ab dieser Kategorie auf GPS-Navigation nicht mehr verlassen. Zu Ostern 2010 herrschte bereits der erste G3-Sturm des neuen Sonnenzyklus.

Kategorie G4 - „Severe" (schwerwiegend): Großflächige Probleme bei der Spannungskontrolle in Kraftwerken, Steuerungsprobleme bei Satelliten, Ausfälle bei Satellitennavigation und Niedrigfrequenz-Radioempfang.

Kategorie G5 - „Extreme" (extrem): Großflächige Stromausfälle, verstärkte Probleme bei der Satellitensteuerung, mehrtägige Unterbrechungen von Satelliten- und Funknavigation. Die induzierten Ströme können eine Stärke von mehreren hundert Ampere erreichen.

Für die Sonnenstürme gibt es eine ähnliche Klassifizierung. Als Sonnensturm bezeichnet man eine Erhöhung der elektromagnetischen Strahlung von der Sonne, verursacht durch eine vermehrte Emission elektrisch geladener Partikel.

Sonnenstürme:

Kategorie S1 - „Minor" (klein): Kleine Einwirkungen auf Hochfrequenz-Radiowellen in der Polarregion möglich. Keine biologischen Auswirkungen oder Satellitenstörungen.

Kategorie S2 - „Moderate" (mäßig): Navigation in der Polarregion möglicherweise gestört. Geringe Satellitenstörungen. Keine biologischen Auswirkungen.

Kategorie S3 - „Strong" (stark): Kommunikation mit Hochfrequenz-Radiowellen und Navigation in der Polarregion gestört. Störungen bei der Datenübertragung von Satelliten. Gering erhöhte radioaktive Belastung für Flugpassagiere bei großen Flughöhen.

Kategorie S4 - „Severe" (schwerwiegend): Hochfrequenz-Ausfälle sowie mehrtägige Navigationsstörungen in der Polarregion. Computerstörungen in Satelliten. Erhöhte radioaktive Belastung für Flugpassagiere in großer Höhe.

Kategorie S5 - „Extreme" (extrem): Vollständiger Ausfall von Kommunikationssystemen in der Polarregion, Navigation extrem erschwert, Kontrollverlust und dauerhafte Schäden an Satelliten, stark erhöhte radioaktive Belastung von Flugpassagieren.

Eine dritte Skala klassifiziert speziell den für unser heutiges Leben so wichtigen Bereich der Radiokommunikation, wobei mit dem Begriff „Radio" natürlich alle Formen der elektromagnetischen drahtlosen Kommunikation gemeint sind, also auch Fernsehen, Mobilfunk, sonstige Funkkommunikation, Radar etc. Störungen entstehen hauptsächlich in der Ionosphäre, wenn es zu vermehrter Emission radioaktiver Teilchen aus der Sonne kommt.

Radio- und Funkverkehrsstörungen:

Kategorie R1 - „Minor" (klein): Niedrigfrequenz-Navigationssignale kurzfristig unterbrochen. Leichte Abschwächung der Hochfrequenz-Kommunikation, kurzfristiger Verlust des Funkkontakts möglich.

Kategorie R2 - „Moderate" (mäßig): Niedrigfrequenz-Navigation für 10 Minuten und mehr unterbrochen. Zeitlich begrenzte Totalausfälle der Hochfrequenz-Kommunikation auf der sonnenbeschienenen Seite der Erde.

Kategorie R3 - „Strong" (stark): Niedrigfrequenz-Navigation für etwa eine Stunde gestört, ebenso die Hochfrequenz-Kommunikation auf der sonnenbeschienenen Seite der Erde.

Kategorie R4 - „Severe" (schwerwiegend): Ein- bis zweistündige Ausfälle der Niedrigfrequenz-Navigation sowie Ausfälle des Hochfrequenz-Funkkontakts auf der sonnenbeschienenen Seite der Erde.

Kategorie R5 - „Extreme" (extrem): Mehrstündige Ausfälle der Niedrigfrequenz-Navigation, Positionsbestimmung bei Schiffen auf der sonnenbeschienenen Seite der Erde für mehrere Stunden unmöglich, hohe Fehlerrate bei Satelliten-Navigation, bis auf die Nachtseite der Erde ausstrahlend. Hochfrequenz-Funkkontakt zu Schiffen und Flugzeugen für mehrere Stunden unterbrochen, vollständiger Ausfall auf der sonnenbeschienenen Seite der Erde.

Im Farbbildteil finden Sie ein Beispiel, wie der Weltraumwetterbericht der NOAA aussieht (Bild 34). Sie finden ihn im Internet unter der Adresse www.swpc.noaa.gov/SWN/ in ständig aktualisierter Form.

Take-Off in die Zukunft

Das National Intelligence Council (NIC) ist eine Regierungsbehörde in den USA, von der nur die wenigsten von uns schon etwas gehört haben. Kurz gesagt, ist es die Zukunftsabteilung der Geheimdienste, ein strategischer Think Tank, in dem man sich jenseits der Tagespolitik über längerfristige Entwicklungen und Zusammenhänge Gedanken macht. Die Resultate solcher Brainstormings werden dann den einzelnen Geheimdiensten oder auch direkt dem Präsidenten zugänglich gemacht.

Global Scenarios 2009-2025

Der neueste umfangreiche Report des NIC trägt den Titel *„Global Scenarios to 2025"*.[55] Darin werden insgesamt drei alternative Szenarien präsentiert – natürlich mit Hilfe der Intuitiven Logik –, wie sich die Welt in den nächsten 15 Jahren weiterentwickeln könnte. Im Zentrum der Studie standen zwei Fragestellungen:

1. Wie kann die Welt ein stabiles Wirtschaftswachstum erreichen im Rahmen der sich rapide verändernden geopolitischen Landkarte?
2. Wie wird im Jahre 2025 das Kräftegleichgewicht aussehen? Werden eher kooperative oder eher unilaterale Vorgehensweisen im Vordergrund stehen?

Die drei möglichen Szenarien im NIC-Report stehen unter folgenden Überschriften:

a) „Geborgte Zeit": Es entwickelt sich eine Welt, die der Maxime des „Business as usual" folgt. Alle machen weiter wie bisher, im Vertrauen darauf, daß die Fortschritte in Wissenschaft und Technik schon alle Probleme lösen werden. Herausforderungen und Probleme werden beschönigt, bevor sie eintreffen.

b) „Fragmentierte Welt": Bei diesem Szenario handelt es sich um eine Welt, die vom Egoismus gekennzeichnet ist. Die Maxime ist also „Jeder ist sich selbst der Nächste". Jeder versucht seine eigenen Probleme zu lösen, ohne sich um die Probleme der anderen wesentlich zu scheren.

c) „Konstante Erneuerung": Dieses Szenario beschreibt eine Welt, in der die Nationen begreifen, daß sie in vielen Bereichen nicht umhinkommen, in der internationalen Gemeinschaft zusammenzuarbeiten, um wirkliche Veränderungen auf globalem Level zu ermöglichen. Diese internationale Kooperation ist nicht Ausdruck eines wirklichen Bedürfnisses der Staaten, sondern sie werden durch schockierende Ereignisse dazu gezwungen.

So wie wir alle unsere Politiker kennen, werden sie mit Vehemenz verkünden, daß sie aus tiefstem Herzen Szenario c) bevorzugen, um anschließend, je nach politischer Couleur, nach a) oder b) zu handeln. Bestimmt sind Sie jetzt neugierig, mehr über Szenario a) zu erfahren.

a) „Geborgte Zeit"

Dieses Szenario wird in drei Phasen unterteilt. Die erste Phase umfaßt die Jahre 2009-2012. Diese Jahre charakterisieren sich durch eine Verlangsamung des Wirtschaftswachstums in den alten westlichen Staaten. Indien ist besorgt über die Wirtschaftsentwicklung, Chinas Energiebedarf wächst ins Unermeßliche. Die westlichen Länder haben weiterhin finanzielle Probleme, erhalten jedoch zeitweise Kapitalspritzen aus arabischen Ländern oder aus internationalen Sonderfonds. Fortschreitendes Wirtschaftswachstum hat nach wie vor oberste Priorität in der Weltpolitik.
Rußland verfolgt seinen derzeitigen Weg weiter, erweitert jedoch teilweise die Kooperation mit dem Westen, auch im Wirtschafts- und Technologiebereich. Die Geheimdienste des Landes steuern teilweise erfolgreich dagegen.
Die Unfähigkeit der Regierungen zum Umdenken führt zu einem Machtvakuum, das durch NGOs und Bürgerinitiativen nur unzureichend gefüllt wird, weil ihnen die Finanzkraft fehlt und sie oft auch gegeneinander arbeiten.

Viele Probleme – z. B. internationale Urheberrechte, Börsenhandelsregeln, werden in den einzelnen Ländern zu unterschiedlich behandelt. Die Sicherheitspolitik krankt immer noch daran, daß einzelne Staaten (Rußland, USA) sich zu wenig an die internationalen Regeln halten und zu Alleingängen neigen. Neue Lösungen werden benötigt, die sich nicht auf historische Präzedenzfälle beziehen. Die Ölpreise steigen ins Uferlose, es kommt zu Panik auf den Ölmärkten.
Da den westlichen Ländern wirkliche Führungspersönlichkeiten fehlen, gewinnen die Länder Zentralasiens zunehmend an Einfluß. Die demokratische Entwicklung der neunziger Jahre des 20. Jahrhunderts stagniert und kehrt sich teilweise um. Es entsteht eine „postamerikanische Welt". Die Umweltpolitik stagniert.

Die Jahre 2013-2021 sind charakterisiert durch einen Mangel an Harmonie. Das Potential der Globalisierung wurde nicht ausgeschöpft. Anstelle einer Staatengemeinschaft entstand ein Patchwork. Aus der G8 wird die G14, die die großen asiatischen Staaten mit einbezieht. Afrika bleibt trotz reicher Rohstoffexporte arm. Die Schere zwischen Arm und Reich klafft immer weiter auseinander, auch in den reichen Industrienationen. Die EU ist paralysiert, neue Mitgliedschaften werden eingefroren, der Lissabon-Vertrag führt zu einer „Eurosklerose", die Türkei wendet sich von Europa ab. Die Ölpreise fallen aufgrund bilateraler Verträge. Auf dem Schwarzmarkt finden sich neben Nuklearmaterial alle möglichen High-Tech-Waffen, darunter auch die neuen Nanowaffen.

In den Jahren 2022-2025 geht der „Weg ohne Kompaß" weiter. Die globale Kooperation zwischen den Ländern ist weiter beschränkt, das Finanzsystem nicht unter Kontrolle zu bekommen. Es entstehen machtvolle Ungleichgewichte zwischen den Ländern und auch innerhalb der Gesellschaften. Die lange Zeit ignorierten Umweltprobleme werden jetzt schwerwiegender, da die Auswirkungen des Klimawandels stärker sind, als man 2009 abschätzen konnte. Die Armut wächst, die Menschen entwickeln sich zu passiven sozialen Beobachtern, was zur Entwicklung einer „moralischen Umweltverschmutzung" führt. Insgesamt droht die Menschheit in diesem Szenario den „Punkt ohne Wiederkehr" zu überschreiten. Wichtige Entscheidungen sind nach wie vor unterblieben, einige Entwicklungen sind mittlerweile irreparabel.

Wird es beim Szenario b) besser? Es steht unter der Überschrift:

b) „Fragmentierte Welt"

Während der ersten Phase 2009-2012 kommt es in der Presse von Hongkong zu Enthüllungen über Schweizer Bankkonten führender Funktionäre der Kommunistischen Partei Chinas, die Millionen außer Landes geschafft haben. Bei einem Dammbruch in Zentralchina sterben Tausende Menschen. Ein Konstruktionsfehler, der zur Katastrophe führte, steht in direkter Verbindung zu einem Korruptionsskandal, in den ein führendes Parteimitglied verwickelt ist. Es kommt zu Protesten in Schanghai, die sich über das ganze Land ausbreiten. Die Regierung verspricht Reformen und freie Wahlen, zahlreiche Parteiführer werden angeklagt.
In Europa und den USA steigt der Protektionismus. Europa stoppt Medikamentenimporte aus Indien und China, nachdem es zu zahlreichen Todesfällen gekommen ist. Überall zeigt sich der Verfall der Macht. Staatsführer erweisen sich zunehmend als unfähig, und in das Machtvakuum stoßen NGOs, islamistische Gruppen, kriminelle Banden und terroristische Netzwerke.
Die Weltwirtschaft stagniert weiter, bei hoher Inflation und Arbeitslosigkeit. Die Globalisierung stoppt.
Internationale Vereinbarungen verfallen. Die EU-Staaten stoppen die Immigration aus Nordafrika. Die EU-Mitgliedschaft der Türkei ist endgültig vom Tisch.
Der Klimawandel setzt sich weiter fort, doch wichtige Staaten wie Indien und China ziehen sich aus dem Umweltschutz zurück. China ist größter CO_2-Produzent der Welt, Tendenz steigend.
Die Welt wirkt desorientiert. Geburtenkontrollprogramme für Afrika scheitern. Der neu gewählte Papst verbietet Familienplanung. Die globale Kultur wird weniger westlich.

In den Jahren 2013-2021 bricht das Wachstum in den BRIC-Staaten (Brasilien, Rußland, Indien, China) stark ein. Die Probleme wachsen,

der Ölpreis steigt auf 200 $ und bricht dann auf unter 100 $ ein wegen der Krise in China und Indien. Dies schadet den Nahoststaaten. Rußland mischt sich mehr und mehr in Zentralasien ein, um die Energiepreise niedrig zu halten. Es herrscht ein Klima der Unsicherheit in der Welt. Es kommt zu Unruhen in Frankreich, Spanien und anderen Ländern.
Neue terroristische Gruppen mit Verbindungen nach Zentralasien begehen Anschläge in Moskau und St. Petersburg. Auch biologische Waffen kommen zum Einsatz.
In Großbritannien wachsen die Spannungen zwischen Briten und Moslems. Rußland tritt nicht der EU bei, schließt sich aber den europäischen Staaten stärker an. Die Türkei wendet sich total von Europa ab und steht an der Schwelle zur Nuklearmacht.

2022-2025: Die globale Rezession verschärft sich. Das konservative Regime im Iran wird gestürzt und ersetzt durch eine prowestliche Reformregierung. Der Westen lehnt eine Kooperation ab, solange der Iran nicht auf sein Nuklearmaterial verzichtet. In die Bresche springen Rußland, Indien und China.
Die Spannungen steigen in der ganzen Welt. Saudi-Arabien und Ägypten streben als Gegengewicht zum Iran den Besitz von Atomwaffen an. Das politische Klima wird schlechter. Die Welt gerät langsam aus den Fugen.
Dieses Szenario führt in eine Welt mit mehr Unsicherheit und weniger Vertrauen, eine Welt, die mit den Problemen nicht Schritt halten kann, sondern von ihnen überschwemmt wird.

Nach dem Schreiben dieses Abschnitts machten wir eine kurze Pause, um uns ein Musikstück in C-Dur anzuhören. Sie wissen schon warum. Denn wir stehen ja noch bei Ihnen in der Pflicht, die Version c) vorzustellen. Man soll ja die Hoffnung nicht aufgeben, daß die Jungs vom NIC noch etwas Besseres in der Schublade haben.

c) „Konstante Erneuerung"

2009-2012: Die wirtschaftliche Krise breitet sich auf die Wachstumsmärkte aus, es kommt zu einer globalen Rezession und zu einem

Verfall der Ölpreise. Die Geldpolitik wird sinnlos, da die OPEC durch Förderstopps den Ölpreis künstlich über 100 $ hält.
Ägypten wird Schauplatz eines Terrorangriffs. Ein gewaltiger Hurricane trifft New York City. Die U-Bahn in ganz Manhattan wird komplett überflutet. Die Wall Street muß für einen Monat geschlossen werden. Die USA begreifen jetzt, wie verwundbar auch sie durch den Klimawandel sind. Massive Zyklone verwüsten Schanghai, doch die Opferzahlen bleiben gering, da die chinesische Regierung die Stadt rechtzeitig evakuierte. In Südwestchina kommt es zur schwersten Dürre aller Zeiten.
Alle diese Fakten führen zu einer erneuten weltweiten Klimadebatte, die aber von den meisten Regierungen immer noch ignoriert wird. Es kommt zu einem starken Anstieg der Lebensmittelpreise, was viele Länder in Hungerkatastrophen treibt. In Afrika, Lateinamerika und der Karibik kommt es zu Unruhen.
Die junge Generation in den USA, Europa und China solidarisiert sich durch Hungerstreiks mit diesen Ländern. Bei der UNO wird ein Entwurf für eine neue Menschenrechtskonvention vorgelegt, die vom US-Präsidenten unterstützt wird, da er sich der Wiederwahl stellen muß.
Ein neues Kyoto-Abkommen wird beschlossen.
Die Schocks gehen weiter. In Pakistan kommt es zum Kollaps. Der zweitgrößte islamische Staat der Welt, der auch im Besitz von Atomwaffen ist, versinkt im Chaos. Pakistanische Studenten schließen sich den Taliban an. Die Nachbarländer bereiten sich auf das Schlimmste vor.
Der US-Dollar kollabiert, die Kreditkrise verschärft sich. Die junge Generation benutzt mehr und mehr virtuelle Netzwerke, um sich bzgl. wichtiger Themen zu vernetzen.

2013-2025: Die Mittel- und Endjahre dieses Szenarios werden in zwei Phasen geteilt. Die erste Phase ist die sogenannte Wendezeit, die zweite der geführte Übergang.
Die USA, Europa und China arbeiten zusammen, um den hungernden Ländern zu helfen, und kooperieren bei der Erschließung alternativer Energien. Das Rentenalter wird in den reichen Ländern auf 70 Jahre heraufgesetzt, da die Lebenserwartung weiter steigt.
In der Übergangsphase sieht die Welt erste Resultate der Aktionen, die man schon eingeleitet hat. Die USA übernehmen die Rolle eines

Partners und wollen nicht länger nur Führungsmacht sein. Es entsteht eine neue G7-Gruppe inklusive der BRIC-Staaten.
Es wird diskutiert, ob der US-Dollar globale Reservewährung bleiben soll, oder ob der Euro an seine Stelle tritt.
Ein wichtiger Aspekt dieses Szenarios ist die koordinierte Reaktion auf Herausforderungen, sowohl auf globaler als auch auf Länderebene. Eine dominante Rolle spielen technologisch ausgerüstete Netzwerke. Es kommt zum Wandel in der Finanzpolitik, um mehr Geld zur Verfügung zu haben, um die notwendigen Maßnahmen zu ergreifen.
Die organisierten Religionen beteiligen sich an der Übergangsphase an vorderster Front.
Die Wissenschaft spielt eine aktive Rolle in der politischen Entwicklung. Eine Koalition aus Politikern, Bürgerinitiativen, Umweltschützern, Wissenschaftlern, Juristen und Wirtschaftsvertretern arbeitet an einer universellen Deklaration von Umweltrechten.
Sicherheit wird als kollektives Problem angesehen. Iran ist schwerer von der nuklearen Abrüstung zu überzeugen, als man geglaubt hat. Rußland, die USA und China bewegen sich auf nukleare Abrüstung zu, arbeiten aber an einem gemeinsamen Verteidigungsprogramm gegen den Iran.
Das Wirtschaftssystem wird kooperativer und orientiert sich mehr ausschließlich am Geben und Nehmen. Es kommt zu langsamem Wachstum. Die Welt wird insgesamt kooperativer.
Durch die weltweite Kooperation wird die Rolle der NATO in Frage gestellt. Rußland und NATO gehen aufeinander zu. Ein Prozeß von kontrollierten Korrekturen hat begonnen, um die Entwicklung am Laufen zu halten. Der Prozeß der „konstanten Erneuerung" ist in die Wege geleitet. Es gibt noch manche Fallstricke und viele Probleme zu lösen, aber die Welt bekommt langsam sich entfaltende positive Perspektiven.

Es ist wichtig im Auge zu behalten, daß es sich bei den drei hier vorgestellten Szenarien auf keinen Fall um „Zukunftsprognosen" handelt. Alle drei können ohnehin nicht gleichzeitig eintreffen. Die Szenarien sind auch keine bloßen Spekulationen. Sie wurden von mehr als 200 Mitarbeitern auf der Basis von Millionen geheimdienstlicher Daten erarbeitet. Sie zeigen, wie sich unterschiedliche Reaktionen auf bestimmte Ereignisse auf die weitere Entwicklung auswir-

ken würden. Damit können die Szenarien der Intuitiven Logik als Grundlage für die Entwicklung von Strategien dienen.
Dies gilt insbesondere auch für sogenannte „Worst Case Szenarien", mit denen sich in letzter Zeit zunehmend auch Wissenschaftler beschäftigen.[56] In derartigen Untersuchungen geht es um die Frage, in welchen Szenarien das Überleben der Menschheit bedroht wäre. Die Antworten sind übrigens einigermaßen beruhigend. Die Menschheit als Ganzes ist robuster, als wir lange Zeit angenommen haben. Die Wissenschaftler fanden nur drei mögliche Szenarien, die tatsächlich zum Ende der Menschheit führten. Bei allen dreien mußten mehrere katastrophale Ereignisse aufeinanderfolgen, um so schwerwiegende Konsequenzen zu haben. In keinem Szenario wurde die Menschheit ausschließlich durch Naturereignisse ausgelöscht. Immer war zumindest ein menschengemachter Faktor dabei. Das macht Hoffnung. Wir haben unser Überleben selbst in der Hand.

Szenarien für das Leben

In diesem Moment, da Sie dieses Buch lesen, sind auch Sie in Ihrem eigenen Leben an einem bestimmten Punkt angelangt. Sie haben bestimmte Dinge bisher erreicht, andere dagegen nicht, und Sie wollen natürlich Ihr Leben, so weit es in Ihrer Macht steht, in Ihrem Sinne weiterentwickeln. Welchen Weg wollen Sie nehmen?
Dazu haben Sie verschiedene Möglichkeiten. Sie könnten ganz einfach weitermachen wie bisher und alles Neue auf sich zukommen lassen. Sie könnten auch in Hektik verfallen und irgend etwas tun, egal ob es etwas bringt oder nicht. Das gibt Ihnen dann das Gefühl, zumindest nicht passiv gewesen zu sein. Eine dritte Möglichkeit wäre, daß die äußeren Umstände Sie zum Handeln in einer bestimmten Richtung zwingen. Es gibt auch die Alternative, sich einen Plan zu machen. Dazu gehören kurzfristige und langfristige Ziele. Sobald Sie aber beginnen, diese Ziele anzusteuern, werden Sie bemerken, daß auf Ihre weitere Entwicklung auch unvorhersehbare und unerwartete Ereignisse Einfluß nehmen können.
Vielleicht aber haben Sie ein ganz anderes Rezept?

Im Moment, wo Sie anfangen, mit Hilfe der Intuitiven Logik mögliche Szenarien für Ihr weiteres Leben zu entwickeln, muß Ihnen bewußt sein: Egal, was Sie sich überlegen, erarbeiten, konstruieren, kombinieren oder organisieren – im Hintergrund lauert nur eines: eine Entscheidung.
Das ist der Kernpunkt, auf den es hier ankommt. Die Entscheidung, und das bedeutet, daß Sie sich nicht nur für etwas, sondern immer auch gleichzeitig gegen etwas anderes entscheiden müssen. Erfahrungsgemäß ist das das größte Problem vieler Menschen. Die Entscheidung „dagegen" können sie nicht ertragen. Am liebsten hätten sie alles gleichzeitig. Also raten wir Ihnen, in diesem Moment noch gar nichts zu tun und zunächst noch ein paar wichtige Informationen über Intuitive Logik zu sammeln.
Früher nannte man so etwas einen Plan. Für das heutige Lebenstempo und die zunehmende Vernetzung der Welt sind Pläne zu passiv und auch zu eindimensional. Es geschieht auf der Welt zu viel, und das auch noch auf einmal. Ein Szenario für unsere Zukunft zu entwickeln, ist dagegen etwas Dynamisches. Es berücksichtigt nicht nur, was wir selbst tun sollen, sondern auch die möglichen Reaktionen anderer Menschen und sogar unvorhersehbare Ereignisse.
Sie werden jetzt vermutlich grinsen und fragen: Wie soll ich unvorhersehbare Ereignisse in mein Szenario einbauen? Der Sinn eines unvorhersehbaren Ereignisses ist es doch gerade, unvorhersehbar zu sein?
Sie haben natürlich recht, und doch trauen wir Ihnen zu, sich irgendein unvorhersehbares Ereignis ausdenken zu können. Und wozu: Damit Sie im Fall eines wirklich eintretenden unvorhersehbaren Ereignisses (das Ihnen im Moment noch völlig unbekannt ist), nicht ohne jede Strategie wie ein hilfloses Kaninchen dastehen. Wenn Sie sich im Rahmen Ihres Szenarios dagegen darüber klargeworden sind, wie es für Sie im Falle einer Überschwemmung weitergehen wird, dann werden Sie auch mit einem Flugverbot, verursacht durch Vulkanasche, fertigwerden.

Ein wichtiges Element bei der Erstellung eines Szenarios ist das sogenannte Ranking. Eigentlich werden sogar zwei Rankings durchgeführt:

1. Ranking nach „*Impact*": Wie groß sind die Auswirkungen eines Faktors (eines Ereignisses, einer Person, einer emotionalen Reaktion etc.) auf die Entwicklung?
2. Ranking nach „*Uncertainty*": Wie wahrscheinlich ist es, daß der Faktor eine entscheidende Rolle spielt?

Auf diese Weise entsteht eine zweidimensionale Matrix zur Entwicklung der allgemeinen Logik eines Szenarios. Ziel ist es, das wahrscheinlichste Szenario herauszufinden und Strategien zu entwickeln, wie man auf die Entwicklung bestmöglich reagieren sollte.

Szenarien konfrontieren einen Menschen mit unterschiedlichen möglichen Zukünften, sie sagen nicht „die Zukunft" voraus. Wie Pierre Wack schreibt, haben Szenarien und Vorhersagen etwa so viel miteinander zu tun, wie „Judo und Boxen". Szenarien sind ein machtvolles Instrument zur Entscheidungsfindung angesichts einer unsicheren Entwicklung. In der Praxis bündeln sie eine Anzahl von „Stories", die um einen sorgfältig konstruierten Ereignisablauf herum gruppiert werden. Sie können multiple Perspektiven für komplexe Ereignisse ausdrücken.[57] In diesem Sinne sind Szenarien „*eine Synthese unterschiedlicher Wege (Ereignisse und Strategien der Akteure), die zu möglichen Zukünften führen.*"[58] Es ist eine Beschreibung einer zukünftigen Situation und eines Ablaufs von Ereignissen, die einem Menschen erlauben, von der momentanen Situation in genau diese Zukunft voranzugehen. Es geht dabei weniger um Zukunftsvorhersage als um Klärung von Alternativen.

Szenarien sind nützlich, weil sie uns von der Gegenwart distanzieren, die Zukunft öffnen und die Kreation alternativer Zukünfte erlauben.[59] Es ist sehr nützlich, spekulative Gedanken über zukünftige Entwicklungen anzustellen, da sie die Imagination stimulieren und, wenn man sie mit anderen Menschen kommuniziert, Diskussion und Feedback anregen. Szenarien strukturieren die Welt in vorbestimmte und unsichere Elemente.

Szenarien zu bauen heißt über die Unsicherheit zu spekulieren, die die Zukunft umgibt. Der schwedische Neurobiologe David Ingvar nennt es, „Erinnerungen an die Zukunft" zu kreieren.

Vergessen wir nie: „*Keine Zeit ist so sinnvoll verbracht wie die, in der man sich gegen Katastrophen schützt, die eigentlich nicht geschehen sollten.*"[60] Das hat zwar ein Banker gesagt, C. W. Mac Mahon von der Bank von England, aber in diesem Fall ist es empfehlenswert, ihm ausnahmsweise zu glauben. Schließlich haben uns die letzten Jahre gelehrt, daß Banker immer zurechtkommen. Und sie bekommen obendrein noch einen Bonus!
Gute Szenarien erfüllen folgende Kriterien:

1. Sie präsentieren alternative Bilder, anstatt nur die Gegenwart mit Hilfe von Trendaussagen fortzusetzen. Solche Trends sind natürlich auch wichtig, sie sind aber nicht ausreichend.
2. Sie umfassen sowohl qualitative Perspektiven als auch quantitative Daten.
3. Sie erlauben es, auch scharfe Einschnitte in einer Entwicklung zu berücksichtigen.
4. Sie zwingen den Menschen, der die Entscheidung treffen soll, seine Grundannahmen in Frage zu stellen.
5. Sie erschaffen uns eine effektive Basis, um komplexe oder sogar paradoxe Bedingungen oder Optionen zu betrachten.[61]

Kurz gesagt: Der Hauptzweck von Szenarien ist es, holistische, integrierte Bilder zu erschaffen, wie sich die Zukunft entwickeln könnte. Diese Bilder wiederum werden der Kontext für die Planung und Entwicklung von Strategien.
Intuitive Logik kommt nur bei qualitativen Perspektiven zum Einsatz. Nur für diesen Aspekt der Szenario-Planung werden kreatives Denken und Imagination benötigt.[62]
Es gibt unterschiedliche Klassifizierungen von Szenarien. Eine unterscheidet zwischen „exploratorischen" und „antizipatorischen" Szenarien. *Exploratorische Szenarien* starten von der Gegenwart und bereits existierenden Trends und versuchen, eine realisierbare Zukunft zu erreichen. *Antizipatorische Szenarien* dagegen basieren auf unterschiedlichen Visionen der Zukunft, die erwünscht oder befürchtet sein können.
Exploratorische Szenarien basieren auf vier Grundannahmen:[63]

1. Die Zukunft ist nicht nur eine Fortsetzung vergangener Beziehungen und Dynamiken, sondern kann auch durch menschliche Wahl und Aktion geformt werden.
2. Die Zukunft kann nicht vorhergesehen werden, aber die Exploration der Zukunft kann die Entscheidungen der Gegenwart beeinflussen.
3. Es gibt nicht nur eine mögliche Zukunft, die Unvorhersagbarkeit verlangt nach einer Varietät von Zukünften, die einen Wahrscheinlichkeitsraum bilden.
4. Die Entwicklung von Szenarien beinhalten sowohl rationale Analysen als auch subjektive Beurteilungen; sie benötigt also interaktive und partizipative Methoden.

Eine andere Klassifizierung unterscheidet interne und externe Szenarien. *Interne Szenarien* beschäftigen sich mit der Zukunft auf einem individuellen Level, wo eine Handlungsoption mit einem persönlichen Ziel verbunden ist („Wenn ich das tue, dann wird das passieren und zu diesem und jenem führen usw., bis ich mein Ziel erreicht habe.")[64] *Externe Szenarien* sind mentale Modelle der externen Welt, in die mögliche Zukunftsentwicklungen projiziert werden. Einige Beispiele haben wir Ihnen am Anfang dieses Kapitels vorgestellt.

Nach *Peter Schwartz*, Präsident des Global Business Network, startet der Szenario-Prozeß mit der kritischen Frage:

1. Welche bevorstehende Entscheidung raubt mir den Nachtschlaf?
2. Welche Faktoren entscheiden über meinen Erfolg oder Mißerfolg?
3. Welches sind die antreibenden Kräfte, die Veränderungen in meiner Umwelt erzeugen?

Wenn man sich über diese Fragen im Klaren ist, geht es in folgenden Schritten weiter:

4. Die treibenden Kräfte werden einem Ranking unterzogen, wie wir es schon kennen (Wie wichtig? Wie wahrscheinlich?).
5. Dann werden mehrere alternative Szenarien konkret und bildhaft ausgearbeitet.
6. Wie sieht in jedem der Szenarien die Entscheidung aus? Welche Entscheidung ist für mich die beste?

Nehmen Sie sich am besten zu Anfang noch ein relatives einfaches Thema aus Ihrem Leben und entwickeln Sie dazu ein schwarzes Szenario (alles geht schief), ein weißes Szenario (alles läuft perfekt) und ein erwünschtes Szenario (positiv, aber realistisch, ohne naive Vorannahmen, am meisten zu Ihnen passend).
Anhand dieser kleinen Übung kann man lernen, daß sich diejenigen Szenarien am besten realisieren lassen, die einem Menschen viele Alternativen für mögliche Entscheidungen bieten.
Man kann sich ein Szenario wie einen Cocktail vorstellen. Er wird Ihnen nur schmecken, wenn er bestimmte Zutaten enthält.
Ganz privat: Wir persönlich mixen uns gern einen Cocktail, der „Sunset Boulevard" heißt. In unbestimmten Proportionen besteht er aus Ananas, Erdbeeren, Bananen, Mango und Maracuja. Wie würde das Rezept für einen wohlschmeckenden Szenario-Cocktail aussehen? Wir brauchen dazu folgende Zutaten:

1. *Plausibilität*: Die Szenarien sollten überhaupt in der Lage sein, real zu werden.
2. *Differenzierung*: Sie sollten strukturell unterschiedlich sein und nicht nur simple Variationen eines Themas.
3. *Konsistenz*: Die Logik eines Szenarios muß sichern, daß es keine internen Widersprüche gibt, die die Glaubwürdigkeit unterminieren könnten.
4. *Entscheidungsfördernd*: Jedes Szenario sollte spezifische Einsichten über die Zukunft bringen, die bei der Entscheidungsfindung helfen.
5. *Herausforderung*: Die Szenarien sollten das konventionelle Wissen über die Zukunft herausfordern.

Bei der Entwicklung von Szenarien sollten Sie wie der Regisseur eines Films vorgehen, nicht wie ein Buchhalter. Erschaffen Sie eine konkrete und nachvollziehbare Dramaturgie, die an den Plot eines Films erinnern könnte.
Entscheidend bei der Intuitiven Logik sind zum einen das *Systemdenken* (im Gegensatz zu linearem Denken) und zum zweiten die *Betrachtung multipler Zukünfte* (im Gegensatz zu nur einer Zukunft).
Schreiben Sie Ihre Szenarien für das Leben auf. Das gibt Ihnen die Möglichkeit, sich selbst besser zu verstehen. Es müssen keine literarischen Kunstwerke sein. Szenarien geben Ihnen die Möglichkeit, Ihre

Gedanken besser zu ordnen und Ihre Welt weniger emotional zu betrachten. Wenn man seine Probleme aufschreibt, geht man zu ihnen automatisch ein wenig auf Distanz. Im wahren Leben können Sie dann beobachten, wie es sich von Ihren Szenarien unterscheidet und wo Korrekturen notwendig sind. Sie erhalten so die Chance, neue Verhaltensmuster zu erproben. Das wiederum hat Einfluß auf Ihre Entscheidungen. Sie markieren die wichtigsten Eckpunkte auf Ihrem Lebensweg.
In stabilen Zeiten stimmt das mentale Modell eines erfolgreichen Menschen mit der sich entfaltenden Realität überein. Nur kleine Korrekturen sind nötig. In Zeiten rapider Veränderungen und steigender Komplexität dagegen wird das alte mentale Modell zu einer gefährlichen Mixtur. Reiches Detailwissen kann darin mit dubiosen Vorannahmen koexistieren, mit selektiver Unaufmerksamkeit für alternative Strategien und mit illusionären Projektionen. Die Intuitive Logik eröffnet reale Chancen für das Neue. *„Die größte Gefahr in turbulenten Zeiten ist nicht die Turbulenz. Es ist das Handeln mit der Logik von gestern."*[65]

Anmerkungen

[1] (Wack 1985)

[2] (Wack 1985)

[3] (McLean 2009)

[4] Genaueres hierzu in (Fosar und Bludorf, Der kosmische Mensch. Ein Weg, um zum Denken zu kommen 1992)

[5] (Fosar und Bludorf, Terra Incognita 2005)

[6] s. auch (Borbély 1984)

[7] s. auch (Wolf 1997)

[8] (Holler 1991)

[9] (Fosar und Bludorf, Der Geist hat keine Firewall 2009)

[10] Wenn Sie einen solchen Aufmerksamkeitstest einmal ausprobieren wollen, müssen Sie dazu kein Schlaflabor aufsuchen, sondern können den Test auch online absolvieren, z. B. unter der Adresse www.wdr.de/tv/quarks/sendungsbeitraege/2007/0109/007_schlaf.jsp

[11] Mehr dazu im Kapitel „Take-Off in die Zukunft"

[12] (Wack 1985)

[13] (Holbe 2008)

[14] Erinnern wir uns an die Tafeln von Chartres, bei denen zur Synchronisation der Gehirnhälften je drei rote und blaue Flächen zur Deckung gebracht werden mußten, wodurch eine violette Figur entstand. Siehe auch „Unkonventionelle Wahrnehmung" im Kapitel „Intuitive Logik".

[15] Siehe hierzu auch (Lehnert 2010)

[16] Mehr dazu siehe (Fosar und Bludorf, Vernetzte Intelligenz. Die Natur geht online. Gruppenbewußtsein – Genetik – Gravitation 2001)

[17] (Fosar und Bludorf, Der Geist hat keine Firewall 2009)

[18] s. hierzu auch den Abschnitt „Stephen Hawkings Zeitmodell" im Kapitel „Die Quantenwelt der Träume" oder (Fosar und Bludorf, Vernetzte

Intelligenz. Die Natur geht online. Gruppenbewußtsein – Genetik – Gravitation 2001)

[19] s. (Fosar und Bludorf, Vernetzte Intelligenz. Die Natur geht online. Gruppenbewußtsein – Genetik – Gravitation 2001)

[20] (Fosar und Bludorf, Vernetzte Intelligenz. Die Natur geht online. Gruppenbewußtsein – Genetik – Gravitation 2001)

[21] s. unser Buch (Fosar und Bludorf, Der Geist hat keine Firewall 2009)

[22] s. hierzu unser Buch (Fosar und Bludorf, Im Netz der Frequenzen 2004)

[23] s. hierzu (Fosar und Bludorf, Vernetzte Intelligenz. Die Natur geht online. Gruppenbewußtsein – Genetik – Gravitation 2001)

[24] (Hallowell und Ratey 2005)

[25] (Gilbert 2008)

[26] (Gilbert 2008)

[27] (Keim 2009)

[28] Siehe auch "Woher kommen die Träume?" im Kapitel „Ich, der Avatar"

[29] In der Psychologie bezeichnet man solche Menschen als "Inselbegabte" oder "Savants". Sie haben einerseits schwere kognitive Behinderungen und verfügen andererseits in einem sehr eingeschränkten Bereich über fast übermenschliche Fähigkeiten.

[30] Dieses Phänomen wurde dramatisiert in dem US-Spielfilm „Welcome home, Johnny Bristol" aus dem Jahre 1972 mit Martin Landau in der Hauptrolle. Er spielt einen US-Soldaten, der während seiner jahrelangen Kriegsgefangenschaft in Vietnam Erinnerungsfetzen an seine Kindheit schrittweise und ohne es zu merken zu einer falschen Erinnerung wieder zusammensetzt. Als er nach Amerika zurückkehrte und die Realität, an die er sich zu erinnern glaubte, nicht wiederfand, löste dies bei ihm eine schwere Krise aus.

[31] (LaBerge, A Course in Lucid Dreaming 1993)

[32] www.lucidity.com

[33] Diese und einige der folgenden Übungen entnahmen wir (Fosar und Bludorf, Reif für die Zukunft. Auf den Spuren des kosmischen Bewußtseins 1996), das sich auch mit einer ganzen Reihe weiterer geistiger Techniken beschäftigt, die nicht unbedingt alle etwas mit Klarträumen zu tun haben.

Wenn Sie dies also vertiefen möchten, empfehlen wir Ihnen die Lektüre dieses Buches.

[34] Sie haben dazu zum Beispiel Gelegenheit auf unserem Internet-Message-Board, das Sie über unsere Website www.fosar-bludorf.com erreichen können.

[35] (LaBerge, Lucid Dreaming: Psychophysiological Studies of Consciousness during REM Sleep 1990)

[36] Zitiert aus folgenden Materialien: a) (Pauli kein Datum), b) (von Erkelens 1991)

[37] s. hierzu auch (Fosar und Bludorf, Vernetzte Intelligenz. Die Natur geht online. Gruppenbewußtsein – Genetik – Gravitation 2001)

[38] Siehe hierzu auch (Fosar und Bludorf, Vernetzte Intelligenz. Die Natur geht online. Gruppenbewußtsein – Genetik – Gravitation 2001)

[39] besonders häufig geschieht dies bei sogenannten Hyperkommunikationserlebnissen. Wir gehen hierauf ausführlich ein in (Fosar und Bludorf, Vernetzte Intelligenz. Die Natur geht online. Gruppenbewußtsein – Genetik – Gravitation 2001)

[40] s. hierzu auch (Fosar und Bludorf, Zaubergesang. Frequenzen zur Wetter- und Gedankenkontrolle 2002), Kapitel „Zu Besuch bei den Göttern"

[41] s. auch (Monroe, Merlyns Wiederkehr. Die verschollenen Schriften und Zauberbücher des großen Druiden 1999)

[42] Wir weisen in diesem Zusammenhang ausdrücklich darauf hin, daß die hier beschriebene Liste der Substanzen, die man unter der Wirkung eines MAO-Hemmers nicht zu sich nehmen darf, nicht vollständig ist. Wir haben absichtlich nur einige Beispiele zitiert, damit niemand beim Lesen unseres Buches auf dumme Gedanken kommt und meint, er wisse aufgrund der Lektüre genug über MAO-Hemmer, um einen Selbstversuch wagen zu können.

[43] Zum Verhältnis Tiefschlaf-REM-Schlaf-Gruppenbewußtsein siehe auch (Fosar und Bludorf, Der kosmische Mensch. Ein Weg, um zum Denken zu kommen 1992)

[44] s. (Fosar und Bludorf, Vernetzte Intelligenz. Die Natur geht online. Gruppenbewußtsein – Genetik – Gravitation 2001)

[45] s. hierzu (Fosar und Bludorf, Das Erbe von Avalon. Verborgenes Wissen in den europäischen Mysterien wiederentdeckt 1996)

[46] s. (Fosar und Bludorf, Vernetzte Intelligenz. Die Natur geht online. Gruppenbewußtsein – Genetik – Gravitation 2001)

[47] s. hierzu auch das Traumbeispiel auf S. 156

[48] einige Beispiele finden Sie in (Fosar und Bludorf, Vernetzte Intelligenz. Die Natur geht online. Gruppenbewußtsein – Genetik – Gravitation 2001)

[49] s. auch (Gruber 1998).

[50] s. hierzu auch die keltische Technik der „Mondvision", beschrieben auf S. 245

[51] in (Castaneda, Die Kunst des Pirschens 1983)

[52] www.paulekman.com

[53] (Fosar und Bludorf, Der Geist hat keine Firewall 2009)

[54] (Fosar und Bludorf, Niemand ist Nobody 2006)

[55] (National Intelligence Council 2008)

[56] (Lopes, et al. 2009)

[57] (Mietzner und Reger 2005)

[58] (Roubelat kein Datum)

[59] (Mietzner und Reger 2005)

[60] (Wilkinson 1995)

[61] Nach (Ratcliffe 1999)
[62] (Chermack 2006)

[63] Nach (Berkhout und Hertin 2002)
[64] (van der Heijden 1996)

[65] (Wack 1985)

Lösungen

In diesem Abschnitt finden Sie die Lösungen zu den Übungen aus dem Kapitel „Entschuldigung – sind Sie wach?".

1. Ein Werkzeug verhält sich zu einem Hammer wie *ein Spielzeug zu einer Puppe*.

2. Eine Waage verhält sich zum Gewicht so wie eine *Uhr zur Zeit*.

3. Eine CD verhält sich zum Computer so wie ein *Speicherchip zu einer Digitalkamera*.

4. Es galt, die neun Punkte der Graphik mit vier Strichen zu verbinden, ohne den Stift abzusetzen oder auf einem Strich zurückzugehen. Hierzu braucht man schon etwas kreatives Denken. Viele Menschen kommen nicht unmittelbar auf die Idee, daß man mit den Strichen auch über die von den neun Punkten bedeckte Fläche hinausgehen darf. Genau dies aber ist die entscheidende Idee, die zur Lösung führt:

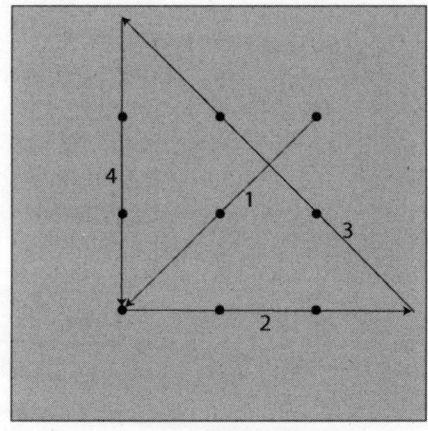

5. Die vier Striche sind gerade zwei Anführungszeichen:
„Adjektiv" ist Substantiv.
Dieser Satz ist natürlich richtig – das Wort „Adjektiv" ist ein Substantiv!

6. Der Schlüssel zur Lösung ist es, die ganzen „Wenn, dann"-Regeln so umzuformulieren, daß sie nur noch Aussagen mit „und" oder „oder" enthalten. Dann kann man die drei Regeln leicht zusammenfassen:
a. Wenn es kein Brot gibt, muß es Eis geben.
ist gleichbedeutend mit der Aussage:
a1. Es muß Brot oder Eis geben.

Entsprechend formen wir
b. Wenn es Brot und Eis gibt, darf es keine sauren Gurken geben.
in die neue Aussage um:
b1. Es gibt kein Brot oder kein Eis oder keine sauren Gurken.

Schließlich ist
c. Wenn es saure Gurken oder kein Brot gibt, darf es auch kein Eis geben.
gleichbedeutend mit
c1. Es gibt Brot und keine sauren Gurken, oder es gibt kein Eis.

Jetzt ist die Lösung einfach: Wenn es kein Brot gäbe, müßte es nach Regel a1 Eis geben. Dies ist aber nach Regel c1 verboten. Daher führt die Annahme, es gebe kein Brot, zu einem Widerspruch zwischen a1 und c1. *Es muß also immer Brot geben.*
Nach Regel b1 darf es aber dann nicht zugleich Eis und saure Gurken geben, denn sonst wären „kein Eis", „keine sauren Gurken" und „kein Brot" (Brot muß es ja immer geben) alle falsch. Die Regel b1 wäre dann also verletzt. Daher gilt die Gesamtregel für die arme Ehefrau:

Es muß immer Brot geben, und es darf nicht gleichzeitig Eis und saure Gurken geben.

Man kann den Mann verstehen!

7. Um diese Aufgabe zu lösen, muß man nicht unbedingt ein zweiter Einstein sein. Man baut sich am besten eine zweidimensionale Matrix, also eine Tabelle, in die man nacheinander alles einträgt, was man weiß.
Den Norweger kann man etwa getrost in die erste Spalte eintragen, da er das erste Haus bewohnt. Ebenso kann man in die mittlere Spalte das Getränk Milch eintragen. Das zweite Haus ist blau, da der Norweger daneben wohnt:

	Haus 1	Haus 2	Haus 3	Haus 4	Haus 5
Land	Norweger				
Farbe		Blau			
Zigarette					
Getränk			Milch		
Tiere					

Nach diesen sofort verfügbaren Informationen muß man schon etwas tüfteln. Das Haus des Norwegers kann nicht grün sein, da es dann neben dem weißen Haus stehen müßte (sein Nachbarhaus ist aber blau). Rot kann es auch nicht sein, da dort der Engländer wohnt. Wäre es weiß, müßte es links davon noch ein Haus geben, was nicht geht. Also wohnt der Norweger im gelben Haus.
Sofort ergibt sich, daß im zweiten Haus Pferde gezüchtet werden und daß der Norweger Dunhill raucht.
Weiter geht es mit dem Getränk des Norwegers. Bier kann er nicht trinken, da er keine Philip Morris raucht, Milch geht auch nicht, da er nicht im mittleren Haus wohnt, und Kaffee scheidet aus, da der im grünen Haus getrunken wird. Also trinkt der Norweger Wasser, denn Tee trinkt ja der Däne.
Daraus folgt unmittelbar, daß man im zweiten Haus Rothmans raucht und der Norweger daher Katzen züchtet.
Das grüne Haus muß das vierte sein, denn dort trinkt man Kaffee und keine Milch, und folglich ist das fünfte Haus weiß. Dort wird Bier getrunken und Philip Morris geraucht, woraus wiederum folgt, daß der Däne im zweiten Haus wohnt.
Da das mittlere Haus jetzt notwendigerweise rot ist – keine andere Farbe bleibt mehr übrig – wohnt dort der Engländer.

Das heißt, im grünen Haus wohnt der Deutsche, da sonst nur noch das weiße Haus frei ist. Dort aber kann er nicht wohnen, da er Marlboro und keine Philip Morris raucht. Im weißen Haus wohnt daher der Schwede, der Hunde züchtet. Vögel züchtet der Engländer, da er Pall Mall rauchen muß (es bleibt sonst nichts übrig). Damit ist die Lösung klar: *Fische züchtet der Deutsche!*

	Haus 1	Haus 2	Haus 3	Haus 4	Haus 5
Land	Norweger	Däne	Engländer	Deutscher	Schwede
Farbe	Gelb	Blau	Rot	Grün	Weiß
Zigarette	Dunhill	Rothmans	Pall Mall	Marlboro	Philip Morris
Getränk	Wasser	Tee	Milch	Kaffee	Bier
Tiere	Katzen	Pferde	Vögel	Fische	Hunde

Literatur

Alexander, Charles. "A Conceptual and Phenomenological Analysis of Pure Consciousness During Sleep." *Lucidity*, 1991: p. 129.

Ansha. *Reinigungsrituale für Haus und Wohnung. Wie Sie Räume von Fremdenergien reinigen*. München, 1999.

Berkhout, Frans, and Julia Hertin. "Foresight futures scenarios. Developing and Applying a Participative Strategic Planning Tool." *University of Sussex, Sussex, UK*, 2002: p. 39.

Bertelsen, Jes. *Traumarbeit und Meditation. Bewußtseinsentwicklung durch Übungen mit Chakrasymbolen*. München, 1988.

Borbély, Alexander. *Das Geheimnis des Schlafs. Neue Wege und Erkenntnisse der Forschung*. Stuttgart, 1984.

Bytof, Adam, and Robert Stein. *Jasność. Podręcznik świadomego śnienia i medytacji*. Warszawa, 2001.

Castaneda, Carlos. *Der Ring der Kraft*. Frankfurt, 1978.

—. *Die Kunst des Pirschens*. Frankfurt, 1983.

—. *Die Kunst des Träumens*. Frankfurt, 1994.

—. *Die Reise nach Ixtlan*. Frankfurt, 1972.

Chermack, Thomas J. "Assessing The Quality Of Scenarios In Scenario Planning." *Futures Research Quarterly*, Winter 2006: pp. 23-35.

Crick, Francis, and Graeme Mitchinson. "The function of dream sleep." *Nature*, 1983: pp. 111-114.

—. "REM Sleep and Neural Nets." *The Journal of Mind and Behavior*, 1986: pp. 229 [99]-250 [120].

Danker-Hopfe, Heidi, and Werner M. Herrmann. "SIESTA – A New Standard for Integrating Sleep Recordings into a Comprehensive Model of

Human Sleep and its Validation in Sleep Disorders." EU-Biomed 2, Freie Universität Berlin, Berlin, 2000.

Erickson, Milton H., and Ernest L. Rossi. *Hypnotherapie. Aufbau – Beispiele – Forschungen.* München, 1989.

Fast, Julius. *Das Wetter und wir. Wetterfühligkeit und wie man ihr begegnet.* München, 1983.

Fosar, Grazyna, and Franz Bludorf. *Das Erbe von Avalon. Verborgenes Wissen in den europäischen Mysterien wiederentdeckt.* München: Herbig-Verlag, 1996.

—. *Der Geist hat keine Firewall.* München: Lotos-Verlag, 2009.

—. *Der kosmische Mensch. Ein Weg, um zum Denken zu kommen.* Frankfurt: R. G. Fischer-Verlag, 1992.

—. *Im Netz der Frequenzen.* Peiting: Michaels Verlag, 2004.

—. *Niemand ist Nobody.* Peiting: Michaels Verlag, 2006.

—. *Reif für die Zukunft. Auf den Spuren des kosmischen Bewußtseins.* Frankfurt: R. G. Fischer-Verlag, 1996.

—. *Terra Incognita.* Marktoberdorf: Argo-Verlag, 2005.

—. *Vernetzte Intelligenz. Die Natur geht online. Gruppenbewußtsein – Genetik – Gravitation.* Aachen: Omega-Verlag, 2001.

—. *Zaubergesang. Frequenzen zur Wetter- und Gedankenkontrolle.* Marktoberdorf: Argo-Verlag, 2002.

Freud, Sigmund. "Das Ich und das Es." *Gesammelte Werke Bd. XIII.* Frankfurt, 1967.

—. "Die Traumdeutung." *Gesammelte Werke Bd. II/III.* Frankfurt, 1960.

Gackenbach, Jayne, and Stephen LaBerge. *Conscious mind, sleeping brain.* New York, 1988.

Gilbert, Alorie. "Why can't you pay attention anymore?" *CNET News*. 2008. http://news.cnet.com/Why-cant-you-pay-attention-anymore/2008-1022_3-5637632.html.

Gruber, Elmar R. *Die PSI-Protokolle*. München, 1998.

Hallowell, Edward, and John Ratey. *Delivered from Distraction: Getting the Most out of Life with Attention Deficit Disorder*. Ballantine Books, 2005.

Hartmann, E. "Dreams and other hallucinations: an approach to the underlying mechanism." In *Hallucinations*, edited by R. K. Siegal and L. J. West, pp. 71-79. New York, 1975.

Hawking, Stephen. *Das Universum in der Nußschale*. Hamburg, 2001.

—. "Space and Time Warps." Cambridge 1998.

Hobson, J. Allan. *The Dreaming Brain. How the brain creates both the sense and the nonsense of dreams*. New York, 1988.

Hobson, J. Allan, and Robert W. McCarley. "The Brain as a Dream-State Generator. An Activation-Synthesis-Hypothesis of the Dream Process." *American Journal of Psychiatry*, 1977: pp. 1335-1348.

Holbe, Rainer. *Verborgene Wirklichkeiten*. München: Kösel-Verlag, 2008.

Holler, Johannes. *Das neue Gehirn*. Verlag Bruno Martin, 1991.

Jung, Carl Gustav. "Archetypen." *C. G. Jung-Taschenbuchausgabe in elf Bänden*. München, 1990.

—. "Die Beziehungen zwischen dem Ich und dem Unbewußten." *C. G. Jung-Taschenbuchausgabe in elf Bänden*. München, 1990.

—. "Typologie." *C. G. Jung-Taschenbuchausgabe in elf Bänden*. München, 1990.

Keim, Brandon. "Multitasking Muddles Brains, Even When the Computer Is Off." *Wired Science*, 2009.

Klein, Stanley A. "Is Quantum Mechanics Relevant To Understanding Consciousness? A Review of Shadows of the Mind by Roger Penrose." University of California, Berkeley, 1995.

König, Johanna. "Flugzeugabstürze durch Sonnenflecken." *Raum&Zeit Nr. 102*, November/Dezember 1999.

—. "Sonnenflecken und Erdbeben." *Raum&Zeit Nr. 94*, Juli/August 1998.

LaBerge, Stephen. *A Course in Lucid Dreaming*. Palo Alto: Lucidity Institute, 1993.

—. *Hellwach im Traum. Höchste Bewußtheit in tiefem Schlaf.* Paderborn, 1987.

LaBerge, Stephen. *Lucid dreaming: Evidence that REM sleep can support unimpaired cognitive function and a methodology for studying the psychophysiology of dreaming*. Stanford: The Lucidity Institute, 2000.

LaBerge, Stephen. "Lucid Dreaming: Psychophysiological Studies of Consciousness during REM Sleep." In *Sleep and Cognition*, edited by R. R. Bootzen, J.F. Kihlstrom and D.L. Schacter, pp. 109-126. Washington, D.C.: American Psychological Association, 1990.

LaBerge, Stephen, and Howard Rheingold. *Exploring the World of Lucid Dreaming*. New York, 1990.

LaBerge, Stephen, L. Nagel, W. Dement, and V. Zarcone. "Lucid dreaming verified by volitional communication during REM sleep." *Perceptual & Motor Skills Nr. 52*, 1981: pp. 727-732.

Lehnert, Ralf. "Kreativität - Der Fluß zwischen den Polen." *Matrix3000 Band 57*, Mai/Juni 2010: pp.60-63.

Leuner, Hanscarl. *Lehrbuch des Katathymen Bilderlebens*. Verlag Hans Huber.

Lieber, Arnold L. *Guter Mond, böser Mond. Geheimnisvolle Kräfte bestimmen unser Leben*. Düsseldorf, 1997.

Linn, Denise. *Die Magie des Wohnens. Ihr Zuhause als Ort der Kraft, der Kreativität und der Zuflucht*. München, 1996.

Lopes, Tobin, Thomas J. Chermack, Deb Demers, Madhavi Kari, Bernadette Kasshanna, and Tiffani Payne. "Human extinction scenario frameworks." *Futures Vol. 41*, 2009: pp.731–737.

McLean, Penny. "Gebrauchsanweisung für den Umgang mit toten Kamelen." In *Impulse für ein erfülltes Leben*, edited by Grazyna Fosar, pp.116-137. Peiting: Michaels Verlag, 2009.

Mietzner, Dana, and Guido Reger. "Advantages and disadvantages of scenario." *Int. J. Technology Intelligence and Planning, Vol. 1, No. 2*, 2005: pp.220-239.

Monroe, Douglas. *Merlyns Lehren. 21 Lektionen in praktischer Druidenmagie*. Freiburg, 1996.

—. *Merlyns Wiederkehr. Die verschollenen Schriften und Zauberbücher des großen Druiden*. Freiburg, 1999.

National Intelligence Council. "Global Scenarios to 2025." 2008.

Pauli, Wolfgang. *Unveröffentlichtes Manuskript*. Zürich: ETH Zürich, WHS, Hs 1056:30867.

Pennick, Nigel. *Handbuch der angewandten Geomantie. Wie wir heute Landschaft und Siedlung wieder in Einklang bringen können*. Saarbrücken, 1985.

Pennick, Nigel, and Paul Devereux. *Leys und lineare Rätsel in der Geomantie*. Chur, 1991.

Pogačnik, Marko. *Schule der Geomantie*. München, 1996.

Polysomnographie. Die Kunst, den Schlaf zu messen. Berlin : Schlaflabor der Psychiatrischen Klinik und Poliklinik des Universitätsklinikums Benjamin Franklin.

Ratcliffe, John. "Scenario building: a suitable method for strategic property planning." *The Cutting Edge 1999. The Property Research Conference of the RICS St. John's College, Cambridge*, September 1999.

Rätsch, Christian. *Enzyklopädie der psychoaktiven Pflanzen, Botanik, Ethnopharmakologie und Anwendung*. Aarau, 1998.

Roubelat, F. "The prospective approach: contingent and necessary evolution." *Future Studies, Vol. 4.*

Scheiner, Joachim Alfred P., and Christine M. Bradler. *Feng Shui als Spiegelbild. Ich wohne, wie ich bin.* Landsberg, 1997.

Schwartz, B. A., and A. Lefebvre. "Contacts veille/P.M.O. II. Les P.M.O. morcelees [Conjunction of waking and REM sleep. II. Fragmented REM periods.]." *Revue d'Electroencephalographie et de Neurophysiologie Clinique. Vol 3*, 1973: pp. 165-176.

Sigel, Felix. *Schuld ist die Sonne.* Leipzig, 1975.

Spinola, and Peschanel. *Das Hirn-Dominanz-Instrument.* Gabal-Verlag.

Stapp, Henry P. *Why Classical Mechanics Cannot Naturally Accommodate Consciousness but Quantum Mechanics Can.* Berkeley, California: Lawrence Berkeley Laboratory, 1995.

Talbot, Michael. *Jenseits der Quanten. Wie die neue Physik die Kluft zwischen Wissenschaft und Glauben überbrückt.* München, 1990.

—. *Mystik und neue Physik. Die Entwicklung des kosmischen Bewußtseins.* München, 1989.

Tholey, Paul. "Bewußtsein, Bewußtseinsforschung, Bewußt Sein." *Bewußt Sein 1(1)*, 1989: pp. 9-24.

—. "Die Entfaltung des Bewußtseins als ein Weg zur schöpferischen Freiheit – Vom Träumer zum Krieger." *Bewußt Sein 1(1)*, 1989: pp. 25-56.

Tholey, Paul. "Blick-Varianten im Wach- und Traumzustand." Frankfurt, 1992.

Tholey, Paul. "Der Klartraum als ein Weg zu schöpferischer Freiheit." In *Veränderte Bewußtseinszustände. Träume, Trance, Ekstase*, edited by Andreas Resch, pp. 199-242. Innsbruck, 1990.

—. "Der Klartraum. Seine Funktion in der experimentellen Traumforschung." Edited by W. Tack. *Bericht über den 30. Kongreß der Deutschen Gesellschaft für Psychologie in Regensburg.* 1976. pp. 376-378.

—. "Diskussion über Induktionsmethoden, theoretische Grundlagen und psychotherapeutische Anwendungen des Klarträumens (ein Gespräch mit B. Holzinger und St. LaBerge)." *Gestalt Theory 20*, 1998: pp. 143-172.

—. "Haben Traumgestalten ein Bewußtsein? Eine experimentell-phänomenologische Klartraumstudie. , S. , ." *Gestalt Theory 7*, 1985: pp. 29-46.

—. "Bewußtseinsveränderung im Schlaf. Wach' ich oder träum' ich?" *Psychologie heute, 9(12)*, 1982: pp. 68-78.

—. "Erkenntnistheoretische und systemtheoretische Grundlagen der Sensomotorik." *Sportwissenschaft 10*, 1980: pp. 7-35.

Tholey, Paul, and Kaleb Utecht. *Schöpferisch träumen. Der Klartraum als Lebenshilfe.* Niedernhausen, 1987.

van der Heijden, Kees. *Scenarios: The Art of Strategic Conversation.* Chichester: Wiley, 1996.

von Erkelens, Herbert. "Wolfgang Pauli and the Spirit of Matter." In *Symposium on the Foundations of Modern Physics 1990: Quantum Theory of Measurement and Related Philosophical Problems*, edited by Pakka Lahti and Peter Mittelstadt. New Jersey, 1991.

von Rohr, Wulfing, ed. *Orte der Kraft – Kräfte des Lebens.* Münsingen-Bern, 1991.

Wack, Pierre. "Scenarios: Shooting the Rapids." *Harvard Business Review*, November/Dezember 1985.

Wilkinson, Lawrence. "How to Build Scenarios." *Wired Scenarios: 1.01, Special Edition*, September 1995: pp.74-81.

Williams, Strephon. *Durch Traumarbeit zum eigenen Selbst. Kreative Nutzung der Träume.* Interlaken, 1984.

Winson, Jonathan. "The Meaning of Dreams." *Scientific American*, November 1990.

Wolf, Fred Alan. *Die Physik der Träume. Von den Traumpfaden der Aborigines bis ins Herz der Materie.* München, 1997.

Bildquellennachweis

Farbbildteil:

Archiv der Autoren: 4, 10, 11, 15, 17, 33, Loughborough Sleep Research Center: 5, 6; Universität Lüttich: 7, 8; Einstein-Villa Caputh: 9; Library of Congress: 12, 13, 14; Paul Ekman: 25; New Zealand Customs Service: 26; Global Business Network: 27; Imagine Television: 28; NBC: 29; World Education Information: 30; NOAA: 34; NASA: 35, 36; NIC / Archiv Autoren: 37; White House: 38; Internet: 1, 2, 3, 16, 18, 19, 20, 21, 22, 23, 31, 32.

Abbildungen im Text:

Archiv der Autoren: 1, 2, 3, 4, 5, 7, 8, 9, 10, 15, 16, 17, 18, 19, 32, 33; Stephen LaBerge: 12, 13, 14; Internet: 6, 12, 19, 20, 21, 22, 23, 24, 25, 26, 27, 28, 29, 30; myzeo.com: 11; Imagine Television: 31;

Über die Autoren

Grazyna Fosar • Franz Bludorf
Autoren der Bestseller „Vernetzte Intelligenz",
„Zaubergesang" und „Fehler in der Matrix"

Grazyna Fosar studierte Physik und Astrophysik, Franz Bludorf Mathematik und Physik.
Franz Bludorf ist derzeit Chefredakteur der Zeitschrift Matrix3000, Grazyna Fosar leitet dort die Ressorts Wissenschaft, Grenzwissenschaft und Alte Kulturen. Sie sind Peer Reviewer beim International Journal of Physical Sciences.
Schwerpunkte ihrer Forschungsarbeit sind die Post-Quantenphysik des Bewußtseins, Geomantie sowie Umweltbelastungen durch elektromagnetische Frequenzen. Sie sind Autoren zahlreicher Bücher zu populärwissenschaftlichen und grenzwissenschaftlichen Themen, die in mehrere Sprachen übersetzt wurden:
Der Geist hat keine Firewall • Impulse für ein erfülltes Leben (Hrsg.) • Status: Nicht existent • Niemand ist Nobody • Top Secret Umbra • Terra Incognita • Zeitfalle • Im Netz der Frequenzen • Fehler in der Matrix • Zaubergesang • Spektrum der Nacht • Vernetzte Intelligenz • Das Erbe von Avalon • Resonanz der Psyche • Reif für die Zukunft • Der kosmische Mensch • Dialog mit dem Unsichtbaren
Die Autoren sind durch zahlreiche Fernseh- und Rundfunkauftritte bekannt.
Auf der Internet-Site der Autoren finden Sie eine Vielzahl von Informationen, die weit über die Themen dieses Buches hinausgehen.
Kontakt zu den Autoren:
Grazyna Fosar • Franz Bludorf • E-Mail: mail@fosar-bludorf.com • Internet: www.fosar-bludorf.com

Register

A

Acetylcholin 108
Acetylsalizylsäure 174, 177
Adrenalin 127
ADS 113
ADT 113
Aktivierungs-Synthesis-Modell 107, 145
Alpha-Wellen 36, 37, 102, 182, 222
Alptraum 27, 143, 175
Amygdala 72, 103, 115
Analytisch 53
Ängste 14, 23, 114, 156
Assoziationen 53, 67, 105
Attention Deficit Trait *Siehe* ADT
Aufmerksamkeit
  Stadien der 195
Aufmerksamkeits-Defizit-Syndrom *Siehe* ADS
Augenbewegungen (im Traum) 25, 34–40, 137, 138, 142, 145, 147
Ausschließungsprinzip 164
Autismus 115, 126
Avatar 76, 91

B

Baldrian 173, 174
Beta-Wellen 102, 103, 150, 215
bewußtes Einschlafen 182–87
Bewußtsein 24, 29, 31, 39, 40, 49, 70, 74, 76, 78, 80, 86, 91, 93, 96, 100, 102, 109, 137, 138, 140, 142, 143, 149, 151, 154, 162–66, 173, 179, 181, 182, 185, 187, 189, 190, 194, 217
Bewußtseinszustand 13–17, 41, 50, 76, 77, 80, 84, 101, 102, 137, 142, 151, 171
  veränderter 13
Bilsenkraut, schwarzes 176, 177
Biofeedback 15
Book of Pheryllt 173

C

Castaneda, Carlos 195
Chakra 139
Chartres
  Tafeln von 12–16, 26
Corpus mamillare 103
Cortisol 127
Crick, Francis 25, 104–7

D

Dali, Salvador 18, 104
Delphine 107
Delta-Wellen 37, 38, 102
Demodulation 108
Depression 108
DNA 72, 104, 178, 179, 181, 188, 192, 215
Dreamcard 87–90, 130, 142
Dreamscaping 104, 173, 194, 195
drittes Auge 100, 139

E

EEG 34–39, 42, 107, 144, 145–50, 215
Einstein, Albert 19, 56, 65, 251
Ekman, Paul 201–7
Elektroenzephalogramm *Siehe* EEG
Elektromyogramm Siehe EMG
Elektrookulogramm (EOG) 34, 35, 36, 39, 148
Elektrosmog 23, 225
ELF-Wellen 215
Elstner, Frank 67
EMG 34–38, 147–50
Emotionen 14, 30, 68, 71, 84, 92, 103, 105, 111, 114–16, 196, 197–207, 220
Erdmagnetfeld 222, 226

F

Facial Action Coding System Siehe FACS
FACS 201
falsches Erwachen 89, 148
Feldstein, Sol 192
Föhn 214
Fortsetzungsträume 98
Freud, Sigmund 41

G

Gamma-Wellen 102, 103, 188
Gedächtnis
  -, Kurzzeit- 125
  -, Langzeit- 124–26, 127
  -, sensorisches 124, 125
Gehirnhälfte 12–15, 66, 67, 71, 107, 137, 152, 187
Gehirnsynchronisation 14, 15
Geomagnetischer Sturm 227
Geomantie 181
Geschmack 219–21
Gezeiten 222
Glutaminsäure 219
Gößweinstein 180
Gravitation 179, 180, 222

H

Hallowell, Edward 113, 114
Harmin 177
Hawking, Stephen 162–64
Hippokampus 72, 103, 108, 115, 127
Hirnstamm 107, 108
Hobson, J. Allan 107, 145
Holler, Johannes 30
Horne, Jim 109
Hyperaktivität 113

Hyperkommunikation 72, 81, 100, 103, 108, 109, 163, 168, 171, 179, 192
hypnagoge Bilder 182
Hypnose 44, 101, 102
Hypophyse 213
Hypothalamus 213

I

Illumination 70
imaginäre Zahlen 158, 159, 162
imaginäre Zeit 162, 163, 166
Immunsystem 114
Information 12–14, 43, 58, 72, 76, 81, 107, 111–27, 153, 154, 170, 179, 181, 193
Inkubation 70
Intellekt 13, 14, 196
Intuition 13–15, 55, 66–72, 91, 196
Intuitive Logik 9–31, 52, 57, 63, 68, 91, 100, 121, 196, 224, 226, 231–44
Ionen 214, 216

J

James, William 53
Jung, Carl Gustav 41, 155

K

Karpacz 180
Kelten 171, 173, 174
Klarträume 31, 45, 75, 90, 129–43, 146–54, 156, 161, 164, 165, 168–70, 171–96

trauminduzierte 173
wachinduzierte 173, 174
komplexe Zahlen 159
Kraftlinien 179–81
Kräuter 172, 173, 178
Kreativität 30, 53, 69–71, 97, 103, 121, 122, 140
Krippner, Stanley 192
kritische Frage 85–88, 130, 143, 182, 242
Kurzschläfer 18, 19

L

LaBerge, Stephen 82, 95, 131, 136, 145–54, 169, 173
Langeweile 51, 52, 59
Langschläfer 19
Lernphasen 11
Lincoln, Abraham 27, 28
Lucidity Institute 131, 135, 136
Lügen 197–207

M

Mac Mahon, C. W. 241
MAO-Hemmer 109, 177, 247
Maury, Alfred 149, 150
McCarley, Robert 107
Melatonin 21, 216
Meteoropath 213, 217, 219
Meyer, David E. 117
Mikroausdrücke 197–207
MILD-Technik 131, 136
Mirnock 180
Mittagsschlaf 21
Mond 222

Mondvision 173, 182, 248
Monoamine 108, 177
Monoaminoxydase 109, 177
Multitasking 116

N

Nachbild, eidetisches 185, 186
NASA 81, 226, 229
Nass, Clifford 116, 117
National Intelligence Council
 Siehe NIC
Neumond 222
Neurotransmitter 108, 177
NIC 231, 235
Noradrenalin 108, 177
Novalis 166

O

Orte der Kraft 178–81
Orthomolekulartherapie 175

P

Pauli, Wolfgang 155, 156, 162, 163, 164
Peek, Kim 126
Phantasie 10, 30, 53, 76, 91, 98, 99, 105, 106, 154, 170, 191
Polysomnogramm 34–37
Positionenemissionstomographie (PET) 108
posthypnotische Suggestion 84
Präparation 69
Prostaglandin 174, 177
Protuberanzen 222

Q

Quantenphysik 97, 155, 159, 169, 192
Quantenzustand 164

R

Ranking 239–40, 242
Rationalität 65–69, 91
Realität
 parallele 97–100
Realitätskontrolle 142
Reiki 143
Rhythmus, circadianer 119
Rituale 22, 171

S

Schizophrenie 108
Schlaf 12, 19, 16–24, 28, 29, 33–45, 49, 50, 101, 107, 108, 109, 114, 123, 134, 135, 137, 145–47, 150, 153, 177, 178, 181, 182, 191, 213, 247
-, Non-REM- 40, 41
-, REM- 25, 35–42, 106–9, 132, 135, 137, 138, 144, 147, 148, 153, 179, 183, 184, 192, 247
Schlafbedürfnis 18, 20
Schlafbrille 135, 136
Schlafdauer, notwendige 19, 20, 38
Schlafentzug 107, 127
Schlaflabor 31, 33–42, 45, 49, 50, 144, 145, 147, 148, 153, 154, 192

Schlaflosigkeit 20, 46, 213
Schlafphasen 20, 24, 35, 38, 39, 41, 144
Schlafqualität 39, 103, 144
Schlafrhythmus 22, 181
Schlafstadien 20, 36–40, 42, 148, 169, 179
Schlafstörungen 23, 35, 39, 42, 175, 180, 222
Schlaftyp 29
Schlafwandeln 39
Schlafzimmer 45, 46, 47, 133, 134
Schlafzustand 143, 145, 153
Schnarchen 34
Schumann-Frequenz 101, 215
Schwartz, Peter 242
Scopolamin 176, 177
Selbsthypnose 142
Senoi 169, 170
Serotonin 108, 109, 177, 216
Small, Dana 220
Solarplexus 68
Soliton-Welle 179
Sonne 222–29
Sonnensturm 223–26, 228
Sonnenwind 222, 223
Sonnenzyklus 224, 227
Spiegel 220
Stammhirn 152
Steppenraute, syrische 177
Stereotypen 53
Sternberg, Robert 53
Stirnchakra 100
Streßtoleranz 51
Synapsen 108

Szenarien 10, 13, 17, 25, 52, 57–65, 91, 100, 224, 226, 231–44
antizipatorische 241
exploratorische 241
externe 242
interne 242

T

Theta-Wellen 100–103, 215
Tholey, Paul 90, 95, 130, 146, 147, 154, 185
Tibetanischer Traum-Yoga 186
Tiefschlaf 20, 37–42, 102, 183, 247
Topdog 76, 90
Trance 50, 102, 142, 143
Traumanalyse 91
Träume 16, 17, 24–31, 35–41, 47, 50, 67, 68, 70, 73–90, 108, 91–110, 126, 143, 129–44, 152, 153, 155, 169, 145–70, 195, 171–96, 245
präkognitive 27, 77
Traumerinnerung 25, 28, 175, 176
Traumforschung 101, 145, 160
Traumkörper 29, 78, 82, 95, 154, 184, 194, 195
Traumsymbole 82–87, 89, 91, 131
Traumtelepathie 104, 192, 193
Tschishewski, Alexander Leonidowitsch 223

U

Überlastung (Gehirn) 112, 117
Ullman, Montague 192
Umami 219
Underdog 89, 92
Unterbewußtsein 24, 26, 28, 76, 77, 78, 79, 86, 88, 105, 134–36, 138, 147, 150, 184

V

Verifizierung 70
Vigilanzskala 49
Vigilanztest 51
Visualisierungsübung 185
Vitamin B6 175, 176
Vollmond 222

W

Wachbewußtsein 29, 78, 79, 151, 173, 177, 183
Wachzustand 12, 16, 17, 26, 35, 36, 43, 49, 50, 77, 80, 83, 101, 102, 108, 123, 137–42, 145, 151, 161, 166, 183
Wack, Pierre 9, 64, 240
Wale 107
Weidenrinde 174
Wellengenetik 178, 188
Weltraum-Wetterbericht 221
Wetterfühligkeit 214, 216, 217
Wetterstreß 213–19, 221
Wiederholungsträume 85
Wiener, David 112, 115, 118
Winson, Jonathan 101
Wurmlöcher 179

Z

Zeitempfinden 77, 151
Zeitsynchronisierung 78, 151
Zirbeldrüse (Epiphyse) 139, 215
Zukunft 16, 17, 25, 45, 58, 64, 67, 77, 163, 239–43
Zukunftsszenarien *Siehe* Szenarien

Michaels Verlag & Vertrieb GmbH
Ammergauer Str. 80 - 86971 Peiting, Tel.: 08861-59018
Fax: 08861-67091, e-mail: mvv@michaelsverlag.de
Internet: www.michaelsverlag.de

Grazyna Fosar / Franz Bludorf
Zeitfalle
304 Seiten, ISBN 978-3-89539-386-0, EUR 24,80

Wir stecken in einer Zeitfalle: Als Individuen über unsere DNA, als Menschheit über unsere DNA, als Menschheit über den Code der Weltgeschichte. Gesteuerte Weltereignisse, Wiederholungen von Zeitschleifen, fraktale Zeit, Vatikanpolitik, Geheimlogen, Bilderberger, Skull & Bones u. v. m.

Grazyna Fosar / Franz Bludorf
Im Netz der Frequenzen
Elektromagnetische Strahlung, Gesundheit und Umwelt •
Was man darüber wissen muss
200 Seiten, gebunden, mit 55 Abb. und 21 Tab.
18,80 €, ISBN 978-3-89539-237-5.

Frequenzen beherrschen unsere Welt. Der moderne Mensch lebt besorgt zwischen Angst und Hoffnung. Tagtäglich telefoniert er mit dem Handy, während er sein mikrowellengekochtes Essen zu sich nimmt. Er lehnt Kernkraft ab, fürchtet sich vor Mobilfunkmasten und hofft, dass das Ganze zumindest ihm dennoch nicht schaden wird.

Grazyna Fosar / Franz Bludorf
Fehler in der Matrix
304 Seiten, ISBN: 978-3-89539-236-8, EUR 24,80

Die Matrix ist allgegenwärtig. Die Realität, die wir erleben, ist ein Produkt der Matrix.
In ihrem aufsehenerregenden neuen Sachbuch konfrontieren die Autoren ihre Leser mit verblüffenden Fakten. Der Bogen ist weit gespannt - von neuesten Erkenntnissen in Kosmologie und atomphysik über die umstrittenen Forschungen in den Bereichen Genetik, Klonen und Nanotechnologie bis hin zur Chaosforschung, die endgültig den wahren Charakter der Matrix enthüllt.

Michaels Verlag & Vertrieb GmbH
Ammergauer Str. 80 - 86971 Peiting, Tel.: 08861-59018
Fax: 08861-67091, e-mail: mvv@michaelsverlag.de
Internet: www.michaelsverlag.de

Grazyna Fosar / Franz Bludorf
Niemand ist Nobody
24,80 €, ISBN 978-3-89539-387-7

Niemand ist Nobody. Wir alle tragen Informationen über frühere Ereignisse, Gefühle und Emotionen in uns. Es ist unsere Aufgabe, aus diesen Grundlagen eine neue und selbstbewußte Persönlichkeit zu entwickeln.
Satelittenaufnahmen zeigen eine Sensation: Im australischen Outback existiert eine Militärbasis, die exakt in fraktal-hexagonaler Persönlichkeit zu entwickeln. Bei den meisten Menschen geschieht dies unbewußt.

Grazyna Fosar / Franz Bludorf
Status nicht existent
14,80 €, ISBN 978-3-89539-388-4

Satelittenaufnahmen zeigen eine Sensation: Im australischen Outback existiert eine Militärbasis, die exakt in fraktal-hexagonaler Form angelegt ist. Derartige Formen sind der Schlüssel zur Kommunikation mit schnell bewegten Objekten und zur Antigravitation.
Antigravitationsforschung ermöglicht Technologien von immenser militärischer Relevanz: - Antriebssysteme für neuartige Fluggeräte und für die instellare Raumfahrt - perfekte Tarnkappentechnologien u. v. m. Wer über solches Wissen verfügt, will es nicht mit anderen teilen. Er kann sich so für den Rest der Welt unangreifbar machen.

Nick Begich / James Roderick
Freiheit nehmen - High-Tech-Krieg auf unseren Willen und wie wir uns wehren können
ca. 430 Seiten, ISBN 3-89539-381-9, ca. Euro 23,90

Es geht um Technologie und ihre Auswirkungen auf die Menschheit, um die Grundlagen für Freiheit, Menschenwürde, individuelle Selbstverantwortung und Selbstbestimmung. Die vorhandenen Materialien sind für alle schockierend. Wir stehen technologischen Fortschritten gegenüber, die das Schicksal der Menschheit im neuen Jahrtausend völlig verwandeln können. Das Buch beschäftigt sich mit einer Reihe von brisanten Themen, zu denen ausführliche Quellentexte aus Regierungsdokumenten, Forschungsberichten und Reportagen bedeutender Medien angeführt werden.

Michaels Verlag & Vertrieb GmbH
Ammergauer Str. 80 - 86971 Peiting, Tel.: 08861-59018
Fax: 08861-67091, e-mail: mvv@michaelsverlag.de
Internet: www.michaelsverlag.de

Karina Kaiser
Unterwegs durchs Unbewusste - Die Sprache der inneren Wahrheit Reverse Speech
€ 19,90 ISBN 978-3-89539-169-9

Was wäre wenn andere Menschen unsere Gedanken hören könnten? Mit der außergewöhnlichen Methode von Reverse Speech ™ gibt es erstmals einen Weg, die unserer Sprache verborgenen Botschaften des Unbewussten hörbar zu machen. Mit vielen spannenden Beispielen führt die Autorin den Leser immer tiefer in das Unbewusste. Zum ersten Mal wird Reverse Speech in deutscher Sprache vorgestellt. Spannend, inspirierend, des Öfteren schockierend und dennoch humorvoll geschrieben, ist der Leser wahrhaftig "Unterwegs durchs Unbewusste" auf eine Art und Weise, die ihn in Erstaunen versetzt.

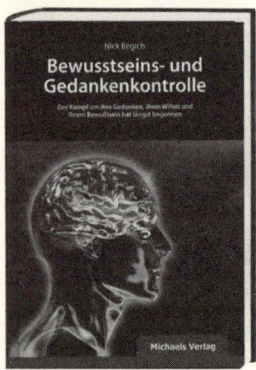

Nick Begich
Bewusstseins- und Gedankenkontrolle
€ 25,80 ISBN 978-3-89539-383-9

Das aktuellste Buch von Dr. Nick Begich handelt von der Manipulation des Verstandes, der Gefühle und der körperlichen Gesundheit von Menschen durch neue angewandte Technologien. In einer gewaltigen Fülle trägt er die aktuellsten wissenschaftlichen Erkenntnisse in dem Bereich zusammen. Manipulation und Kontrolle sind immer mehr Menschen ausgesetzt. Die Steuerung des menschlichen Verstandes mit externen Mitteln ist jetzt inzwischen Wirklichkeit.

Nick Begich / James Roderick
**Freiheit leben -
Verrat an Wissenschaft, Gesellschaft und Seele**
€ 26,80 ISBN 978-3-89539-382-2

In diesem Buch werden fünf Hauptthemen behandelt.
Nur um einige zu benennen: Es gibt ein Kapitel über neue Unterwassersonare, die vom Militär der Vereinigten Staaten für den Einsatz geplant sind, obwohl man inzwischen erkannt hat, dass es Risiken für das Leben in den Ozeanen gibt. Im zweiten Abschnitt werden Mobiltelefone und ihre Risiken für Menschen erörtert, da wir uns auf dem Weg in eine neue und drahtlose Welt befinden. Am Ende bringen wir Lösungen und Ideen für Veränderung. Es ist die Hoffnung der Autoren, dass dieses Buch zur Veränderung anregt.

Michaels Verlag & Vertrieb GmbH
Ammergauer Str. 80 - 86971 Peiting, Tel.: 08861-59018
Fax: 08861-67091, e-mail: mvv@michaelsverlag.de
Internet: www.michaelsverlag.de

Das Nikola Tesla-Originalwerk

Bisher wurde Nikola Tesla, gewollt oder ungewollt, unterdrückt, verkannt und fast vergessen. Er war vielleicht der Wissenschaftler, der das Gesicht der Welt am nachhaltigsten veränderte. Gesamtausgabe im Schuber: Alle 6 Bände in Leinen gebunden und mit Lesebändchen
Nikola Tesla: Gesamtausg. in Leinen
6 Bände (deutsche Sprache)
EUR 124,90, ISBN 978-3-89539-247-4

Die einzelnen Bände der Tesla-Gesamtausgabe:
Bd. 1: Hochfrequenzexperimente und Patente, auch mit einem Artikel des Tesla-Kenners Childress über Teslas Todesstrahlen. EUR 19,90 ISBN 978- 3-89539-240-5
Bd. II: Mein Leben – Energieumwandlung. Autobiographie mit einem Artikel über diverse Energieerzeugungsmethoden. EUR 21,90 ISBN 978-3-89539-241-2
Bd. III: Hochfrequenztechnologie – Vorträge zu diesem brisanten Thema mit zahlreichen, bisher unveröffentlichten Fotos, viele Abb., davon ca. 100 bisher unveröffentlichte Fotos und Zeichnungen. EUR 24,90 ISBN 978-3-89539-242-9
Band IV: Energieübertragung, Informationsübermittlung und Methoden der „Energieerzeugung und -umwandlung". EUR 21,90 ISBN 978-3-89539-243-6
Band V: Wegbereiter der neuen Medizin, Vorträge, Artikel und Erfindungen.
EUR 21,90 ISBN 978-3-89539-244-3
Band VI: Waffentechnologie – Pläne und weitere Theorien. Die einzigen handgeschriebenen Aufzeichnungen über die Todesstrahlen/Vakuumpumpe, die nicht zerstört wurden. Beschreibung und ausführliche Konstruktionsangaben sowie weitere interessante Artikel und Vorträge.
EUR 29,90 ISBN 978-3-89539-245-0

Tesla-Gesamtausgabe erstmals auch in englisch:
(Diese beiden Bände sind identisch mit der 6-bändigen dt. Gesamtausgabe.)
Coll. Articles and Lectures 1, EUR 42,90
478 Seiten, Hardcover, ISBN 978-3-89539-248-1
Coll. Articles and Lectures 2, EUR 42,90
512 Seiten, Hardcover, ISBN 978-3-89539-249-8

Michaels Verlag & Vertrieb GmbH
Ammergauer Str. 80 - 86971 Peiting, Tel.: 08861-59018
Fax: 08861-67091, e-mail: mvv@michaelsverlag.de
Internet: www.michaelsverlag.de

www.matrix3000.de

Matrix3000 Jahresabo	Matrix3000 Jahresabo inkl. Sonderausgaben
6 Ausgaben	6 Ausgaben + 3 Ausgaben
Deutschland € 39,--	Deutschland € 49,--
Ausland € 48,--	Ausland € 62,50

Eine verbindende Brücke

... zwischen Wissenschaft und Spiritualität zu bauen und den Horizont für neue Erkenntnisse zu öffnen, ist das erklärte Ziel der Zeitschrift Matrix3000. Themen- und Autorenauswahl zeigen das breite Spektrum, das seit 1999 behandelt wurde.

Themenauswahl:
Neue Wissenschaft: Levitationsforschung, Wasserforschung, morphische Felder, Merkaba ...
Therapie und Gesundheit: Radionik, organisches Germanium, Familienaufstellungen, Transpersonale Psychologie, Tepperwein
Macht und Schatten: Bewußtseinskontrolle, Ritalin ...
Kulturelle Wurzeln: Hermes Trismegistos, germanische Edda, Keltenschanzen ...
Bewußtsein und Spiritualität: Meditationen zum Tarot und christliche Hermetik, Heilige Geometrie, Geomantie,

Wir veröffentlichen Beiträge u.a. von: Ulrike Banis, Franz Bludorf, Grazyna Fosar, Mathias Bröckers, Stefan Brönnle, Michael Chossudovsky, Paulo Coelho, Prof. H. P. Dürr, Manfred Ehmer, Viktor Farkas, Patrick Flanagan, Bob Frissell, Gernot Geise, Wilfried Hacheney, Dr. Geerd Hamer, Bert Hellinger, Bernd Jacobi, Jasmuheen, Helmut Lammer, Jonathan May, Ernst Meckelburg, Drunvalo Melchizedek, Michaela Merten, Prof. Konstantin Meyl, Bärbel Mohr, Armin Risi, Walter Russell, Hubertus v. Schoenebeck, Rupert Sheldrake, Barbara Simonsohn, Prof. Kurt Tepperwein, Nikola Tesla, Hans Tolzin, H.-J. Zillmer, Siegfried Zwerenz.